Dieter E. Kilian

Adenauers vergessener Retter – Major Fritz Schliebusch

Adenauers vergessener Retter – Major Fritz Schliebusch

Dieter E. Kilian

2011

Carola Hartmann Miles – Verlag

CIP-Kurztitelaufnahme der Deutschen Bibliothek

Dieter E. Kilian: Adenauers vergessener Retter – Major Fritz Schliebusch

ISBN 978-3-937885-44-5

Titelbild: Dieter E. Kilian

Adenauer-Porträt mit freundlicher Genehmigung der Stiftung Konrad-Adenauer-Haus; Fotograf E. Groote/Honnef

Herstellung und Verlag: Books on Demand GmbH, Norderstedt

(www.miles-verlag.jimdo.com;
email: UHWHartmann@aol.com)

Printed in Germany

ISBN 978-3-937885-44-5

Inhalt

	Seite
Vorwort	9
Einleitung	**11**
Prolog	**14**
Plan	**22**
Befreiung	**66**
Flucht	**73**
Motivation	**103**
Schliebuschs Weg	**111**
Haft	**200**
Epilog	**241**
Literaturverzeichnis	269
Bildnachweis	273
Kurzbiographie	276
Personenverzeichnis	277

Unserem Sohn Dennis Munir

Vorwort

Dieses Buch soll - neben Fritz Schliebusch und seinem Sohn Klaus - stellvertretend auch an die vielen anderen Menschen erinnern, die in Deutschlands dunkelster Zeit als unbe- und unerkannte stille Helfer auf vielfältige Weise dem NS-Regime Widerstand entgegensetzten. Zwar blieben sie im Dunkeln und wurden aus vielfältigen Gründen weder zu Helden noch zu aktiven Widerstandskämpfern. So fehlte z. B. den meisten die Gelegenheit und auch die Mittel für ein wirksames und nachhaltiges Aufbegehren und vielen das letzte Quäntchen Mut. Doch diese Menschen - wie es heute oft geschieht ohne die geschichtlichen Rahmenbedingungen, die politische Ausgangslage mit all ihren Facetten und ohne den persönlichen Hintergrund zu berücksichtigen - deswegen der Rubrik „willfährige Helfer der Hitler-Diktatur" zuzuordnen, wird ihrer Rolle, ihrem Selbstverständnis und auch ihrem Opfer nicht gerecht. Sie handelten in erster Linie für ihr Land und ihre Familien, aber auch, um vor ihrem Gewissen bestehen zu können. Sie bewahrten ihr Wissen über jene, die sich auf vielfältige Weise für verfolgte Mitmenschen einsetzten und gaben es nicht an die NS-Sicherheitsdienste weiter. Auf diese Weise versuchten sie im Rahmen ihrer individuellen Möglichkeiten dem Unrecht des NS-Regimes entgegenzutreten und das Leid der Verfolgten ein wenig zu mildern, und schützten dadurch jene, die den Widerstand aktiv betrieben. Aus diesem Grunde werden in der folgenden Darstellung nicht nur die Namen der an der Peripherie von Schliebuschs Leben handelnden Personen genannt, sondern es wird zumindest in Kurzform auch deren Lebensgeschichte eingeblendet. Vielleicht gelingt es dadurch, diejenigen, deren Rolle bei der Befreiung Adenauers nach dem Krieg - aus welchen Gründen auch immer - verfälschend dargestellt wurde und über die in der Vergangenheit leichtfertig und vorschnell Urteile gefällt wurden, die einer Nachprüfung nicht standhalten, wenigstens ansatzweise zu rehabilitieren. Auch Adenauer wurde, was später oft in den Hintergrund gerückt und bisweilen sogar bewusst verschwiegen wird, im Dritten Reich verfolgt, hatte unter dem NS-Regime gelitten und war bis zuletzt in akuter Lebensgefahr.

Wir, die uns wie nur wenigen Generationen das große Glück beschieden ist, über lange Jahrzehnte in Frieden, Freiheit und Wohlstand zu leben, sollten die anmaßende und stabbrechende Haltung vieler Zeitgenossen überdenken, kann doch niemand mit Sicherheit sagen, wie er sich selbst in einer solchen existenzbedrohenden Lage verhalten hätte.

Dass der spätere erste Regierungschef der Bundesrepublik Deutschland mit Hilfe vieler, die in diesem Buch erwähnt werden, überlebte und die Nachkriegsgeschichte Deutschlands und Europas entscheidend gestalten konnte, ist somit ein wenig auch deren Verdienst und sollte von uns Nachgeborenen gewürdigt werden, profitieren wir alle doch bis heute von dieser beispiellosen Periode des Friedens nach dem Zweiten Weltkrieg in Europa.

Juli 2011
Dieter E. Kilian

Einleitung

Der Name des Luftwaffenmajors Fritz Schliebusch, sein Leben und Wirken ist selbst bei jenen, denen er geholfen hatte, fast in Vergessenheit geraten. Zu Unrecht, zählte er doch in Deutschlands dunkelster Zeit zu den Aufrechten und zahlte dafür mit seinem Leben und seinem Ansehen.

Am Anfang war es nur ein kurzer Satz im ersten Band von Adenauers Erinnerungen, der ein gewisses Interesse entstehen ließ, zugleich aber beim Überfliegen leicht zu überlesen war. Doch auf den zweiten Blick ließen Name und Handlung aufhorchen und verlangten nach Klärung und Details: ein Luftwaffenmajor namens Schliebusch habe ihn mit Informationen versorgt und aus den Fängen der Gestapo (= Geheime Staatspolizei) befreit. Weitere Informationen oder befriedigende Antworten dazu gab es nicht. Man suchte erstaunlicherweise vergebens. Auf die Suchanfrage „Fritz Schliebusch" stößt man bei den diversen Suchmaschinen im Internet zwar auf fast 2.000 Eintragungen, doch nur wenige beziehen sich auf den Gesuchten, und in vielen Fällen sind die Informationen unzutreffend und werden auf diese Weise falsch weiterverbreitet.[1]

Daher stand Neugier am Anfang der Beschäftigung mit dem Leben und der Person von Fritz Schliebusch: Warum gibt es kaum Zeugnisse, die den Werdegang eines Mannes beschreiben, der dem späteren Bundeskanzler in schwerer Zeit half, der dazu beitrug, ihm das Leben zu retten und dafür letztlich einen hohen Preis zahlte? Warum erwähnte jener, dem geholfen wurde, Adenauer, seinen Helfer nur am Rande? Warum fehlt sein Name in dem schier unübersehbaren Schrifttum über den ersten Kanzler der Bundesrepublik Deutschland oder in den Festschriften zu dessen Geburtstagsjubiläen? Warum

---

1 In seiner kurzen Abhandlung zum 60. Jahrestag der ersten Bundestagswahl am 14.08.1949 schreibt z. B. der Bonner CDU-Bundestagsabgeordnete Dr. Stephan Eisel (* 1955) im Sommer 2009 fälschlicherweise in seiner Internet-Darstellung „Konrad Adenauer als Bonner Bundestagsabgeordneter", Fritz Schliebusch habe als „Syndikus der Handwerkskammer" zum Bonner Bekanntenkreis Adenauers gehört. Zur ersten, wenngleich nur kurzen Darstellung des Lebens von Fritz Schliebusch: siehe: Kilian, Dieter E. „Christ, Offizier und Patriot – Major Fritz Schliebusch Ein vergessener Retter Adenauers" in:"Auftrag" Heft 281, März 2011 - Quartalszeitschrift der „Gemeinschaft Katholischer Soldaten" (GKS) S. 38 ff., sowie in: Kilian, Dieter E. „Politik & Militär in Deutschland" Miles-Verlag, Berlin 2011, S. 271 f.

verwechseln selbst namhafte Adenauer-Biographen den Vornamen des Hauptbeteiligten?[2] Die Nachwelt, die ansonsten akribisch bis in den letzten Lebenswinkel eines Menschen alles aufzudecken sucht, hat in über sechzig Jahren bisher keine nennenswerte Notiz von dieser Befreiungsaktion genommen. Auf der einen Seite sicherlich verständlich, sind doch jene drei, vier Wochen des Herbstes 1944 gemessen an der langen Lebensdauer Konrad Adenauers nicht viel mehr als ein Wimpernschlag. Für Fritz Schliebusch und dessen gesamte Familie hingegen waren sie prägend und lebensentscheidend. Daher stellen sich vor allem aus der Perspektive von Schliebusch dazu viele Fragen wie z. B. die nach der Ursache der zum Teil offenkundigen Widersprüche bei den verschiedenen Darstellungen hinsichtlich der Zeitangaben, des genauen Ablaufes der Befreiung, aber auch nach den beteiligten Personen und deren weiterem Schicksal.

Die Quellenlage zum Leben von Fritz Schliebusch ist nicht allzu ergiebig. Private Aufzeichnungen gingen durch die Ausbombung 1944 verloren. Die wenigen Zeugen, die das Geschehen erlebten, haben keine Erinnerung mehr daran.

„Ich war damals noch fast ein Kind, 16 Jahre alt. Meine Eltern haben über die ... Aktionen nicht gesprochen. ... Ich war zu jung, um diese Vorgänge zu verstehen, geschweige denn, daß ich darin eingeweiht war", schreibt Frau Libet Werhahn-Adenauer,[3] die jüngste Tochter des späteren Bundeskanzlers. In erster Linie basiert die vorliegende Darstellung auf Schliebuschs eigenen Aufzeichnungen, die er - nach mehr als fünfmonatiger Gestapo-Haft unter schwierigsten Bedingungen - wenige Tage vor seinem Tod auf Anweisung der US-Militärbehörden 1945 ohne auf eigene Dokumente und Hilfsmittel zurückgreifen zu können - in körperlich und psychisch schon schwer gezeichneter Verfassung anfertigte. Ein weiteres Dokument ist seine, wenngleich nicht allzu ergiebige militärische Personalakte aus dem Militärarchiv in Freiburg; sie enthält allerdings keinerlei Hinweise auf ein Kriegsgerichtsverfahren oder eine Degradierung, sondern lediglich

[2] So benennt z. B. Hans-Peter Schwarz (Adenauer - Der Aufstieg: 1876-1952) einerseits Fritz Schliebusch als Syndikus der Kölner Handwerkskammer (Seite 402) und einen - nicht existierenden, weil mit Fritz identischen - Major Hans Schliebusch, der Adenauer aus dem Krankenhaus „entführt" habe (Seite 417). Hans Schliebusch, ein Neffe, arbeitete allerdings von 1949 bis 1987 im Bundeskanzleramt.

[3] Brief an den Autor vom 31.03.2011

Beurteilungen, Beförderungsvorschläge und allgemeinen Schriftverkehr der Jahre zwischen 1940 und 1944.

Umso wichtiger sind bei der Aufhellung seines Lebensweges die zahlreichen Beiträge aus der Familie und dem Freundes- und Bekanntenkreis. Sein zweiter Sohn, Herr Wolfgang Schliebusch, die Herren Harald Friese, Jürgen und Dr. Norbert Schellenberger, Woldemar Schulz-Wulkow, Prof. emer. Dr. Gerhard Uhlenbruck und Bernd Walbaum, Mrs. Shirley Dabringhaus und die Damen Elisabeth Mause-Guntermann, Maritta Horstmann, Henriette Niecknig, Marianne Over, Hannemi Schliebusch, Christel Schmitz, Renate Vollmar, Libet Werhahn-Adenauer, Maritta Woltermann und Annette Woschée, sowie die katholische Kirchengemeinde Herz Jesu in Bonn-Lannesdorf, die Damen Sabine Arens und Katja Georg vom Stadtarchiv Bonn, Herr Dr. Martin Ammermüller vom Verein für Heimatpflege und Heimatgeschichte Bad Godesberg, Frau Myriam Erwin und Herr Marcel Schönenberger vom Département fédéral de l'intérieur (DFI) des Schweizer Bundesarchivs in Bern und Mr. James A. Tobias von der Historical Resources Branch des U.S. Army Center of Military History steuerten zahlreiche Dokumente, Bilder, Tagebücher, persönliche Erinnerungen und viele Informationen bei, um das „Mosaik Schliebusch" zu füllen. Dafür ist ihnen großer Dank geschuldet.

Dennoch bleiben manche Lücken, vor allem bei Schliebuschs Jugendjahren, der schulischen und beruflichen Ausbildung und seiner Zeit als Journalist. Das Erleben und Erleiden an der Front im Ersten Weltkrieg wird durch die Regimentschronik nur bedingt aufgehellt. Über die Vorbereitung und den genauen Ablauf der Befreiung im September 1944 gibt es von den beiden Hauptakteuren - Adenauer und Schliebusch - zwar eine Reihe von allgemeinen Hinweisen, doch sie sind nicht widerspruchsfrei; ähnliches ist von jenen in der Sekundärliteratur festzustellen. Dabei sind es gerade jene wenige Wochen im Leben von Schliebusch, die wenigstens ansatzweise im Gedächtnis der Nachwelt erhalten geblieben sind und die auf dessen Leben entscheidenden Einfluss hatten. Zeitzeugen - Freunde, Kameraden, Weggefährten und Leidensgenossen - sind nicht mehr am Leben und haben kaum schriftliche Zeugnisse hinterlassen.

Hinsichtlich des Aufenthaltes von Adenauer im Westerwald stützt sich die Darstellung auf die Aussagen von Frau Maria Bonacker, der damaligen Haustochter in der Nistermühle, die Adenauers Aufenthalt im September 1944 persönlich erlebte.

Von daher bleibt die Schilderung der Ereignisse jener Wochen nur der Versuch einer Rekonstruktion. Da die Haftzeit zwischen September 1944 und März 1945 meist nur mit wenigen Adjektiven wie „unmenschlich" oder „niederträchtig" skizziert wird, sind die detaillierten Schilderungen dieser schweren Lebensumstände einer Beschreibung der „Bewahranstalt Brauweiler" entnommen. Anhand dieser Quellenlage kann die vorliegende Darstellung das Leben von Fritz Schliebusch letztlich nur skizzenhaft wiedergeben.

Und so schien es dem Verfasser zum einen wichtig, Lücken, die nicht mit nachweisbaren Fakten belegt werden konnten, zu füllen, um die Abläufe des Geschehens deutlich werden zu lassen. Dies geschah, in dem z. B. Gespräche in wörtlicher Rede wiedergegeben werden. Diese Dialoge sind allerdings nicht belegt, könnten aber so oder ähnlich abgelaufen sein. Auch das Zusammentreffen mit dem Chefarzt, dem Klinikchef und dem Kölner Erzbischof vor der „Entführung" fällt in die Rubrik „freie Schilderung", ist aber denkbar. Zum anderen wurden sowohl die regionalen Kriegsereignisse der letzten Monate als auch die „Personen in der 2. Reihe des Geschehens" - soweit möglich - genauer beschrieben.

Schliebusch war Reserveoffizier, kein Berufsoffizier. Von daher mag der Titel „Major Fritz Schliebusch" irreführend sein. Er wurde dennoch aus zwei Gründen gewählt: Zum einen fiel die Verbindung zu und mit Adenauer und damit auch dessen Befreiung in seine Militärzeit, und zum anderen ist es eine Art der Wiedergutmachung für seine ohne Gerichtsverfahren erfolgte Degradierung.

Besonderer Dank gilt der Reservistenkameradschaft der Bundeswehr Köln Mitte, welche sich auf Anregung ihres Vorsitzenden, Herrn Hans Dieter Keßler, um die Pflege des Familiengrabes Schliebusch auf dem Kölner Südfriedhof kümmert.

Major Fritz Schliebusch

1. Prolog

Es ist früher Nachmittag an jenem 9. September 1944,[4] ein warmer, freundlicher Spätsommer-Samstag. Im ersten Stock des 1904 aus rotem Klinker erbauten, dreieckigen Gebäudes der Infanteriekaserne[5] an der Kreuzung Ermekeilstrasse - Argelanderstrasse in der Bonner Südstadt steht der Major der Luftwaffe Fritz Schliebusch an einem der Fenster seines Dienstzimmers und blickt mit auf dem Rücken verschränkten Armen schweigend hinaus. In dem Gebäude befindet sich der Stab des kleinen Wehrbezirkskommandos (WBK). Die Gedanken des Offiziers schweifen weit zurück in das Jahr 1912: In diesem Jahr, vor 32 Jahren, war er in dieser Kaserne gemustert und dann als Rekrut zur Infanterie nach Koblenz eingezogen worden. Vor sechzig Jahren hatte schon sein Vater hier seinen Wehrdienst geleistet.

Als Fritz Schliebusch im Januar 1919 heil aus dem mörderischen Ersten Weltkrieg heimgekehrt war, hatte er die Uniform an den berühmten Nagel gehängt und war ins Zivilleben gewechselt. Doch nun, etwas mehr als zwei Jahrzehnte später, trägt er die Uniform ein zweites Mal, aber es ist nicht mehr die des Kaisers und auch nicht mehr das Feldgrau des Heeres, sondern das Blau der Luftwaffe mit gelben Kragenspiegeln. Denn in der zurückliegenden Zeit hat sich viel verändert - in seinem Leben und in dem der Armee, aber vor allem in Deutschland und Europa. Aber es ist nicht der Augenblick für tief-

---

[4] Schliebusch nennt in seinem „Bericht über meine Tätigkeit im Dritten Reich“ den Zeitraum „5. bis 10. Sept. 1944“; vermutlich fällt die Wahl auf einen Samstag, weil dann in der Gestapo-Zentrale Köln nur eine Notbesetzung anwesend ist. Dies ist der 09. September. Möglich ist aber auch der Samstag zuvor, der 02. 09., was durch die Zeitangabe von Frau Bonacker aus Dreislar, einer Augenzeugin, gestützt wird. Hans-Peter Schwarz hingegen bezeichnet den 20. September (= Mittwoch) als Tag der Flucht aus dem Krankenhaus (siehe: Hans-Peter Schwarz, Adenauer - Der Aufstieg, S. 417), was aber eindeutig ein zu spätes Datum ist.

[5] Die Kaserne, benannt nach dem Gastwirtsehepaar Ermekeil, wurde 1880 erbaut und im März 1883 zum Quartier des aus Diez verlegten II. Bataillons des 2. Rheinischen Infanterieregiments („von Goeben“) Nr. 28. Im April 1897 wurden die 28er vom neu aufgestellten II. Bataillon des Infanterie-Regiments 160 abgelöst; zusätzlich wurde für den Regimentsstab ein Stabsgebäude errichtet. Von 1918 bis 1936 zivil genutzt, war dort von 1936 bis 1945 neben dem WBK noch ein Wehrmeldeamt untergebracht. Von 1951 bis 1955 Amtssitz des „Amt Blank“ und danach bis ca. 1960 des Verteidigungsministeriums; später Nutzung durch verschiedene Dienststellen des Bundes.

schürfende Erinnerungen. Die Zeit drängt. Heute steht Fritz Schliebusch vor einer der schwersten Entscheidungen seines Lebens. Selbständiges Denken und Handeln zählten schon immer zu seinen Stärken. Es ist nicht das erste Mal, dass sich Schliebusch gegen die Machthaber in Berlin und deren menschenverachtendes Regime auflehnt und Maßnahmen ergreift, die ihm Schwierigkeiten bringen können. Schon als Zivilist in Köln hatte er dies getan und damit jene Courage, jenen Mut gezeigt, den er vier lange Jahre unter feindlichem Feuer im Krieg an der Westfront fast täglich vorbildhaft hatte beweisen müssen. Heute nun muss ihn der reaktivierte Offizier Schliebusch erneut zeigen. Doch diesmal geht er - bildlich gesprochen - nicht nur auf einen leichten Kollisionskurs, sondern steuert auf einen Frontalzusammenstoß zu.

Stabsgebäude des Wehrbezirkskommandos in Bonn

Schon vor dem Krieg hatte er seinem Gewissen mehr gehorcht als fragwürdigen Gesetzen und Vorschriften und seine Stimme erhoben, wenn er sich mit Unrecht konfrontiert sah, auch, wenn ihm dieses „Gegen-den-Zeitgeist-Schwimmen“ persönliche und berufliche Nachteile brachte. Sein ausgeprägter Gerechtigkeitssinn und seine gutmütige Hilfsbereitschaft gebieten ihm immer dann zu helfen, wenn Mitmenschen leiden - und es sind viele in jener Zeit. Den ersten großen Krieg des 20. Jahrhunderts hatte er mit Gottes Hilfe überlebt, doch nur zwei Jahrzehnte später - die Narben waren noch nicht verheilt - hatte die nächste, weltumspannende Auseinandersetzung begonnen. Und mittlerweile stehen Europa und ein großer Teil der Welt im fünften Jahr dieses zweiten mörderischen Krieges innerhalb nur weniger Jahre. Mit wirtschaftlichen und militärischen Denkstrukturen und Analysen gleichermaßen vertraut und gestützt auf die vielfältigen Informationen, die ihm im höchsten militärischen Führungsstab der Wehrmacht in Berlin zugänglich sind, weiß Schliebusch seit langem, dass dieser Krieg verloren ist. Doch die für heute geplante Aktion führt ihn an die Grenze seines soldatischen Selbstverständnisses. Als junger Soldat hatte er 1912 - mit der Hand auf der Regimentsfahne des Königlich Preußischen Regiments Nr. 68 - geschworen, dem deutschen Kaiser „getreu und redlich zu dienen". Dieser Verpflichtung war er als gläubiger Christ trotz bisweilen aufkommender Zweifel selbst in den düstersten Stunden verheerender, ununterbrochener Stahlgewitter an der Westfront nachgekommen. Die Entpflichtung erfolgte schriftlich: am 28. November 1918 entband Kaiser Wilhelm II. ihn und alle anderen deutschen Soldaten in seiner Abdankungsurkunde von ihrer Treuepflicht.

Am 14. Juli 1933 hatte er als Chef der Handwerkskammer zu Köln den Amtseid als öffentlicher Beamter abgelegt und der Reichsverfassung Treue und zugleich der Verfassung des Freistaates Preußen geschworen, das Amt unparteiisch nach bestem Wissen und Können zu verwalten. Dabei war die Verfassung der Weimarer Republik durch das Ermächtigungsgesetz des neuen Reichskanzlers Hitlers bereits am 23. März 1933 außer Kraft gesetzt worden. „Ausgerechnet die Not von Volk und Reich wollte dieser Verbrecher beheben", dachte Schliebusch bitter. „Und wo stehen wir heute elf Jahre später?" Damals schon hatten die Kölner Parteigrößen die Stirn gerunzelt und es ihm übel genommen, dass Schliebusch sich auf die bereits suspendierte Verfassung vereidigen ließ. Vor fast genau vier Jahren, im September 1940, hatte er dann zum dritten Mal einen Eid abgelegt, diesmal wieder einen Fahneneid - im Rahmen einer schlichten Zeremonie im Berliner Dienstzimmer seines Vorgesetzten General Mooyer - und diesen mit Handschlag bekräftigt. Unter Anrufung Gottes als Zeugen hatte er ausgerechnet jenem Manne unbedingten Gehorsam und den Einsatz seines Lebens gelobt, dessen Handeln und das seiner Anhänger er als gläubiger Christ so oft schon als falsch, verwerflich, menschenverachtend, verbrecherisch und gottlos gebrandmarkt hatte. Doch Zeit zum Nachdenken darüber, zum Suchen nach einem Ausweg, einer Alternative, blieb auch in den Folgejahren nicht. Selbst mit Adenauer hatte er - soweit er sich erinnern kann - in den nächtlichen Diskussionen in Rhöndorf solche grundsätzliche Themen bestenfalls am Rande gestreift. Heute muss er allein entscheiden, muss Position beziehen, Farbe bekennen. Sein Gewissen rät zum Handeln, aber noch zögert er. Die Abwägung zwischen Eid und Widerstand hat er abgeschlossen. Sicher: Im 13. Römer-Brief schreibt Paulus „Jedermann sei untertan der Obrigkeit", aber in der Apostelgeschichte heißt es auch „Man muss Gott mehr gehorchen als den Menschen", und wann hat letzteres mehr gegolten als in dieser Zeit? Schliebusch weiß aber auch, dass er mit der Schuld, versagt zu haben, als er helfen konnte, nur schwer würde leben können. Schliebusch hatte im Ersten Weltkrieg als Infanterieoffizier an vorderster Front gestanden, kennt Angst, Leid und tausendfachen Tod, aber als gläubiger Katholik ebenso Hoffnung, Vertrauen und Errettung vor dem Bösen. Was also könnte ihn noch schrecken und erschüttern? Es ist die Gewissheit, dass er seine Frau Johanna (1893-1960; geb. Gebhardt) mit der er inzwischen fast 25 Jahre verheiratet ist und seine beiden Söhne, die ebenfalls als Soldat dienen, damit in große Gefahr bringt, die ihn unsicher macht. Werden sie ihm später einmal den Vorwurf machen, machen können und dürfen, er habe sich mehr um das Schicksal eines Fremden als um das seiner eigenen Familie gekümmert? Würde er in der Erinnerung seiner Angehörigen und Freunde einmal als jener gelten, der seiner Aufgabe als Familienoberhaupt gerecht geworden ist? Seine Familie hat auch in jenen langen Monaten zu ihm gestanden, als er der vom NS-Regime verfolgten Familie Walbaum unter ebenso hohem Risiko auf mannigfaltige Weise half. Und zusätzlich lässt ihn die positive Reaktion seines ältesten Sohnes Klaus auf seine geplante Befreiungsaktion hoffen. Er weiß, dass sie ihn verstehen und vergeben werden und vertraut auf Gottes Hilfe. Mit seinem Gewissen ist er im Reinen; er kann nicht anders handeln.

Klaus Schliebusch

Nach einer Weile dreht sich der Major wieder zu den beiden jungen Männern um, die seit über einer Stunde vor seinem Schreibtisch sitzen: sein ältester Sohn, der Luftwaffen- Obergefreite Klaus Schliebusch (1921-1945) und der mit ihnen befreundete einundzwanzigjährige Heinz Giesen (1923-1987).[6] Die drei Soldaten wissen sehr genau, was auf dem Spiel steht: denn selbst wenn ihr Plan gelingt, haben sie ihr Leben mit hoher Wahrscheinlichkeit verwirkt, weil ihre Identität nach ein paar Tagen der Gestapo bekannt sein, und dann die Jagd auf sie beginnen wird. Die Standgerichte von Wehrmacht, SS

---

6 Schliebusch bezeichnet ihn als „Unterarzt der Luftwaffe", was dem Range eines Oberfährichs entspricht. Allerdings verneinen sowohl Frau Marianne Over, die Chronistin der Familie Giesen, als auch dessen Sohn Hans-Wimar Giesen (am 18.07.10 gegenüber dem Autor), dass Heinz Giesen, der spätere Diplom-Kaufmann, jemals Medizin studiert hat. Allerdings hatte der älteste Sohn, Joseph Giesen (1920-1942), nach dem Abitur auf der Ernst-Moritz-Arndt-Schule in Bonn mit dem Medizinstudium begonnen, war aber bereits im September 1940 Soldat geworden und eineinhalb Jahre später, am 28. April 1942, im Mittelabschnitt bei Mzensk/ Orel in Russland gefallen. Sein jüngerer Bruder Heinz Giesen war kein Soldat, sondern wegen des landwirtschaftlichen Betriebes seines Vaters u.k. (= unabkömmlich) gestellt.

und Partei sind nicht zimperlich. Sie verhängen und vollstrecken auch noch kurz vor dem Untergang Todesurteile.

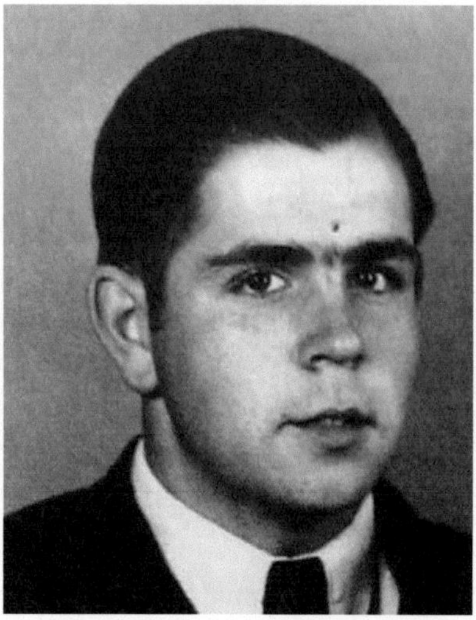

Heinz Giesen

Klaus Schliebusch, der zufällig in diesen Tagen im Rahmen einer Dienstreise seine Eltern besucht, kennt seinen Vater als einen überaus fürsorglichen, aber auch verantwortungsbewussten Mann und weiß sich mit ihm in der Abneigung des Hitler-Regimes verbunden. Er vertraut ihm und seinem Urteil und Handeln und ist sofort bereit zu helfen, als der Vater ihn in den Plan einweiht. Heinz Giesen, der dritte im Bunde, ist sowohl mit Familie Schliebusch als auch über seine Eltern mit dem ehemaligen Oberbürgermeister Adenauer seit langem verbunden. Heinz rechnet täglich damit, dass die Gestapo auch bei ihm auftaucht, denn sein Vater Josef Wimar Giesen (1887-1962), ist bereits seit Ende Juli 1944 in Berlin-Plötzensee in Haft.[7] Am 26. Oktober erhebt der Oberreichsanwalt Ernst Lautz (1887-1979)[8] unter dem Aktenzeichen 1 J 1842/44 Anklage beim Volksgerichtshof gegen Josef Giesen wegen „feindbegünstigender Wehrkraftzerset-

[7] Sein Prozess vor dem Volksgerichtshof wird unter dem Aktenzeichen 1 J 1842/44 geführt.

[8] Lautz nahm dieses Amt von 1939 bis 1945 wahr. 1947 wurde er wegen Kriegsverbrechen und Verbrechen gegen die Menschlichkeit zu 10 Jahren Haft verurteilt.

zung"; so habe er z. B. „aus Misstrauen gegen deutsche Nachrichten seit Kriegsbeginn den Schweizer Sender Beromünster abgehört", die „Einsatzbereitschaft des Führers in Zweifel gezogen" und „seine drei Kinder in streng katholischem Sinne" erzogen. Auslöser war offenbar ein von der Zensur bereits vor mehr als einem Jahr abgefangener Brief gewesen, in dem Vater Giesen seinem Sohn Josef, der als Gefreiter eines Nachrichten-Regiments an der Ostfront stand, schrieb, „die Engländer hätten Maßarbeit geleistet" als sie die Raffinerie im benachbarten Wesseling bombardiert hätten. Schliebusch verwendet sich für seinen Freund Giesen und sucht die beiden höchsten Vertreter der Bonner Justizverwaltung, Oberstaatsanwalt Reuter und den stellvertretenden Landgerichtspräsidenten Dr. Fehr, auf - vergeblich. Beide trauen sich nur eine „schüchterne telephonische Anfrage bei der Gestapo" zu.[9] Dass Josef Giesen die Haft überlebt, ist reines Glück.[10]

Wann und durch welche Umstände Schliebusch und Josef Giesen sich kennengelernt haben, ist unbekannt. Wahrscheinlich aber ist, dass sie sich bereits aus der gemeinsamen Zeit in Köln kennen, als Schliebusch noch als Journalist arbeitete, und Giesen Gartenbaudirektor unter Oberbürgermeister Adenauer war. Einen Beleg dafür gibt es nicht, doch scheint folgende Erklärung plausibel: Wilhelm Giesen (1838-1915), der Vater von Josef Giesen, hatte in seinem Wohnort Mondorf die Ideen von Friedrich Wilhelm Raiffeisen (1818-1888) hinsichtlich örtlicher genossenschaftlicher Zusammenarbeit von Bauern und den Aufbau einer Darlehenskasse maßgeblich vorangetrieben. Dies aber ist genau der Arbeitsbereich des Journalisten Schliebusch in den zwanziger und beginnenden dreißiger Jahren, der vermutlich zu Recherchezwecken den Sohn Josef Giesen zu den Aktivitäten seines inzwischen verstorbenen Vaters befragte. Auch später als Syndikus der Handwerkskammer beschäftigt sich Schliebusch intensiv mit dieser Thematik. Es kann mit hoher Wahrscheinlichkeit angenommen werden, daß die Beziehung von Schliebusch zu Giesen älter ist als jene zu Adenauer. Schliebusch bezeichnet Josef Giesen als

---

[9] Schliebusch, Fritz Eingehender Bericht über meine Tätigkeit im Dritten Reich vom 12. März 1945, S. 12.

[10] Nach dem Krieg wird Josef Giesen Beigeordneter der Stadt Köln und einer ihrer Bürgermeister. Bundeskanzler Adenauer ist Ehrengast, als er 1957 seinen 70. Geburtstag feiert.

„Freund“ und nennt ihn einen der „ältesten und entschlossensten Gegner des Naziregimes“, den er kenne.[11]

„Jungs, ihr kennt jetzt den Plan. Lasst ihn uns noch einmal in allen Einzelheiten durchgehen und achtet vor allem darauf, dass wir nichts übersehen haben“. Sie besprechen den Ablauf einer riskanten Aktion - die Entführung eines hochrangigen Gefangenen aus den Händen der Geheimen Staatspolizei, wie z. B. die Fahrtroute und das Verhalten bei unerwarteten Kontrollen. Fritz Schliebusch schildert die örtlichen Gegebenheiten und berichtet von seinem gestrigen Treffen mit dem Chefarzt und dem Leiter des Krankenhauses. Schliebusch kennt bis dahin nur Prof. Uhlenbruck und weiß sich mit diesem in der Ablehnung Hitlers verbunden, doch das Umfeld im Krankenhaus mit einer Vielzahl von uniformierten Patienten und Betreuern stellt ein Risiko dar, das er soweit wie möglich ausschalten will. Und so hatte er sich entschieden, die leitenden Personen vorher zu kontaktieren und die Örtlichkeiten im Krankenhaus zu sondieren.

Hier in der Kaserne sind sie relativ sicher, dass sie von der Gestapo nicht abgehört und beobachtet werden. Dennoch sind zur Vorsicht - trotz sommerlich warmen Wetters - die Fenster geschlossen. Was sie zur Ausführung ihres Vorhabens benötigen, haben sie bereits beschafft: einen Dienstwagen des Kommandos mit dem Kennzeichen „WL“ - „Wehrmacht Luftwaffe“ - mit gültigem Fahrbefehl, ausgestellt mit dem pauschalen, unverfänglichen Zweck der Fahrt „Erkundung“ für die vorgeschriebene Fahrstrecke „Raum Köln - Westerwald und zurück“ und vom Chef des WBK, Oberst Friese (1882-1967), persönlich unterschrieben - sowie eine Verfügung für die Überstellung eines Inhaftierten zum Verhör nach Berlin. An diesem Schreiben jedoch ist nur der Briefkopf „Oberkommando der Wehrmacht“ echt; der Major hatte einige wenige Blanko-Blätter für alle Fälle aus seiner vorigen Verwendung in Berlin mitgenommen und den Text heute vorsichtig selbst mit der Schreibmaschine getippt. Das Dienstsiegel ist das seiner jetzigen Dienststelle und die Unterschrift und der Name des angeblich anordnenden Offiziers, eines Obersten des Generalstabes im OKW, gefälscht. „Jetzt heißt es: Auf Gott vertrauen! Ich danke Euch, dass Ihr dabei seid. Ich hatte auch nichts Anderes erwartet!“

---

[11] Schliebusch, Fritz a.a.O., S. 8

2. Plan

Ende August 1944. Das Attentat auf Hitler liegt nur einen Monat zurück. Noch am Tag des Anschlags, am 20. Juli 1944, war Josef Wimar Giesen, der Vater von Heinz Giesen und ein alter Freund der Familie Adenauer, sowie ein guter Bekannter von Fritz Schliebusch, verhaftet worden.[12] Einen Tag danach fährt Frau Maria Giesen (1893-1976; geb. Wessing) nach Rhöndorf, um die Familie Adenauer davon zu informieren und vor allem, um diese zu warnen.[13] Es gelingt, Verpflegungsmittel[14] und Dokumente, die eine Zusammenarbeit Giesens mit Adenauer belegen könnten, zu verstecken bzw. zu vernichten.

Josef Wimar Giesen

[12] Josef Giesen wird 1926 von Oberbürgermeister Adenauer zum Gartenbaudirektor ernannt und bekleidet dieses Amt bis zu seiner Ablösung durch die Nationalsozialisten im Jahre 1932. In seiner Amtszeit werden u. a. die Kölner Grüngürtel angelegt. Nach seiner Entlassung betreibt er in Urfeld ein Obstgut, das er kurzer Zeit zu einem Musterbetrieb entwickelt. Die Familie hat drei Kinder: Josef (+ 1942 in Russland), Heinz und Margret.

[13] Over, Marianne, Niederkasseler Hefte Nr. 8, S. 22 f.

[14] Giesen versorgt die Familie Adenauer über Jahre mit Obst, Gemüse und Kartoffeln und bisweilen auch mit einem Stück Fleisch von seinem Gutshof, um deren Überleben zu sichern. Siehe: Over, Marianne, a.a.O., S. 21 f.

Am Sonntag, dem 23. Juli 1944,[15] durchsuchen sieben Gestapo-Beamte - „höflich und korrekt“ - Adenauers Haus in Rhöndorf von 13.15 Uhr bis 16.30 Uhr nach belastenden Dokumenten. Obwohl sie nicht finden, tauchen sie am Vormittag des nächsten Tages um 10.00 Uhr erneut auf und suchen bis 17.30 Uhr weiter - aber wiederum müssen sie unverrichteter Dinge ihre Suche beenden. Der Chef des Bonner Sicherheitsdienstes der SS, Dr. Heinrich Theodor Müller (1901-1985), ist bei der Hausdurchsuchung persönlich anwesend.[16]

Am 12. März 1933 hatten in Köln die letzten freien Kommunalwahlen stattgefunden. Mit 39,6 % war die NSDAP stärkste Fraktion in der Stadtverordnetenversammlung geworden, aber obwohl Hitler bereits seit zwei Monaten an der Macht war, verfehlte sie ausgerechnet in der Metropole am Rhein die absolute Mehrheit um fast 11 %. Unberührt von dieser Ohrfeige der Wähler hatte die SA einen Tag später das Rathaus gestürmt, und Gauleiter Josef Grohé (1902-1987) hatte Oberbürgermeister Adenauer für abgesetzt erklärt. Kurz nach der Wahl Hitlers zum Reichskanzler hatte sich dieser geweigert, den frisch gewählten Regierungschef in der Stadt zu empfangen, da er nur als Parteichef gekommen wäre. Überdies hatte sich das Kölner Stadtoberhaupt bei Hitlers Ankunft auf dem Flughafen Köln-Butzweilerhof am Abend des 17. Februars durch den Beigeordneten Dr. Heinrich Billstein (1883-1956) vertreten und zwei Tage später die am Morgen des 19. Februars auf der Deutzer Hängebrücke heimlich und ohne Genehmigung der Stadtverwaltung von SS und SA bereits aufgehängten Hakenkreuzfahnen unter Polizeibewachung wieder herunter nehmen lassen.

Seit seiner Ablösung als Chef der Kölner Kommunalverwaltung am 13. März 1933 steht Adenauer auf der Schwarzen Liste der Nazis. Zunächst lebt er einige Wochen in Berlin, bevor er im April 1933 für fast ein Jahr als „Bruder Konrad“ im Kloster Maria Laach in der Eifel untertaucht, wo Abt Ildefons Herwegen (1874-1946), ein Schulfreund aus gemeinsamer Zeit am Apostelgymnasium in Köln,

15 Hans-Peter Schwarz nennt in seinem Buch „Konrad Adenauer“ als Datum den 24.07.; dies war jedoch ein Montag. Da Adenauer von Sonntag spricht, kann es somit nur der 23. Juli gewesen sein.

16 Weiss, Franz-Rudolph von, Kriegsende und Neuanfang am Rhein, S. 43

ihm Unterschlupf gewährt. In den Jahren bis zum Kriegsende führt Adenauer ein unstetes Leben und ist oft von seiner Familie getrennt.[17] Er wird schikaniert und überwacht, aber bleibt nach 1934 wenigstens in Freiheit. In den ersten Kriegstagen - so erfährt Adenauer nach dem Krieg - sollte er offenbar verhaftet und interniert werden, doch war sein Name von der Liste durch eine ihm unbekannte Person gestrichen worden.[18] Es wurde später sogar gemutmaßt, Hitler selbst wäre es gewesen, der „die Hand über ihn gehalten habe", hätte er doch bedauert, „diesen Mann wegen seiner politischen Unvernunft nicht heranziehen zu können".[19]

Doch nun nach dem Anschlag auf Hitler im Juli 1944 gerät Adenauer unversehens wieder ins Visier der Staatssicherheit. Obwohl die beiden Hausdurchsuchungen im Juli nicht Belastendes zu Tage förderten, wird er einen Monat später, am 23. August 1944, einem Mittwoch, dennoch - zum zweiten Mal innerhalb von 10 Jahren - verhaftet. Mit der Siebengebirgsbahn geht es nach Bonn-Beuel, von dort mit einem PKW in die Innenstadt. Dort sperrt ihn die Gestapo in den berüchtigten Keller ihrer Außenstelle im Kreuzbergweg Nr. 5.[20] Drei Tage später müssen die etwa 200 Gefangenen im Hof antre-

---

[17] Im Januar 1934 geht Adenauer erneut für 7 Wochen nach Berlin und kehrt dann nach Maria Laach zurück. Am 3. Mai zieht er nach Berlin-Neubabelsberg, wo er am 30. Juni 1934 im Rahmen des sog. Röhm-Putsches verhaftet und einige Tage im Gefängnis von Potsdam festgehalten wird. Im Herbst reist Adenauer in die Schweiz. Ende Juni 1935 verlässt er Berlin wieder und zieht nach Rhöndorf. Doch dort ereilt ihn kurze Zeit später eine Ausweisungsverfügung aus dem Regierungsbezirk Köln. Am 19. August meldet er sich aus Rhöndorf wieder ab und geht ein weiteres Mal bis September 1935 ins Kloster Maria Laach, danach bis zum 24. Oktober zur Kur nach Freudenstadt im Schwarzwald und von dort in das Pax-Erholungsheim nach Unkel am Rhein. Am 19.12.1935 wird die Ausweisungsverfügung aufgehoben. Adenauer lebt im Januar/Februar 1936 wieder in Unkel und lässt sich danach in einer Berliner Klinik behandeln. Ostern 1936 kehrt er endgültig nach Rhöndorf zurück.

[18] Morsey, Rudolf, Adenauer im Dritten Reich - Dokument Nr. 357, S. 351. Nach Lage der Dinge kann es nur ein höherrangiger Mitarbeiter der Kölner Gestapo oder NSDAP gewesen sein. Da Adenauer nicht aktiv im Widerstand gegen Hitler tätig war, reichten der Gestapo und der Partei wahrscheinlich Bespitzelung und Repressalien, um ihn auszuschalten. Zugleich gab es offenbar aber auch Feinde, die ihm nach dem Leben trachten.

[19] Siehe: DER SPIEGEL 5/1987

[20] Das Gebäude wurde gegen Kriegsende zerstört.

ten und sich - alphabetisch geordnet - in Zehnerreihen aufstellen. Adenauers Nebenmann ist Bankdirektor Dr. Anton Paul Brüning (1881-+),[21] Adenauers früherer finanzieller Ratgeber aus Köln, der es - so Weymar - peinlich vermeidet, diesen anzusehen oder sich ansprechen zu lassen. Bewacht von Kriminalbeamten in Zivil marschiert die Kolonne zum Rheinuferbahnhof. Mit einem Sonderzug werden die Häftlinge nach Köln gebracht und „unter unwürdigsten und gesundheitsschädlichsten Umständen" in das Barackenlager der Gestapo auf dem Kölner Messegelände am Deutzer Rheinufer nördlich der Hohenzollernbrücke überstellt,[22] das als Außenlager des KZ Buchenwald dient. Die Häftlinge - Gegner des NS-Regimes, Kriegsgefangene und Zwangsarbeiter - sind in der SS-Baubrigade III organisiert, deren Hauptaufgabe in der Trümmer- und Blindgänger-Beseitigung nach Bombenangriffen besteht. Als Adenauer an den Messehallen eintrifft, gehen seine Gedanken zurück zu jenem 12. Mai 1924, als er als oberster Vertreter der Stadt Köln genau hier den Reichspräsidenten Friedrich Ebert (1871-1925), den Reichskanzler Wilhelm Marx (1863-1946) und Reichsinnenminister Carl Severing (1875-1952) begrüßt hatte, die zur Eröffnung der Messehallen aus Berlin angereist waren. Seit 1919 hatte er das Projekt gegen vielfältigen Widerstand vorangetrieben. Später werden die Kölner das über sechs Hektar große Areal wegen seiner Schlichtheit „Adenauers Pferdeställe" nennen. Nun dient es seinem Gründer als Gefängnis.

Zeitgleich mit Adenauer sind auf dem Messegelände zwei andere prominente Kölner Katholiken inhaftiert: Theodor Babilon (1899-1945), der Geschäftsführer des Kölner Kolpingwerkes und der gleichaltrige Präses des Kolpingwerkes, der Priester Heinrich Richter (1898-1945).[23] Es kann davon ausgegangen werden, dass auch Schlie-

---

[21] Ab 1924 Leiter der Kölner Filiale der Deutschen Bank. 1934 wurde er wegen Untreue, Betrugs und Konkursvergehen zu einer achtjährigen Haftstrafe verurteilt; eine umfangreiche Pressedokumentation zum Brüning-Prozess findet sich im Hamburgischen Welt-Wirtschaftsarchiv.

[22] Schliebusch, Fritz, a.a.O., S. 12. Im Sommer 1944 wird zusätzlich ein „Arbeitserziehungslager" für politische Häftlinge eingerichtet. Durch eine Reihe von alliierten Bombenangriffen wird das Außenlager von Oktober bis Dezember 1944 zerstört und danach aufgelöst. Die dort Inhaftierten werden danach in das Kölner Gefängnis Klingelpütz oder in das KZ Buchenwald verlegt.

[23] Beide nutzen den alliierten Bombenangriff am 14. Oktober 1944 nicht zur Flucht aus dem Lager. Sie werden am 15. Januar 1945 zusammen mit 330 anderen Häftlin-

busch beide Männer aus seiner Zeit als Syndikus der Handwerkskammer persönlich kennt, da es zahlreiche Berührungspunkte zwischen der Handwerkskammer, der er vorsteht und dem Kolpingwerk als ursprünglich katholischer Gemeinschaft für wandernde Handwerksgesellen, gibt.

Jahre später beschreibt Adenauer seine Zeit in dem Auffanglager der Gestapo auf dem Messegelände wie folgt: „In dem Konzentrationslager waren nicht nur Deutsche, sondern auch Belgier und Holländer, viele Russen und Polen. … Der Kapo[24] des Lagers (Anmerkung: Eugen Zander) war ein früherer Gartenarbeiter der Stadt Köln, der auch in meinem Haus, als ich noch Oberbürgermeister war, gearbeitet hatte. Er war erschüttert, als er mich sah. … Es war ein sehr anständiger Mann, der sein Bestes für mich tat. Als ich nach dem Zusammenbruch Oberbürgermeister von Köln war, habe ich ihn zum Garteninspektor befördern können. Während der Nacht bewachten die Gestapo-Aufseher das Lager mit Hunden von außen. Im Lager selbst herrschte Selbstverwaltung, und der Oberste war jener Kapo. Um uns etwas Abwechslung zu verschaffen, veranstaltete er an einem Sommertag einen Tanzabend, an dem die Angehörigen der verschiedenen Völkerschaften ihre Nationaltänze aufführten. Der Abend endete mit einem Konzert, bei dem vor allem die Polen sich durch ausgezeichnetes Violinspiel auszeichneten. Wo die Instrumente herkamen, ist mir noch heute ein Rätsel. Das alles konnte uns nicht darüber hinwegtäuschen, dass wir mit einem Bein im Grab standen, es flossen daher viele Tränen. Man versuchte sich gegenseitig zu trösten. Mit Hilfe des Kapos gelang es uns, an einem Sonntagmorgen den Speisesaal abzusperren, damit ein belgischer Priester uns dort eine Messe lesen konnte. Eines Tages sagte mir der Kapo, er habe eine Mitteilung gelesen, wonach ich in einer der nächsten Nächte von SS-Leuten abgeholt und wie man das damals nannte „auf der Flucht erschossen" werden sollte. Er wolle mich zunächst aus meiner Baracke in seinen Schlafraum verlegen, weil man mich in seiner Anwesenheit nicht so leicht mitnehmen würde. Das gewähre aber nur eine kurze Frist. Ich müsse fort. In dem Lager befand sich ein Bonner Arzt. Mit seiner

---

gen in das KZ Buchenwald (oder Ohrdruf) verlegt, in dem sie zeitgleich im April 1945 unter bis heute ungeklärten Umständen ums Leben kommen.

[24] „Kapo" = Kaderpolizist, d. h. ein Gehilfe der Lagerleitung aus dem Kreis der Häftlinge.

Hilfe wurde verbreitet, dass ich einen Kollaps erlitten hätte. Der offizielle Lagerarzt war ein Arzt des städtischen Hospitals in Köln-Deutz. Er wurde gleichzeitig ins Vertrauen gezogen, und er bescheinigte, dass ich zusammengebrochen sei und ins Hospital müsse. Ich wurde in das Caritas-Krankenhaus in Köln-Lilienthal gebracht, dessen Leitung ich gut kannte. Ich wusste allerdings, dass dort meines Bleibens nicht lange sein könnte. Ich beschloss zu fliehen und mich in einer einsam gelegenen Mühle im Westerwald zu verbergen. Nach zwei Wochen machte mich die Gestapo aber dort ausfindig und brachte mich in das Gestapo-Gefängnis nach Brauweiler bei Köln".[25]

In diesem Interview nennt Adenauer keine Namen - weder den von Schliebusch, noch jenen des Lagerältesten Eugen Zander (1902-1971). Unklar ist auch, wer die Ärzte sind, denn auch deren Namen bleiben unerwähnt. Adenauer spricht von zwei Ärzten: einem Mitgefangenen und dem offiziellen Lagerarzt aus dem städtischen Hospital in Köln-Deutz. Beide sind jedoch nicht mit Dr. Mathias Schellenberger (1903-1987) identisch.

Es steht außer Zweifel: die Zeit wird knapp. Überall im Reich agiert die Gestapo nervös und macht nicht viel Federlesens, selbst wenn sie eines nur scheinbar Verdächtigen habhaft wird. Auch Adenauer und seine Familie, sowie seine Freunde und Bekannten wissen, dass sein Leben in akuter Gefahr ist. Erschwerend kommt hinzu, dass das Lager nur eine Sammelstelle, eine Durchgangsstation ist, und niemand weiß, wann die dort Inhaftierten ins Hauptlager bei Weimar verlegt werden. Daher bedarf es schnellen Handelns.

Schliebusch erfährt - wahrscheinlich direkt von Frau Adenauer oder über Frau Giesen - von der erneuten Inhaftierung und bangt um Leben und Gesundheit Adenauers, der mit seinen 69 Jahren in „Schmutz und Ungeziefer, bei denkbar unzureichender und ungeeigneter Ernährung" in Haft ist. Gemeinsam mit der Familie und den Freunden möchte Schliebusch auf jeden Fall verhindern, dass er auf diese Weise umkommt. Zusätzlich ist zu berücksichtigen, dass über den Inhaftierten auch eine Verlegung in eines der KZ auf dem Reichsgebiet wie ein Damoklesschwert schwebt, denn dann wäre jegliche Unterstützung völlig unmöglich. Nun muss gehandelt werden,

---

[25] Konrad Adenauer Stiftung Online Aus meinem Leben. Wiedergabe eines Rundfunkinterviews - 22 Verhaftung 1944.

doch wie diese Hilfe in die Tat umsetzen? Feststeht: Solange sich Adenauer im Gewahrsam der Gestapo befindet, ist eine Befreiung nur sehr schwer, sieht man von einer gewaltsamen und damit zugleich sehr risikoreichen Aktion ab. Offenbar gibt es aber einen solchen Plan, und der ist mit einiger Wahrscheinlichkeit bereits kurz nach Adenauers Verhaftung entstanden.

„Als ich im August 1944 in das Conzentrationslager Köln-Messe gebracht wurde, arbeitete er (Anmerkung = Schliebusch) bis ins Einzelne einen Plan aus, mich aus diesem Lager vor dem Abtransport nach Buchenwald ev. unter Anwendung von Gewalt zu befreien. Der Plan kam nicht zur Ausführung, da ich wegen einer lebensgefährlichen Erkrankung aus dem Lager unter Aufsicht der Gestapo in ein Krankenhaus entlassen wurde. Er unterstützte dann unter persönlicher Gefährdung meinen Versuch, mich durch Entfernung aus diesem Krankenhaus dem Zugriff der Gestapo zu entziehen."[26]

Adenauers Aussage ist in mehrerlei Hinsicht nicht schlüssig. Eine Befreiung „unter Anwendung von Gewalt" erscheint zweifelhaft. Der Außenbereich des Lagers auf dem Kölner Messegelände wird während der Woche von bewaffneten Gestapo-Streifen mit scharfen Hunden streng bewacht. Selbst am Wochenende, wo die Bewachung offenbar lascher gehandhabt wird, bedarf es, um erfolgreich zu sein, mindestens eines Infanteriezuges von vertrauenswürdigen und bewaffneten Soldaten, d. h. etwa 20 Mann, über die Schliebusch jedoch nicht verfügt. Völlig ungeklärt ist zudem, was nach erfolgreicher Durchführung der Befreite und die Befreier zu erwarten haben, müssen sie doch davon ausgehen, mit aller Härte des Systems verfolgt und bestraft zu werden. Unter diesen Umständen Soldaten zu finden, die sich auf ein derartiges Risiko für einen Unbekannten einlassen, erscheint mehr als zweifelhaft. Mit der Feststellung, er sei „lebensgefährlich erkrankt" widerspricht Adenauer der von ihm an anderer Stelle und auch von mehreren Beteiligten glaubhaft wiedergegebenen Version, der Anfall sei nur vorgetäuscht worden.[27] Wahrscheinlich ist die obige Bescheinigung, die Adenauer am 8. November 1945

[26] Adenauer, Konrad, Briefe 1945 - 1947 (Dokument Nr. 128), S. 131

[27] Konrad Adenauer Stiftung Online Aus meinem Leben - Rundfunkinterviews Teil 22 Verhaftung 1944

ausstellt, und in der er Adenauer Schliebuschs Rolle und ablehnende Haltung gegenüber dem Hitler-Regime skizziert,[28] für Frau Schliebusch zur Vorlage bei den alliierten Militärbehörden bestimmt.

Zwar erläutert Adenauer jenen detaillierten Plan Schliebuschs nicht näher, doch seine Aussage belegt, dass dieser offenbar bereits unmittelbar nach der Verhaftung Adenauers Ende August 1944 beginnt, dessen Befreiung zu organisieren. Nach Lage der Dinge bedeutet dies aber eine zweifache Aktion: Der erste, schwierigere Schritt gilt dem Bestreben, Adenauer der direkten Gestapo-Haft auf dem Messegelände zu entziehen, d. h. er muss aus der unmittelbaren Gefahrenzone gebracht werden. Erst wenn dies gelungen ist, kann man in einem zweiten Schritt die leichter zu bewerkstelligende Befreiung aus dem Krankenhaus durchführen. Mit großer Wahrscheinlich ist die Idee zur Flucht daher nicht innerhalb des Lagers auf dem Messegelände entstanden, wie es in der Biographie von Weymar berichtet wird.

Erstaunlich ist die Aussage Adenauers insofern, als er seine Flucht aus dem Krankenhaus Hohenlind nun anders darstellt und Schliebuschs Rolle dabei marginalisiert. Aus welchem Grunde Adenauers Berichte Widersprüche aufweisen, bleibt unklar. Vielleicht hat ihn die Erinnerung im Stich gelassen. Möglicherweise schildert er den Ablauf auch nur in dieser verkürzten Form, um sich längere Erklärungen gegenüber den Alliierten über die Hintergründe seiner geplanten Flucht zu ersparen, nicht aber um Schliebuschs Rolle zu schmälern. Auch Adenauers Behauptung, er sei „unter Aufsicht der Gestapo“ in das Krankenhaus überwiesen worden, erscheint fraglich. Sicher: Adenauer ist auch elf Jahre nach seinem erzwungenen Ausscheiden aus dem Amt des Kölner Oberbürgermeisters noch sehr bekannt, und die örtliche Gestapo möchte sich - vermutlich auch im Wissen um Gerüchte und die Furcht, mit einem zu scharfen Vorgehen gegen Adenauer höhere Ränge in der Partei, vielleicht sogar Hitler selbst, zu verärgern, nicht dem Vorwurf aussetzen, ihm lebensnotwendige ärztliche Versorgung versagt zu haben. Andererseits vollzieht sich dies in den letzten Kriegsmonaten, als die alliierten Truppen im Westen sich rasch der Reichsgrenze nähern. Angesichts des bevor-

---

28 Ähnliche Bescheinigungen stellte Adenauer auf Wunsch oft aus; siehe u.a.: Konrad Adenauer, Briefe 1945- 1947, S 242, 290 und 460

stehenden Endes ist Gnade dem Feind im Inneren und Äußeren nicht mehr angezeigt. Die Repressalien gegen die Feinde des Regimes werden immer härter, und der alte lateinische Wahlspruch „respice finem" - man möge bei seinem Handeln stets auch das Ende im Blick behalten, ist schon lange einem zynischen „Nach uns die Sintflut" gewichen. In Gefängnissen und Lagern bleiben die Gefangenen zumeist auch während der alliierten Bombenangriffe in ihren Zellen eingesperrt, werden somit bewusst geopfert. Nach Weymar ist der Lagerkommandant Meier „ein Schinder", der wiederum zugleich „hündische Angst vor einem seiner Untergebenen, dem Polizeimeister Krämer",[29] hat. Wie ist der Widerspruch zu der Warnung des Lagerältesten Eugen Zanders an Adenauer vor dessen baldiger Liquidierung zu verstehen? Weshalb soll die Gestapo einen Mann, den sie in absehbarer Zeit ohnehin zu erschießen oder zu hängen beabsichtigt, vorher aufwändig in ein Krankenhaus überweisen, um ihn dort vor seiner Hinrichtung gesundpflegen zu lassen? Tausende von Gefangenen sterben in jener Zeit unter entsetzlichen Bedingungen. Dass die NS-Bewacher, Gestapo und SS, das Los ihrer Häftlinge durch ärztliche Betreuung erleichtern, ist daher in hohem Maße unwahrscheinlich. Sollte der Häftling Adenauer wegen einer Herzerkrankung in der Haft sterben, ist die Gestapo einen unbequemen Gegner auf natürliche Weise los, ohne dass sie sich selbst die Hände schmutzig gemacht hat. In der Dokumentation über die Haftanstalt Brauweiler („Rheinische Provinzial-Arbeitsanstalt") ist über die Verlegung Adenauers in das Krankenhaus zu lesen: „Der Lagerälteste Eugen Zander, ein ehemaliger Kommunist, hatte diese Sondererlaubnis erwirkt und ihn damit vor einer Überstellung in das KZ Buchenwald bewahrt".[30]

Der „behäbig-bürgerliche" Zander, der als vormaliger Gartenarbeiter der Stadt Köln und damit Untergebener von Gartenbaudirektor Josef Giesen bis 1933 auch den Garten von Adenauers Dienstvilla gepflegt hatte und daher den ehemaligen Oberbürgermeister persönlich kennt, fungiert - wie Adenauer dies in dem Interview erwähnt - als Lagerältester auf dem Messegelände. Wegen Mitgliedschaft in der kommunistischen Partei war er bereits 1933 verhaftet und zu einer neunjährigen Haftstrafe verurteilt worden, die er im Zuchthaus Sieg-

[29] Weymar, Paul, a.a.O., S. 205 f.

[30] Daners, Hermann, Wißkirchen, Josef, Was in Brauweiler geschah, S. 93.

burg inzwischen verbüßt hatte. Doch müssen damals vorbestrafte Täter nach dem Verbüßen ihrer Strafe mit einer Sicherheitsverwahrung im KZ rechnen, und Zander gehört zu dieser Personengruppe. In einigen Publikationen wird ihm das Verdienst zugeschrieben, Adenauers Leben gerettet zu haben. So hat er diesen nach eigenen Angaben wegen einer im Lager grassierenden Wanzenplage in seiner Stube in der Kleiderkammer untergebracht. Zander genießt als „Kapo“ und Lagerältester zwar einige Privilegien - z. B. hat er einen eigenen „Putzer“, einen russischen Mitgefangenen - und besitzt Befugnisse beim innerbetrieblichen Ablauf des Lagers und gegenüber seinen Mitgefangenen, doch er hat keinesfalls das Recht, über die auch nur zeitweilige Verlegung von Mitgefangenen zu entscheiden. Wie zerbrechlich dessen Schicksal ist, zeigt sich daran, dass auch Zander kurze Zeit später in ein KZ ins Reichsinnere verlegt wird.[31] Die Warnung Zanders, es sei geplant, Adenauer und andere Gefangene bei weiterem Vorrücken der Alliierten auf Köln durch die SS „auf der Flucht“ zu erschießen, ist vermutlich nicht der Anstoß für die Befreiungsaktion, denn dazu ist die Vorbereitungszeit zu kurz, hat diese vermutlich aber beschleunigt. Mit Sicherheit teilt der inhaftierte Adenauer dies seiner Ehefrau Gussie (1895-1948) und seinen Töchtern Lotte und Libet bei deren Besuchen mit. Allerdings kann davon ausgegangen werden, dass in realistischer Einschätzung der Lage nach dem Attentat auf Hitler jedem, der unter dem noch so vagen Verdacht verhaftet wird, daran beteiligt zu sein, ohne Zweifel klar sein dürfte, dass sein Leben in höchster Gefahr schwebt. Zanders Darstellung in der autorisierten Weymar-Biographie über Adenauer, er sei die zentrale Figur im Lager und bei der Unterstützung Adenauers gewesen, mutet sehr überhöht an. Auch hinsichtlich der Kontakte zu dem Inhaftierten fallen in den Lebensbeschreibungen Widersprüche auf. So wird in jener Biographie nur ein einziges Treffen zwischen Adenauer und seiner Familie erwähnt, und dies findet nur aus der Entfernung durch einen bewachten Stacheldrahtzaun getrennt statt:

---

[31] Er wird 1944/45 in das KZ Buchenwald verlegt. Zander überlebt die Haft. Mitte Mai 1945 bittet Adenauer die US-Truppen um 2 Busse, um im KZ Buchenwald inhaftierte Kölner, darunter auch Zander, nach Hause bringen zu lassen. 1954 setzt sich Adenauer dafür ein, den damals bereit 52-jährigen Zander in das Beamtenverhältnis der Stadt zu übernehmen (Brief an seinen Sohn Max, den Kölner Oberstadtdirektor, vom 3. Februar 1954).

„Da erzählte er (= Adenauer) mir (= Zander), daß er seine Frau und seine Tochter gesehen hatte. Sie hatten vor dem Zaun gestanden und geweint. Als sie ihm zuwinkten, war ein Posten gekommen und hatte sie vertrieben. Gesprochen haben sie kein Wort miteinander. Ich sah Adenauer an, wie er da vor mir auf dem Bettrand saß. Er war zum Skelett abgemagert, …und mit dem kragenlosen Hemd und dem Suppenlöffel in der Brusttasche musste er für seine Frau ein herzzerreißender Anblick gewesen sein“.[32]

Der Schweizer Generalkonsul Dr. Franz-Rudolph von Weiss (1884-1960), „ein soignierter und genießerischer Mann“[33] und ein guter Freund der Familie Adenauer, hingegen schreibt, er habe am Freitag, dem 25. August 1944, zwei Tage nach Adenauers Verhaftung, die beiden Töchter Lotte und Libet nach Köln gefahren. Dort sei es diesen gelungen, „durch allerlei List“ bis zu ihrem Vater vorzudringen, diesen 30 Minuten lang zu sprechen und ihm dabei „etwas Wäsche und vor allen Dingen Lebensmittel“ zu bringen.[34] Hinsichtlich der Ortsangabe irrt Konsul von Weiss aber, denn Adenauer wird erst am 26. August nach Köln-Deutz überstellt und ist bis dahin in der Bonner SD-Zentrale in Haft. Der zweite Besuch findet am Sonntag, dem 27. August, statt, diesmal bereits in Köln-Deutz. Zu diesem Treffen nimmt von Weiss neben den beiden Töchtern auch Adenauers Ehefrau Gussie mit. „Da die Gestapo-Leute Urlaub“ haben, können Frau Adenauer und die beiden Töchter Adenauer eine Stunde lang sprechen.[35] Der dritte und letzte Besuch in dem Behelfslager auf dem Kölner Messegelände erfolgt am 29. August, einem Dienstag. Wiederum bringt Dr. von Weiss eine Tochter - vermutlich ist es Lotte, die ältere - mit seinem PKW nach Deutz, wo sie abermals ihren Vater sprechen kann. Sie fährt mit einer guten Nachricht zurück nach Rhöndorf: Wahrscheinlich würde der Vater in den nächsten Tagen freigelassen.[36] Doch diese Hoffnung zerschlägt sich. Ob sich bei diesen drei Treffen die Gelegenheit ergibt, mit Adenauer über eine mögliche Flucht aus der Haft zu sprechen, ist nicht belegt, erscheint aber möglich, auch wenn diese Besuche vermutlich unter Bewachung statt-

---

[32] Weymar, Paul, Konrad Adenauer, S. 207

[33] Bornheim, Werner, Der rheinische Phönix (Teil 1) S. 46

[34] Weiss, Franz-Rudolph von, a.a.O., S. 47 f.

[35] Ebenda, S. 48

[36] Ebenda, S. 49

finden. Bei der obigen Schilderung Zanders von einem „Treffen am Zaun“ kann es sich nur um einen weiteren Besuch nach dem 29. August handeln. Dies deckt sich mit der Aussage von Libet Adenauer: „Meine Erinnerung ist nur ein kurzer Augenblick, an dem meine Schwester und ich am Zaun des Lagers auf dem Messegelände in Köln meinen Vater sehen konnten.“[37]

Generalkonsul Dr. Franz-Rudolph von Weiss
(Aufnahme etwa von 1926)

Der bisher in den diversen Adenauer Biographien, in seinem Briefen und Interviews geschilderte Ablauf der Verlegung aus dem Lager in die Klinik ist in Kurzform wie folgt: Adenauer erleidet einen Herzanfall. Zwei Ärzte bestätigen diese Diagnose und überweisen ihn in das nahegelegene katholische Caritas-Krankenhaus Hohenlind. Insgesamt weist die Darstellung der Überstellung Adenauers ins

[37] Brief von Frau Libet Werhahn-Adenauer an den Autor vom 31.03.2011

Krankenhaus sowohl von seiner Seite als auch durch seine Biographen zahlreiche Ungereimtheiten auf. Doch wenn diese Berichte lückenhaft und falsch sind, wie läuft Adenauers Überstellung aus dem Lager tatsächlich ab?

Da eine offizielle Intervention bei der Gestapo mit der Bitte um ärztliche Behandlung ebenso wenig Aussicht auf Erfolg hat wie eine Flucht, muss Adenauer - wenn er der Ermordung durch das Regime oder einem Weitertransport in ein KZ im Inneren des Reiches entgehen will - zumindest für begrenzte Zeit schnell aus der „direkten Schusslinie" der Gestapo genommen und in eine Einrichtung verlegt werden, in der die Bewachung nicht so streng und aus der später dann eine Flucht leichter zu organisieren ist. Nach Lage der Dinge kommt dafür nur ein Krankenhaus in Frage. Doch diese Möglichkeit kann allein mit List und Hilfe von außen umgesetzt werden. Von wem der Anstoß zu der zweistufigen Befreiungsaktion - zunächst aus dem Durchgangslager auf dem Messegelände und dann aus dem Krankenhaus - und dem einer fingierten Herzattacke kommt, ob von Adenauer selbst, der Familie, Freunden, dem Lageraufseher Zander, wie Schwarz schreibt oder von Schliebusch, bleibt ungeklärt. Nach einer anderen Version soll ein ihm wohlgesonnener KZ-Aufseher Adenauer im Krankenhaus besucht, ihn dort unbeaufsichtigt gesprochen und gewarnt haben: „Tauchen Sie unter! Verschwinden Sie aus dieser Gegend!"[38]. Letztlich aber ist die Frage nach dem Urheber des Befreiungsplanes für die Bewertung der Rolle Schliebuschs unerheblich. Gussie Adenauer hat nach der Verhaftung ihres Mannes im August 1944, soweit es ihr möglich war, zweifelsohne alle Freunde und Bekannte kontaktiert und diese um Hilfe und Rat gebeten, darunter Frau Giesen und das Ehepaar Schellenberger, ihre Nachbarn. Auch Major Schliebusch ist bereits in dieser Phase - was Adenauer bestätigt - beteiligt. Nur Josef Giesen kann an dem Entführungsplan nicht mitarbeiten, war er doch bereits am 21. Juli 1944 - nur einen Tag nach dem Attentat auf Hitler - verhaftet und nach Berlin gebracht worden. Eine gewaltsame Befreiung Adenauers scheidet aus, denn dazu fehlen weder die Kräfte noch die Mittel. Überdies würde ein solches Vorhaben sofort den gesamten Staatsapparat alarmieren. Und so entsteht offen-

[38] Siehe: Klei, Daniela, Konrad Adenauer und seine Familie. Friedberg bei Augsburg 1957, S. 72. Eine Quelle für diese Aussage ist nicht angegeben.

bar der Plan, ihn in zwei Phasen und auf einem wenig spektakulären und damit risikoloseren Weg in Sicherheit zu bringen.

Einen Beleg für diese Annahme bildet eine bislang nicht bekannte Darstellung, die ein neues Licht auf den Ablauf der Überweisung Adenauers vom Gestapo-Lager in das Krankenhaus wirft. Die Familie Schellenberger, gut mit den Adenauers bekannt und direkte Nachbarn in Rhöndorf, schildert diese Aktion, an der ihr Vater, der Oberstabsarzt außer Diensten Dr. Mathias Schellenberger, persönlich beteiligt ist: „Eines Nachmittags standen mehrere Wehrmachtsangehörige in Uniform vor unserer Haustüre. Unser Vater wurde aufgefordert, unverzüglich in Uniform mitzukommen. Ein Adenauersohn war Mitglied dieses Abholkommandos. Unsere Mutter war erschreckt und ängstlich und wollte unseren Vater zurückhalten. Vater sollte Adenauer in dem Lager, in dem er inhaftiert war, untersuchen und ein Attest ausstellen, auf dem eine akute Herzattacke vorgetäuscht werden sollte."[39]

Hiernach erfolgen Planung und Durchführung eindeutig von außen, vermutlich von Schliebusch, denn diese Aktion ähnelt sehr jener späteren Befreiung aus der Klinik Hohenlind. Erstaunlich ist, dass Adenauer diese Hilfe in keinem seiner Briefe erwähnt. Grund dafür könnte aber sein, dass er selbst von diesem Einsatz nichts wusste. Um welchen der drei älteren Adenauersöhne es sich handelt, der als Soldat des Abholkommandos beteiligt ist, bleibt unbekannt. Mit großer Wahrscheinlichkeit aber ist es Paul Adenauer, da dieser als einziger zu dieser Zeit im Raum Bonn stationiert ist.[40] Dass er von seiner Fliegerabwehr-Einheit zu diesem Kommando abgestellt wird, geht vermutlich auf Initiative von Schliebusch und Oberst Friese zurück. Seine Aufgabe bei diesem Unternehmen besteht darin, seinen Vater auf dem mehrere Hektar großen Gelände unter mehreren hundert Häftlingen zu finden. Allerdings muss dies unauffällig geschehen, damit er selbst nicht in das Räderwerk der Militärjustiz gerät.

Folgt man diesem Ansatz, so läuft die rekonstruierte Operation wie folgt ab: In der Phase 1 des Planes marschiert ein Trupp Sol-

---

[39] Schellenberger, Jürgen, Brief an den Autor vom 18.02.2011

[40] Max dient als Leutnant bei der Abwehr in Berlin und Konrad wird im Sommer 1944 nach der Dolmetscherausbildung für Englisch in Italien als Oberschütze zum Frontaufklärungstrupp 341 nach Oslo versetzt.

daten unter Waffen am Samstag, dem 2. September, mit der mutmaßlichen Begründung zum Lager, die Bewachung müsse verstärkt werden, da man Informationen über einen Angriff von Regimegegnern - vielleicht der „Edelweißpiraten" - erhalten habe. Ein solch vorgetäuschter, fiktiver Grund erscheint durchaus plausibel, denn die zahlreichen, im Untergrund lebenden Gruppen liefern sich bisweilen mit den NS-Sicherheitskräften und der Polizei sogar längere Feuergefechte. Die Gestapo-Führung in Köln sei darüber informiert und habe ihre Zustimmung erteilt. Niemand wagt es, die Gestapo am Wochenende zu stören - in der Etappe herrscht noch Frieden; daher auch die Verringerung der Wachstärke am Wochenende. Auf keinen Fall aber darf das Kommando in irgendeinen Zusammenhang mit Adenauer treten. Und so ist es wahrscheinlich, dass weder die Soldaten von der anschließenden Verlegung Adenauers erfahren, noch dieser von den äußeren Umständen, die seine Überstellung in das Krankenhaus ermöglichen. Die Soldaten kommen mit Sicherheit vom Stab des Bonner Wehrbezirkskommandos. Für sie ist die Begründung der Wachverstärkung plausibel. Selbst wenn Anhänger des Regimes unter ihnen sein sollten, werden sie durch den Grund des Einsatzes überzeugt und nicht misstrauisch. Bei einer gewaltsamen Befreiung wäre dies völlig anders. Wahrscheinlich ist der Kommandeur des Wehrbezirkskommandos, Oberst Friese, in die Aktion eingeweiht, genehmigt und unterstützt diese. Nach Eintreffen der Soldaten muss Adenauer auf dem weitläufigen Gelände unter den etwa 800 Gefangenen gesucht werden. Für diese Aufgabe ist der anwesende Sohn Paul zuständig.[41] Nachdem dieser mehrere Gefangene nach Oberbürgermeister Adenauer fragt und einer von ihnen ihm den Weg zeigt, findet er seinen Vater in einer Baracke. Er tritt als Fremder auf und gibt ihm - vielleicht nur durch seine Anwesenheit, einen Blick oder ein Zeichen - zu verstehen, dass nun der Augenblick gekommen sei, den Herzanfall vorzutäuschen. Dann kehrt Paul Adenauer zu seinem Kommando an der Wache zurück. Der Vater befolgt den Rat. Die Information über die Aktion ist Adenauer wahrscheinlich zuvor von außen übermittelt worden, als sicher war, dass die Vorbereitungen abgeschlossen sind, und die Entscheidung für die Durchführung gefallen ist. Der letzte

[41] Frau Libet Werhahn-Adenauer hingegen bezweifelt, dass ihr Bruder in diese Aktion eingebunden ist.

Besuch einer der Töchter Adenauers ist am 29. August, vier Tage zuvor. Wahrscheinlich wird Adenauer an diesem Tag grob über den Plan informiert; so solle er sich nicht über bekannte Personen wie seinen Sohn Paul und den Nachbarn Dr. Schellenberger wundern, die ihn wie er ebenfalls plötzlich als Fremden behandeln werden. Hier sei seine Fähigkeit als Schauspieler gefragt. Eine solche Nachricht kann, leicht umschrieben, selbst unter Aufsicht ohne Probleme übermittelt werden.

Eine fingierte Herzattacke wirkt bei einem Mann seines vorgerückten Alters und der schwierigen Lebensumstände der letzten elf Jahre durchaus glaubhaft, vor allem, wenn diese überdies durch zwei Ärzte diagnostiziert wird. Daher wird - möglicherweise durch Sohn Paul oder einen Mitgefangenen - der Lagerarzt Dr. Richartz (bisweilen auch „Richarz“) herbeigerufen, und „zufällig“ taucht dann noch ein zweiter Mediziner auf: Dr. Schellenberger. Mit keiner Miene geben Adenauer und Schellenberger zu erkennen, dass sie sich gut kennen. Dr. Schellenberger - mit der optischen Durchsetzungskraft der Uniform eines Oberstabsarztes des Heeres - attestiert eine akute, lebensbedrohliche Herzattacke, die der Lagerarzt Dr. Richartz bestätigt. Beide Mediziner empfehlen der Lagerleitung, d. h. dem Häftling Eugen Zander, dringend, Adenauer sofort in das nächste Krankenhaus überweisen zu lassen. Dass Schellenberger bereits vor neun Monaten aus Krankheitsgründen aus der Wehrmacht entlassen worden ist, wird durch die Uniform getarnt, denn als ziviler Arzt hätte er kaum eine Chance, sich durchzusetzen. Schellenberger überzeugt Zander überdies mit dem Hinweis, dass diese Überstellung natürlich keine Freilassung und die Haft nicht aufgehoben sei. Nach Genesung würde Adenauer unverzüglich ins Lager zurückgebracht. Diese Version hat Zander vermutlich auch als Argument gegenüber der Gestapo benutzt, wobei unklar ist, wann die Abwesenheit Adenauers erstmalig bemerkt wird. Der Befund der beiden Ärzte wirkt umso überzeugender, weil Adenauers Gesundheit tatsächlich arg angeschlagen ist. Ein Mithäftling schildert später dessen Zustand: „Er sah sehr elend aus, bleich, mit rotentzündeten Augenlidern. … Er klagte über Schlaflosigkeit und die Wanzenplage in seiner Baracke. ... Er war zum Skelett abgemagert, der Anzug schlotterte um ihn herum... "[42]

Doch Zander steht vor einem Dilemma: Zum einen möchte er seine Gestapo-Vorgesetzten nicht am Wochenende stören, und zum anderen würde er sich nie erlauben, der Diagnose zweier Mediziner zu widersprechen. Wahrscheinlich weiß er, dass er seine Befugnisse mit dieser Entscheidung überschreitet. Adenauer spricht später zwar von Selbstverwaltung durch die Häftlinge, doch es dürfte außer Frage stehen, dass die letzte Entscheidung, ob ein Inhaftierter z. B. in ein Krankenhaus eingewiesen wird oder nicht, bei den Bewachern, d. h. bei der Gestapo, und nicht beim Kapo des Lagers liegt. Zander steht zwar politisch nicht im Lager Adenauers, doch er mag ihn und vor allem ist er - seit Jahren Gefangener - ein Opfer der Nazi-Herrschaft.

Schließlich gibt Zander als Lagerältester seine Zustimmung zu der Verlegung. Vermutlich will er sich später seitens der Gestapo nicht den Vorwurf machen lassen, er hätte den prominenten Häftling einfach sterben lassen. Als erfahrener, gewiefter Häftling wird er versuchen, sich mit unklaren Zuständigkeiten und der nicht eindeutigen Schnittstelle der Aufgaben zwischen der bewachenden Gestapo und ihm als Lagerleiter herauszureden. Dass ihm dies gelingt, ist fraglich, denn Zander wird einige Wochen später in ein KZ ins Reichsinnere verlegt, wo er mit viel Glück die Haft und den Krieg überlebt. Sicherlich hat auch Zander zur Rettung Adenauers beigetragen, aber mit einem weit geringen persönlichen Einsatz als Schliebusch und auch nur für die begrenzte Zeit bis zur erneuten Verhaftung Adenauers Ende September 1944. Dass er später seine Rolle besonders hervorgehoben hat, ist ihm nicht zu verdenken. Er hat zum einen Adenauer mit seiner Warnung vor einer Ermordung darin bestärkt zu fliehen. Zum anderen hat er als Lagerchef seine Zustimmung zu der Verlegung Adenauers gegeben und auf eine sofortige Rückversicherung wegen der ungewöhnlichen Verstärkung durch die Wehrmacht bei der Gestapo-Zentrale in Köln verzichtet. Auf das Geschehen danach hatte er keinen Einfluss mehr. Vermutlich fällt die Abwesenheit Adenauers im Lager der Gestapo auch deshalb nicht sofort auf, weil Zan-

---

[42] Aus: Weymar, Paul, Konrad Adenauer; zitiert in: In Hamburger Abendblatt vom 25.09.1965

der offenbar schweigt. Die Soldaten des Wachverstärkungskommandos ziehen, nachdem Adenauer gefunden ist, schnell wieder ab, möglicherweise mit der Begründung, man habe die Hintermänner des geplanten Überfalles inzwischen gefasst, und es bestünde somit keine Notwendigkeit zu erhöhter Wachsamkeit mehr. Ob Schliebusch selbst - z. B. als Kommandoführer - an dieser Aktion beteiligt ist, bleibt unbekannt.

Dr. Mathias Schellenberger stammt aus einer Essener Familie, die von der katholischen Friedensbewegung geprägt ist. Anfangs möchte er Priester werden und studiert Theologie - zunächst in Bonn und danach in Tübingen. Doch im sechsten Semester sattelt er auf Medizin um. Innsbruck, Düsseldorf und Würzburg sind seine weiteren akademischen Stationen. Aktiv in der Studentenbewegung möchte er nach seinem Examen 1929 zunächst Missionsarzt werden, worin sich seine selbstlose Haltung offenbart. Als dies scheitert, arbeitet er im Marienhospital in Duisburg-Meiderich, in der Chirurgie des Josefhospitals und im Asthmakrankenhaus in Mönchen-Gladbach. Im Jahre 1932 bewirbt er sich bei der Schutzpolizei in der Düsseldorfer Tannenberg-Kaserne. Zu seinen Aufgaben gehört u. a. die Betreuung der Häftlinge und des Wachpersonals des Polizeigefängnisses. Doch nachdem dort der Posten des Polizeipräsidenten durch den SS-Obergruppenführer Fritz Weitzel (1904-1940), „einen Lumpen“, besetzt wird, meldet sich Schellenberger zur Landespolizei, um Weitzel zu entgegen. Gehörten für Schellenberger Pferde bislang zur Kategorie „wilde Tiere“, so muss er nun reiten lernen. Schon bald aber schöpft er aus den täglichen Ausritten große Freude und Entspannung; später kauft er sich sogar ein eigenes Pferd, mit dem er an herbstlichen Fuchsjagden teilnimmt. Im Jahre 1934 wird er als Stabsarzt und Standortarzt bei der Landespolizei nach Wesel versetzt.

Oberstabsarzt Dr. Schellenberger

1936 wird Dr. Schellenberger in die Wehrmacht übernommen und 1939 Chef der bespannten Sanitätskompanie I/26. Im Mai 1940 zieht die Familie von Wesel nach Rhöndorf um, wo der Schwiegervater im Zennigsweg ein Haus gekauft hatte. In direkter Nachbarschaft wohnt seit 1936 Konrad Adenauer mit seiner Familie. Schellenberger wird zur Fernmeldeabteilung I/26 versetzt und nimmt ab Juni 1941 am Russlandfeldzug teil. Als er einmal einem hungernden russischen Kind ein Stück Brot gibt, schreibt sein Fahrer eine Meldung gegen ihn. Doch der Bataillonskommandeur schlägt die Anzeige nieder. Im August 1942 wird Dr. Schellenberger Truppenarzt im Panzerjägerbataillon 106.[43] Drei Monate später erkrankt er an schwerem Asthma, wird zunächst in ein Kriegslazarett nach Minsk und von dort zurück in die Heimat verlegt. Schellenberger wird GV (garnisonsverwendungsfähig) geschrieben. Nur wenige Monate später steht sein Verband an der Stalingrad-Front im Einsatz, und so rettet ihn die Krankheit vor einem wahrscheinlich schlimmen Schicksal. Nach seiner Entlassung aus der Wehrmacht 1944 praktiziert Dr. Schellenberger in seinem Rhöndorfer Haus. Wegen der schlechten Versorgungslage halten sich viele Familien - so auch die Adenauers und die Schellen-

[43] Der Verband ist der 60. Infanteriedivision (mot.) unterstellt.

bergers - einige Nutztiere, um ihren täglichen Bedarf aufzubessern: Adenauer besitzt ein Schaf und Schellenberger neben einigen Hühnern auch eine Ziege.[44] Beide versuchen auf diese Weise die immer schwieriger werdende Versorgung mit Lebensmitteln abzumildern. Bei gemeinsamen „Gassigehen“ mit Schaf und Ziege begegnen sich beide Männer nahezu täglich. Es entsteht ein Vertrauensverhältnis, in das auch die Familien eingebunden werden: Maria Schellenberger (1906-1980; geb. Bröckerhoff)[45] und Gussie Adenauer[46] sind per Du; der Anstoß dazu kam entsprechend den damaligen Gepflogenheiten mit Sicherheit von der elf Jahre älteren Ehefrau Adenauers. Die drei ältesten Jungs[47] der Schellenbergers gehen mit den beiden Adenauer-Töchtern gemeinsam zur Schule. Allerdings trennen Adenauer und Schellenberger 27 Lebensjahre - eine ganze Generation: Er könnte Adenauers Sohn sein, denn Schellenberger ist nur drei Jahre älter als Adenauers ältester Sohn Konrad.

„Ja, wir waren sehr liiert mit Adenauers, und ich (Anmerkung = Dr. Schellenberger) mußte einmal Konrads Wort hören: >Betrachten Sie sich zur Familie gehörig.<“[48]

Einmal wöchentlich spielen die Ehepaare Skat. Bisweilen wird Schellenberger ob dieser Kontakte zur „persona non grata Adenauer“ in Rhöndorf von NS-treuen Bürgern angefeindet. Als Sohn Konrad Adenauer, der im Heer dient, wegen seines Namens zu einer Strafkompanie versetzt werden soll, aktiviert Schellenberger seine alten Kontakte zur Wehrmacht und kann „nicht ganz legal“ helfen.

---

44 Siehe auch: Bornheim, Werner, Der rheinische Phönix (Teil 1) S. 44. Adenauer pflanzte aus diesem Grunde auch Kartoffeln im Garten an (Teil 2).

45 Maria Schellenberger, eine studierte Volks- und Sozialwissenschaftlerin, engagiert sich viele Jahre ehrenamtlich in der Kölner Erzdiözese und ist z. B. lange Zeit Diözesanvorsitzende der Frauencaritas. Der Heilige Stuhl würdigt ihren Einsatz später mit dem päpstlichen Orden „Pro Ecclesia et Pontifice“.

46 Auguste Amalie Julie Zinsser, genannt "Gussie", ist die älteste Tochter des Kölner Dermatologen und Hochschulprofessors Ferdinand Zinsser (1865-1952) und seiner Ehefrau Wilhelmine Zinsser, geb. Tourelle (1870-1952). 1919. Drei Jahre nach dem Tod seiner ersten Ehefrau Emma Weyer (1880-1916) nimmt der damals 40jährige Adenauer sie zur zweiten Frau.

47 Norbert (* 1936), Jürgen (* 1938), Hans (* 1939), Franz-Ludwig (* 1943) und Michael (* 1947).

48 Familienchronik Schellenberger S. 24

„Das Vertrauensverhältnis ging soweit, daß der >Alte< sogar chiffrierte Briefe von Gegnern Hitlers an sich, an unsere Adresse schicken ließ. Doch dies ging zu weit, da es vor allem im letzten Jahr des tausendjährigen Reiches auch meinen Kopf kosten konnte. Meine Frau verbat sich dies ausdrücklich.“[49]

In jenen schlimmen Tagen im Herbst 1944, als die beiden Eltern - Vater und Mutter Adenauer - in Brauweiler inhaftiert sind, kümmert sich das Ehepaar Schellenberger um die drei minderjährigen Kinder Lotte, Libet und Georg Adenauer, bis Mutter Gussie am 3. oder 4. Oktober 1944 nach zehn Tagen wieder aus der Haft entlassen wird. Adenauers Schaf wird in dieser Zeit ebenfalls von Dr. Schellenberger gefüttert und versorgt.

Als überzeugter Gegner des Regimes steht Dr. Schellenberger auch mit der Widerstandsgruppe „Kölner Kreis“ in Kontakt. Überdies kennt er sowohl den Schweizer Generalkonsul Dr. Weiss, der in Rhöndorf in der Villa Merkens („Haus im Turm“) wohnt, als auch den Kölner Erzbischof Dr. Frings, der in Rommersdorf an der Anna-Kapelle residiert. Beide sind aus Köln ausgebombt und miteinander befreundet; Frings bemerkt: „.. der Generalkonsul der Schweiz, von Weiss, der fortan mein aufrichtiger Freund blieb.“[50]

Nach dem Krieg bleiben die Familien Adenauer und Schellenberger zwar Nachbarn im Rhöndorfer Zennigsweg, doch die familiäre Nähe, die sich in schwerer Zeit bewährte, zerbröckelt - wie auch mit Familie Uhlenbruck - im Frieden, nicht zuletzt auch wegen der hohen politischen Funktion des Nachbarn.

Am 5. Januar 1956, zum 80. Geburtstag Konrad Adenauers, stiftet Dr. Matthias Schellenberger die vom Bochumer Verein für Gussstahlfabrikation gegossene, 765 kg schwere „Matthias-Glocke“ mit der Inschrift „Novam Dr. Adenauer Cancellario“ für die zerstörte und wieder aufgebaute St. Marien-Kirche in Rhöndorf. Als die deutschen Bischöfe jedoch Adenauer fünf Jahre später zu dessen 85. Geburtstag im Jahre 1961 neue Bronze-Glocken für die Rhöndorfer

---

[49] Ebenda

[50] Frings, Joseph Kardinal, Für die Menschen bestellt, S. 20

Kirche schenken, wird die Matthias-Glocke zum großen Bedauern des Stifters eingeschmolzen.[51]

Am 2. September 1944 wird Adenauer mit einem Wagen des Roten Kreuzes von den Lagerbaracken auf den Rheinwiesen in das St. Elisabeth-Krankenhaus Hohenlind gebracht. Auf der Straßentrasse der Hohenzollernbrücke[52] passiert der PKW zunächst den Rhein. Die Brücke wird durch Wehrmachtssoldaten streng bewacht und gesichert. Am Dom vorbei führt die Fahrt durch die Altstadt nach Westen. Zwar sind es Luftlinie nur etwa 6 Kilometer, doch der Wagen braucht wegen der großflächigen Zerstörungen fast eine Stunde. Adenauer ist erschüttert; er hat „seine" Stadt längere Zeit nicht gesehen, und Erzählungen von Bekannten konnten das tatsächliche Ausmaß der Verwüstung nicht annähernd wiedergeben. Im März 1933 hatte Adenauer das Krankenhaus Hohenlind erstmals als Zufluchtsstätte - damals für seine Familie - auserkoren, um diese vor den Anfeindungen aufgestachelter Nazis zu schützen.

Als der Sanitäts-PKW mit dem „unter einem Herzanfall leidenden" Adenauer dort eintrifft, untersucht der Chefarzt und Herzspezialist, Professor Dr. Paul Uhlenbruck (1897-1969), den Patienten sofort, lässt ein Elektrokardiogramm (EKG) erstellen und stellt die Diagnose „Angina pectoris". Adenauer und sein behandelnder Arzt kennen sich gut. Professor Uhlenbruck ist nicht nur sein früherer Hausarzt, sondern auch mit diesem seit langem gut bekannt und vertraut. Wie später die Familie Schellenberger in Rhöndorf, so wohnt Familie Uhlenbruck bis 1933 in Köln-Lindenthal in nahezu unmittelbarer Nachbarschaft: die Adenauers in der Max-Bruch-Straße Nr. 6,[53] und die Uhlenbrucks in der Decksteiner Straße Nummer 17, nur wenige Meter voneinander entfernt. Man verkehrt gesellschaftlich zu

---

[51] Der Rechtswissenschaftler Prof. Paul Mikat (* 1924) stuft dieses Einschmelzen als Verstoß gegen das Kirchenrecht ein und empfiehlt, dagegen zu prozessieren. Schellenberger lehnt dies jedoch wegen der zu erwartenden langen Prozessdauer ab (Siehe: Familiengeschichte Schellenberger S. 31)

[52] Die 1911 fertiggestellte Kölner Rheinbrücke bestand aus 2 Eisenbahn- und einer Straßentrasse. 1945 gesprengt, wurde sie nach dem Wiederaufbau 1959 nur für 3 Eisenbahntrassen ausgelegt.

[53] Im Sommer 1945, viele Jahre nach seiner Vertreibung aus Köln, besucht Adenauer mit seiner Frau Gussie das ehemalige Wohnhaus in Köln, inzwischen sind „Haus und Garten verödet". (Siehe: Bornheim, Werner, Der rheinische Phönix (Teil 1) S. 48.

Hause, bei Konzerten und Festen, man trifft sich beim gemeinsamen Sonntagsgottesdienst in der Kirche, und die Kinder spielen bisweilen zusammen. Mit der Verfolgung Adenauers ab 1933, seiner anschließenden Odyssee, dem Umzug nach Rhöndorf und der Überwachung durch die Gestapo in den letzten Kriegsmonaten[54] liegen die Kontakte lange Jahre brach. Möglicherweise treffen sich beide Männer an diesem frühen Septembertag des Jahres 1944 nach einem Jahrzehnt zum ersten Mal wieder.

„Es muss schon als ein heroischer und historischer Augenblick von meinem Vater empfunden worden sein, dass er ein supergesundes EKG von Adenauer als pathologisch interpretierte“, schreibt sein Sohn, Prof. Dr. Gerhard Uhlenbruck, der in die beruflichen Fußstapfen seines Vaters tritt, später über diesen Befund. Vermutlich ist der Professor zuvor von Frau Adenauer oder von Schliebusch über die Ankunft Adenauers informiert worden. Dass Prof. Uhlenbruck seinen Kollegen Dr. Schellenberger kennt, hält er für „sehr wahrscheinlich“, wenngleich er sich an kein persönliches Treffen seines Vaters mit Schellenberger erinnert. Der Professor gibt - solange Schwestern im Raume sind - mit keiner Miene und keinem Wort zu erkennen, dass er den Patienten gut kennt.

Nach dem Krieg, vermutlich 1948/49, wird Adenauer noch einmal von Prof. Uhlenbruck untersucht. Er möchte sich seine gute Gesundheit schriftlich von demjenigen Arzt bestätigen lassen, der ihm wenige Jahr zuvor wider besseres Wissen noch eine schwere koronare Herzerkrankung attestiert hatte.

„Mein Vater erzählte mir später, als ich selbst Medizin studierte, was ihn besonders fasziniert hatte: Ein absolut gutes, für das Alter geradezu ideales EKG, ein völlig normaler Blutdruck und ein ruhiger Puls! Auch die Blutwerte waren optimal, beneidenswert, wie mein Vater es formulierte. Die Untersuchung war sehr gründlich, inclusive Röntgen, und am Ende schien Adenauer sehr zufrieden zu sein. >Denn, Herr Professor,< sagte Adenauer, >ich habe noch sehr viel

---

[54] Anfang Dezember, wenige Tage nach Adenauers Entlassung am 26. November 1944, besucht Bornheim, der Kunsthistoriker am Kölner Wallraff-Richartz-Museum, Adenauer in Rhöndorf. Dieser fährt ihn an: „Warum gefährden Sie sich durch einen solchen Besuch bei mir? Sie können sich doch denken, daß man mich beobachtet!“ Siehe: Werner Bornheim, a.a.O. (Teil 1) S. 44

vor in meinem Leben und stehe vor großen, schwierigen Aufgaben!< Mein Vater soll gesagt haben. >Bei Ihren Werten, Herr Adenauer, können Sie theoretisch fast 100 Jahre werden.< Adenauer soll das schmunzelnd zur Kenntnis genommen haben, nicht ohne den Medizin-Professor etwas in seinem Optimismus zu bremsen: >Man kann aber auch unerwartet Krebs bekommen!?< Mein Vater daraufhin schlagfertig: >Bei einer Persönlichkeit wie der Ihren, Herr Adenauer, ist es eher sehr unwahrscheinlich, dass sie diese Krankheit bekommt!<“[55]

Danach sind keine weiteren Begegnungen zwischen Adenauer und Uhlenbruck bekannt; Ersterer widmet sich voll und ganz der Politik, und Letzterer ist inzwischen Chef einer neuen Klinik geworden. Im Nachhinein stellt sein Sohn, Prof. Gerhard Uhlenbruck, der sich in seiner medizinischen Laufbahn auch intensiv mit Psychoneuroimmunologie und der Stressforschung beschäftigte, fest, Adenauer wäre ein klassischer Vagotoniker,[56] d. h. ein absolut stress-resistenter Mensch gewesen, der, weil gelassen, besonnen und von kluger, witziger Souveränität, nicht aus der Ruhe zu bringen ist.

Der erste Teil des Planes, die Überweisung Adenauers in das Krankenhaus, ist ohne Probleme gelungen. Nach den schweren Tagen im Lager auf dem Kölner Messegelände kommt Adenauer der Krankenhausaufenthalt wie eine andere Welt vor: saubere Betten, geregelte Mahlzeiten und vor allem Ruhe und keine ständige Angst und keine Schikanen durch das Personal. Da Chefarzt und Klinikleiter Adenauer kennen, wird ihm sogar gestattet, Besuch zu empfangen. Und so macht vor allem seine Familie gerne davon Gebrauch. Freunde und Bekannte hingegen sind vorsichtig, müssen sie doch mit Nachteilen fürchten, wenn sie mit einem Gegner des Regimes in allzu enge Verbindung gebracht werden. „Aus dem Schneider“ ist Adenauer im Krankenhaus noch lange nicht. Er weiß, dass seine Tage in dieser scheinbaren Ruhe begrenzt sind und sein weiteres Schicksal von

---

[55] Prof. Dr. Gerhard Uhlenbruck an den Autor vom 12.03.2011

[56] Der Begriff Stress kam erst durch den ungarisch-kanadischen Mediziner Prof. Dr. Hans Selye (1907-1982) in den 50er Jahren auf. Bei einem Vagotoniker dominiert das vegetative Ruhe- und Erholungssystem. Inzwischen ist wissenschaftlich belegt, dass der stress-resistente Mensch weniger krankheitsgefährdet ist und älter wird als der stress-sensible Sympathikotoniker (Schreiben Prof. Dr. Gerhard Uhlenbruck an den Autor vom 12.03.2011).

der Kölner Gestapo-Leitung abhängt. Spätestens in ein paar Tagen, so rechnet er, wird sie ihn abholen lassen. Die Zeitspanne, die ihm gewährt wird, hängt davon ab, wann man seine Abwesenheit im Lager entdeckt.

„Ich wusste allerdings, dass dort meines Bleibens nicht lange sein würde“.[57]

Wie im Lager so ficht Adenauer also auch in der Klinik einen Wettlauf mit der Zeit aus. Er muss in doppelter Hinsicht hoffen: Zum einen, dass die Gestapo-Leute möglichst lange nicht in der Tür seines Krankenzimmers stehen mögen und zum anderen, dass die Alliierten baldestmöglich den Rhein erreichen. Weshalb, ist hier allerdings zu fragen, wird Adenauer nicht unmittelbar nach der Befreiung aus dem Lager zur Nistermühle und damit vorläufig in Sicherheit gebracht? Weshalb erst der „Umweg“ über das Krankenhaus Hohenlind? Der Grund ist wahrscheinlich darin zu suchen, dass zum einen Adenauers Gesundheit doch stärker angegriffen ist, und zum zweiten ist der Aufenthalt - sollte die Flucht vorzeitig entdeckt werden - für alle Beteiligten, d. h. für Adenauer, Schliebusch, Schellenberger und auch für Zander, weniger gefährlich, denn sie können sich gegenüber der Gestapo im Falle eines Falles damit rechtfertigen, dass mit dem Herzanfall ein lebensbedrohlicher Notfall vorgelegen hätte.

Neben seiner Tätigkeit als Chefarzt in Hohenlind, die er 1932 aufnimmt, führt Uhlenbruck eine renommierte Privatpraxis in seinem Haus.[58] Diese dient, weil hochrangige Parteigrößen sich dort ebenfalls behandeln lassen - auch insgeheim als unverfängliche Kontaktstelle des katholisch geprägten passiven Widerstands prominenter Kölner gegen Hitler. Dieses Netzwerk, zu dem u. a. die Freiherren Waldemar (1894-1952) und Friedrich Carl (1900-1978) von Oppenheim vom berühmten Bankhaus, Erzbischof Frings und vermutlich auch der vormalige Gartenbaudirektor Josef Giesen sowie Fritz Schliebusch als ehemaliger Kölner Handwerkskammerchef zählen, funktioniert auch

---

[57] Konrad-Adenauer-Stiftung Online, Mein Leben CD 1, Konrad Adenauer erzählt aus seinem Leben - Teil 22 Verhaftung 1944

[58] Der Kölner Erzbischof und spätere Kardinal Frings gehört ebenfalls zu Uhlenbrucks Patienten. Jahre später behandelt Uhlenbruck als Professor der Inneren Medizin am Klinikum der Universität zu Köln u.a. auch die an Krebs erkrankte Gattin des argentinischen Staatspräsidenten Evita Peron (1919-1952).

als Anlaufstelle für vom Regime verfolgte Kölner Bürger; die Religion spielt dabei keine Rolle. Auch die führenden Köpfe des sog. „Kölner Kreis", einer Widerstandsgruppe, im Kettelerhaus - z. B. Prälat Dr. Otto Müller (1870-1944), den Verbandspräses der Katholischen Arbeiterbewegung (KAB) und den vormaligen Abgeordneten der Zentrumspartei Wilhelm Elfes (1884-1969) - kennt Uhlenbruck und unterhält direkte Verbindungen zu ihnen; letzterer ist auch Patient bei ihm.

Chefarzt Prof. Dr. Paul Uhlenbruck

Den örtlichen Nazi-Funktionären ist Uhlenbruck aus mehreren Gründen ein Dorn im Auge. Zum einen wissen sie, dass der gläubige Katholik politisch nicht auf ihrer Seite ist. Zum anderen steht sein fünfzehnjähriger Sohn Gerhard (* 1929) auf der Liste von Verdächtigen, die mit den Köln-Ehrenfelder „Edelweißpiraten", einer oppositionellen, meist im Untergrund lebenden und mitunter auch militant agierenden Jugendgruppe um Jean Jülich (* 1929), sympathisieren. Vor allem aber hassen sie den Professor, weil er sie spüren lässt, dass er die „primitiven, ungebildeten Nazis" aus tiefstem Herzen verachtet. Überdies hat der leidenschaftliche Jäger Uhlenbruck auch mehrfach jüdischen Jagdfreunden und Patienten bei der Flucht ins Ausland geholfen. Der Gestapo ist dies zu Ohren gekommen, doch ihr fehlen handfeste Beweise. Daher wird Uhlenbrucks Ehefrau Ruth (1907-2002; geb. Padberg) mehrfach von der Gestapo verhört. Der Versuch, sie durch Androhung von Repressalien gegen ihre sechs Kinder zum Reden zu bringen, scheitert, in dem sie die Argumentation Gestapo umdreht: gerade wegen ihrer Kinder würden weder ihr Mann noch sie etwas tun, was deren Sicherheit gefährdet. Uhlenbruck glaubt sich durch sein hohes medizinisches Ansehen als Herzspezialist, seinen Rang als Oberstarzt der Luftwaffe, seine vielfältigen Verbindungen zu dieser Teilstreitkraft - er ist ihr beratender Internist - und seine Freundschaft mit den Feldmarschällen Erwin Rommel (1891-1944) und Albert Kesselring (1885-1960), vor allem aber mit dem Luftwaffen-Generaloberstabsarzt und NSDAP-Mitglied Prof. Dr. Oskar Schröder (1891-1959),[59] seit Januar 1944 Chef des Sanitätswesens der Luftwaffe, gedeckt und geschützt und damit unangreifbar.

„Er hatte großen Einfluss in der Partei und konnte alles von unserer Familie fernhalten", stellt Gerhard Uhlenbruck zu Schröder fest.[60] Doch sein „leicht arrogantes, elitäres Bewusstsein" den Parteibonzen gegenüber - so der Sohn später - ist für Professor Uhlenbruck nicht ungefährlich, denn nach dem Anschlag auf Hitler gewinnen seine Gegner zunehmend Oberwasser. Und so verlieren in jener Zeit auch manche ihr Leben, die sich für unersetzbar halten.

Als Uhlenbruck am Nachmittag des 20. Juli 1944 gegen 17.00 Uhr von einem Freund angerufen wird, der ihm die Nachricht vom angeblichen Tod Hitlers mitteilt, öffnet er - im festen Glauben an einen Erfolg - auf diese überraschende Meldung hin zur Feier des Tages eine Flasche Sekt. Es ist ein heißer Sommertag, die Fenster sind weit geöffnet, als er mit einem Siegeslächeln die Flasche kräftig schüttelt und den Korken mit lautem Knall an die Decke fliegen lässt. Die

---

[59] Im Rahmen des Nürnberger Ärzteprozesses 1946/47 zu lebenslanger Haft verurteilt, wurde seine Strafe später in 15 Jahre Haft umgewandelt. 1954 kam er aus dem Gefängnis frei. Die Familie Uhlenbruck dankte ihm für seine Hilfe im Dritten Reich, in dem sie ihn sowohl während der Haft als auch in seinen noch vier verbleibenden Lebensjahren materiell unterstützte.

[60] Brief an den Autor vom 15.09.2010

Familie erstarrt, denn in der Praxis warten an diesem Wochentag, es ist ein Donnerstag, noch die letzten Patienten. Doch um 18.28 Uhr unterbricht der Deutsche Rundfunk sein laufendes Programm und meldet das missglückte Attentat. Blechern tönt die bellende Stimme Hitlers aus dem Lautsprecher: „Eine ganz kleine Clique ehrgeiziger, gewissenloser und zugleich verbrecherischer, dummer Offiziere hat ein Komplott geschmiedet, um mich zu beseitigen". Die Euphorie verfliegt sofort, der Sekt in den Gläsern wird schal, und Niedergeschlagenheit macht sich breit. Uhlenbrucks Freund Rommel scheidet am 14. Oktober 1944 unter Zwang aus dem Leben.

Schliebusch atmet auf, als er die Nachricht von der Verlegung Adenauers in das Krankenhaus Hohenlind von der Familie erfährt. Er hatte schon Pläne geschmiedet, um Adenauer vom Messegelände zu entführen, diese dann aber als unrealistisch verworfen. Jetzt stellt sich die Lage wesentlich einfacher dar. Nun kommt der zweite Teil der Rettung zum Tragen. Schliebusch weiß wie Adenauer, dass dieser nicht unbegrenzte Zeit im Krankenhaus bleiben kann, und er ist der einzige, der in dieser Lage helfen kann: sein Dienstgrad und seine Uniform sind - wie weiland 1906 bei dem zum Hauptmann avancierten Schuster Friedrich Wilhelm Voigt (1849-1922) - unschlagbare Argumente: Damals gegenüber den Beamten im Rathaus von Köpenick und diesmal gegenüber dem katholischen Krankenhauspersonal. Doch sind die Folgen riskanter. Es bleibt nur ein kleines Zeitfenster von wenigen Tagen, denn die Gestapo wird in spätestens zwei, höchstens drei Wochen ihren Gefangenen zurückholen. Niemand glaubt, dass die Staatsmacht wegen einer Erkrankung die Haft, deren Gründe ohnehin willkürlich sind, einfach suspendieren und auf deren Exekution verzichten wird. Schnelles Handeln ist daher gefragt.

Zunächst unternimmt Schliebusch einen offiziellen Versuch, Adenauer frei zu bekommen. Er stattet dem Chef des Bonner Sicherheitsdienstes (SD) der SS, SS-Hauptsturmführer Dr. Heinrich Theodor Müller,[61] Zahnarzt im Zivilberuf, zu dem er einen guten Draht hat, in der Bonner Gestapo-Zentrale im Kreuzbergweg 5[62] einen Be-

---

[61] Müller hatte zunächst in München Bergbau, Elektrotechnik Maschinenbau (ohne Abschluss) und danach mit 31 Jahren Zahnmedizin in Bonn studiert.

[62] Seit 1. April 1938 zuständig für die Stadt- und Landkreise Bonn und Euskirchen. Mit etwa 12 Beamten ist sie - der Kölner Zentrale unterstellt - eine kleine Behörde.

such ab. Formal steht zwar nicht er, sondern Kriminalrat Walter Proll, seit 1935 an der Spitze der Bonner Außenstelle der Gestapo, aber Müller zieht die Fäden und hat einen direkten Draht nach Berlin. Zudem residiert er in der oberen Etage des Gebäudes der Gestapo-Zentrale, kontrolliert und dominiert somit auch räumlich die Gestapo. Müller seinerseits pflegt gute Kontakte zum Wehrbezirkskommando in der Ermekeilstrasse, denn er nutzt diesen Draht, um bisweilen Männer, die er loswerden möchte, von dort zur Wehrmacht einziehen zu lassen. Vielleicht, so hofft Schliebusch, gelingt es ihm, Müller zu überzeugen, beim Kölner Gestapo-Chef Dr. Max Hoffmann (+ 1944)[63] im EL-DE-Haus - Ecke Appellhofplatz- Elisenstraße - im Norden der Kölner Altstadt[64] - zugunsten Adenauers zu intervenieren.

Bonner SD-Chef Dr. Müller

---

63 Hoffmann wird bei einem mehrstündigen Feuergefecht im November 1944 mit „Edelweißpiraten“ - jungen Arbeitern des Stadtteils Köln-Ehrenfeld, der sogenannten "Ehrenfelder Gruppe", die die Traditionen der bündischen Jugend pflegten - in Köln getötet.

64 Benannt nach den Anfangsbuchstabes des Erbauers Leopold Dahmen, einem Goldhändler. Die Gestapo bezieht das Gebäude am 1. Dezember 1933; nach der Chronik Köln (S. 386) erst am 1.12.1935.

Der aus einem gut bürgerlichen, streng katholischen Elternhaus in Essen stammende Müller mit humanistischer Schulbildung neigt zu übermäßigem Alkoholgenuss - er sei ein „stadtbekannter Säufer und Schürzenjäger" gewesen, schreibt die „Volksstimme" vom 31. Dezember 1948. Wegen seiner Unberechenbarkeit wird er selbst von seinen SD- und den Gestapo-Leuten gefürchtet. Daher sehen viele in ihm den eigentlichen Gestapo-Chef von Bonn. Der vormalige Leiter der Chirurgischen Abteilung der Universitätszahnklinik hatte schon bei den Pogromen 1938 mitgewirkt und sich - wie das Bonner Schwurgericht 1948 feststellte - in den Folgejahren unmenschlich und sadistisch verhalten. So galt sein Hass auch den sog. „jüdisch-versippten" Bonner Familien. Dem Mathematik-Professor Dr. Felix Hausdorff (1868-1942) und dessen Frau Charlotte (1873-1942; geb. Goldschmidt) verweigerte er unter Hinweis auf ihren jüdischen Glauben eine ärztliche Behandlung und empfahl ihnen, sich besser aufzuhängen. Tatsächlich schied das Ehepaar mit Schwägerin Edith Pappenheim (1883-1942; geb. Goldschmidt) am 20. Januar 1942 freiwillig aus dem Leben.[65]

EL-DE-Haus in Köln

[65] Kölnische Rundschau vom 18.12.1948

Sollte das Gespräch mit Müller erfolgreich sein, entfiele die risikoreiche Entführung aus dem Krankenhaus. Schliebusch hatte in seiner Zeit als Chef der Handwerkskammer drei Gestapo-Chefs in Köln[66] bei verschiedenen Anlässen erlebt und ist ihnen, wenn er konnte, aus dem Weg gegangen. Daher vermag er die nicht sehr hohen Erfolgsaussichten realistisch einzuschätzen. Aber er möchte sich später nicht vorwerfen müssen, er hätte nicht alle Möglichkeiten genutzt. Überdies weiß er, dass er mit seiner Intervention zugunsten Adenauers erneut das ohnehin latente Misstrauen des Regimes in seine Person wieder anfacht. Als Müller in dem Gespräch Adenauer als Ehrenmann bezeichnet und erwähnt, dass sogar der Führer ihn einen „Oberbürgermeister von großem Format" genannt hatte,[67] keimt für einen Augenblick Hoffnung bei Schliebusch auf. Sollte er sich getäuscht haben? Doch schnell wird klar, dass dies bereits das Maximum des Entgegenkommens und auch nur eine Geste unter vier Augen ist; eine weitergehende Hilfe in Form eines Einsetzens oder gar einer Fürsprache bei seiner vorgesetzten Kölner Dienststelle oder einer Hafterleichterung bzw. gar -entlassung lehnt Müller kategorisch ab. Er würde damit seinen Ruf als „scharfer Hund" gefährden. Zudem wirkt Müller heute überaus fahrig und nervös. „Wissen Sie, Herr Major, ich habe im Augenblick Wichtigeres um die Ohren. Wenn ich Ihnen das nächste Mal helfen kann, werde ich das gerne tun, aber heute geht es nicht - ich bitte um Verständnis". Schliebusch spürt, dass sein Versuch fehlgeschlagen ist und verabschiedet sich. Zwei Wochen später erfährt er beiläufig den Grund von Müllers Nervosität: Mitte des Jahres waren in Bonn Schiebereien von Lebensmitteln im großen Stil aufgedeckt worden, in die einige NS-Funktionäre, darunter auch Müller, verwickelt sind. Nur wenige Tage nach dem Besuch wird Müller seines Amtes enthoben, degradiert und zur Waffen-SS eingezogen. Das Kriegsende erlebt er in Norddeutschland. 1948 wird er zu vier Jahren und 6 Monaten Gefängnis verurteilt und bleibt bis 1951 in Haft; das Urteil wird später auf ein Jahr reduziert.

---

[66] Dr. Adolf Möller (1933-1935), Dr. Hans Nockemann (1935) und Dr. Erich Isselhorst (1936-1939). Danach stehen Kurt Lischka (1940), Dr. Emanuel Schäfer (1940-1942), Franz Sprinz (1942-944), Dr. Max Hoffmann (1944), Dr. Egon Kulzer (944-1945) und Dr. Kurt Venter (März/April1945) an der Gestapo-Spitze in Köln.

[67] u. a. gegenüber Minister Albert Speer. Siehe: Morsey, Rudolf, Adenauer im Dritten Reich (Dokumente Nr. 255 und 256), S. 275 f.

Das St. Elisabeth-Krankenhaus in Köln-Hohenlind 1935

Nun beginnen die Vorbereitungen für Phase 2 des Planes, der Befreiung aus der Kölner Klinik. Am frühen Abend des 8. Septembers fährt Schliebusch nach Hohenlind ins St. Elisabeth-Krankenhaus. Er kennt die Kölner Südstadt auch deshalb sehr gut, weil er mit seiner Familie einige Zeit am Sülzgürtel, nicht weit von der Klinik entfernt, gewohnt hat. Die Gefahr, dass er später, sollte es Nachfragen seitens der Gestapo geben, erkannt werden würde, ist zwar gering, aber letztlich unkalkulierbar, denn bei Kriegsbeginn war es zum Reservelazarett Köln I umorganisiert worden. Nun ist es in der Hand der Wehrmacht, steht allerdings nach wie vor unter kirchlicher Leitung. Nur ein kleiner Teil der 600 Betten ist seit 1940 wieder für den zivilen Betrieb freigegeben. Das Pflegepersonal wird von etwa 100 Hiltruper Missionsschwestern vom Heiligsten Herzen Jesu (MSC) gestellt. Zusätzlich arbeiten noch zahlreiche Sanitätsoffiziere und -soldaten und zivile Krankenschwestern auf dem Gelände. Und so begegnet man in den langen Fluren der Klinik häufig den Uniformen der Wehrmacht. Schliebusch hatte lange mit sich gerungen, ob er die Klinikleitung vorher aufsuchen solle. Nicht alle Priester sind gegen Hitler. Falls Müller zur Fraktion der Hitler-freundlichen gehört, könnte die Umsetzung des Planes schwierig werden.

Schliebusch hat sich zunächst mit Professor Uhlenbruck in der Nähe von dessen Privathaus verabredet, das nur knappe 200 Meter vom Krankenhaus entfernt ist. Er schildert dem Mediziner kurz seinen Plan. Dann rät er Uhlenbruck, im Hintergrund zu bleiben. „Es reicht mir völlig, wenn ich den Klinikchef überzeugen kann. Sie, Herr Professor, sollten sich aus der Sache heraushalten. Niemand bei der Gestapo wird glauben, dass Sie als Oberstarzt der Reserve auf die Überstellung nach Berlin durch einen Major hereingefallen wären". Uhlenbruck stimmt zu. „Frau Adenauer hat mich bereits grob in Kenntnis gesetzt, Herr Schliebusch. Sprechen Sie mit Doktor Müller, er ist ein hilfreicher Mann und auf unserer Seite. Adenauer hat Ihren Besuch bereits angekündigt. Ich drücke Ihnen und uns die Daumen!" Uhlenbruck muss jetzt sehr vorsichtig agieren, weiß er doch inzwischen, dass der Schutzschirm, der ihn bislang vor den Nachstellungen der Gestapo schützte, löcherig geworden ist. Seine Familie ist in großer Gefahr.

Klinikchef Dr. Franz Müller

Schliebusch fährt den Dienst-PKW heute ausnahmsweise selbst; er möchte seinen Fahrer nicht ohne Not in die Angelegenheit hineinziehen. Bewusst parkt er nicht vor dem Haupteingang, sondern in einem Seitenweg und geht die wenigen Meter zum Hauptgebäude zu Fuß. Unwillkürlich erinnert er sich dabei an den Festakt des Deutschen Caritasverbandes zur Einweihung des größten und modernsten westdeutschen Krankenhauses am 29. Oktober 1932, über den seine Kölnische Zeitung ausführlich berichtet hatte. Fünf Jahre nachdem Prälat Johannes van Acken (1879-1937) den ersten Plan eines katholischen Fortbildungsinstituts für Gesundheitsfürsorge geschmiedet hatte, war die Klinik in Anwesenheit zahlreicher Ehrengäste, an ihrer Spitze der Kölner Oberhirte Karl Joseph Kardinal Schulte (1871-1941) und Oberbürgermeister Adenauer, ihrer Bestimmung übergeben worden. Adenauer hatte den Bau des Krankenhauses, das ursprünglich in Recklinghausen entstehen sollte, maßgeblich gefördert. In Zusammenarbeit mit dem Bankier Heinrich von Stein hatte die Stadt Köln unter Adenauer das der Bank gehörende Parkgrundstück für 8,- Reichsmark (RM) pro Quadratmeter abgekauft und dann zum Vorzugspreis von 4,- RM an den Deutschen Caritasverband weiterverkauft.

Dr. Franz Müller (1900-1989), der Chef des Krankenhauses, empfängt Schliebusch in der geräumigen Direktoriumswohnung - höflich, aber abwartend. „Doktor Adenauer hat mir Ihren Besuch avisiert, bitte kommen Sie herein, Herr Major! Professor Uhlenbruck ist leider unabkömmlich". Die beiden Männer sehen sich zum ersten Mal und wählen ihre Worte zunächst mit Bedacht. Schliebusch stellt sich kurz vor, wobei er bewusst, wenngleich unzutreffend, die Eindruck schindende Abkürzung OKW benutzt, denn seit mehreren Monaten gehört er schon nicht mehr zum Oberkommando der Wehrmacht. Schliebusch skizziert dann die militärische Lage. Er spricht leise, aber mit großem Nachdruck: „Der Vormarsch der Alliierten ist nicht mehr aufzuhalten. Sie stehen im Westen bereits an der Reichsgrenze. Das sind knappe 70 Kilometer von hier. An der Ostfront und im Süden, in Italien, sieht es nicht viel besser aus. Ähnlich stellt sich das Bild auf dem Balkan dar. Rumänien ist als Verbündeter von uns abgefallen wie vor einem Jahr Italien. Die deutschen Armeen dort sind nur noch Trümmer, die ums Überleben kämpfen. Von Sieg kann keine Rede mehr sein. Auch wirtschaftlich sind wir mit unseren Rohstoffen am Ende, und das Gerede von den Wunderwaffen ist nur Augenwischerei. Selbst, wenn sie kämen, wäre es zu spät. Lassen Sie mich offen reden: Für uns hier am Rhein bedeutet das: der Krieg wird eher in Tagen denn in Wochen zu Ende sein. Nun kommt es darauf an, zumindest bei uns Bedingungen zu schaffen, um eine tragfähige

Nachkriegsstruktur auf die Beine zu stellen wie immer die auch aussehen wird. Dazu gehören auch personelle Überlegungen.

Und nun kommen wir hier in Hohenlind ins Spiel: zweifelsohne zählt unser geschätzter früherer Kölner Oberbürgermeister zu jenen Politikern, die auch bei den Alliierten Vertrauen genießen. Wir brauchen Adenauer. Er ist zwar solange er bei Ihnen im Krankenhaus ist, sicher, aber er bleibt nach wie vor ein Gefangener der Gestapo. In den letzten Tagen wurden wieder Häftlinge abtransportiert. Wohin ist unbekannt, aber was mit ihnen geschieht, können wir uns denken. Adenauer wird das nicht überleben". Schliebusch blickt aus dem Fenster und dreht sich dann langsam zu dem Klinikdirektor um. „Ich brauche Ihre Hilfe, Herr Doktor Müller!" Dann schildert er, wie er Adenauer aus dem Krankenhaus befreien möchte. Müller schweigt lange. Dann sagt er: „Ich weiß von Ihrem Vorhaben. Seit dem Doktor Adenauer hier bei mir ist, haben wir uns schon mehrfach getroffen und lange unterhalten. Im Übrigen sehen Sie in mir durchaus einen Verbündeten. Ihre beiden Gründe kann ich gut nachvollziehen, aber ich bin dennoch skeptisch. Herr Major, Sie wissen, was dabei auch für Sie persönlich auf dem Spiel steht? Es gibt mehr Unwägbarkeiten als Sie denken. Ich brauche Sie Ihnen nicht alle aufzuzählen. Auch hier in der Klinik gibt es Spitzel der Gestapo. Man wird mir vorwerfen, ich hätte die Gestapo von einer Überstellung nach Berlin informieren müssen, denn diese ist für Herrn Adenauer zuständig, nicht die Wehrmacht". Müller steht dem Regime sehr distanziert gegenüber, doch ihm obliegt auch die Verantwortung für die Patienten und vor allem für das Pflegepersonal. Daher möchte er kein Risiko eingehen, denn der Gestapo ist das katholisch geführte Haus schon seit langem ein Dorn im Auge. Überdies möchten einige Parteigrößen in Kölns Rathaus das Krankenhaus lieber heute als morgen in städtischen Besitz überführen, was bislang nur am Widerstand des Wehrkreiskommandos in Münster scheiterte, dem das Reservelazarett untersteht. Zudem hält der Kölner Stadtkommandant zu dem Müller einen guten Draht hat, seine Hand über die Klinik. Schliebusch drängt. „Uns läuft die Zeit davon. Die Gestapo kann Herrn Adenauer jederzeit wieder in ihr Barackenlager auf dem Messegelände zurückholen. Ich hatte es bereits erwähnt: Beinahe täglich werden Gefangene ins Reichsgebiet gebracht, damit sie nicht von den Alliierten befreit werden. Dann ist es aus".

Als er mit einem Blick auf den Flügel erwähnt, er habe früher einmal, als die Welt noch in Ordnung war, auch Klavier gespielt, weicht die Distanz. „Da haben wir offenbar mehr gemeinsam als es auf den ersten Blick scheint. Ich spiele seit meiner Kindheit, wenngleich es nur zur Hausmusik reicht. Überdies bin ich mit dem Militär enger verbunden als man es meinem Talar und dem Kollar ansieht. Im Krieg habe ich kurz bei der Infanterie gedient und bin als Fahnenjunker der Reserve des Königlich Bayerischen 2. Infanterieregiments >Kronprinz< ausgemustert worden. Ich stamme aus einer Soldatenfamilie. Mein Vater war Berufsoffizier. Er ist als Generalleutnant der Königlich Bayerischen Armee[68] verabschiedet worden. 1888 war er Instruktionsoffizier eines Abiturienten namens Michael Faulhaber, als dieser seinen Dienst als Einjährig-Freiwilliger beim 9. Infanterieregiment in Würzburg ableistete. 1922 wurde ich noch als Student am Päpstlichen Collegium Germanicum[69] in Rom dessen Sekretär und nahm in dieser Funktion am Konklave teil, als Papst Pius XI. gewählt wurde".[70] Schliebusch lächelt: „Ich bin katholisch. Natürlich kenne ich den Kardinal und Erzbischof von München und Freising, wenngleich nicht persönlich." Müller fährt fort: „Vor einem Monat feierte mein Vater seinen 85. Geburtstag. Leider fand die Feier ohne mich statt, denn ich konnte von hier nicht weg.[71] Das Wort Freizeit habe ich schon vor geraumer Zeit aus meinem Wortschatz gestrichen. Wir müssen täglich etwa 900 Patienten versorgen, und die Luftangriffe bei Tag und Nacht machen uns schwer zu schaffen". Die anfängliche Kühle zwischen beiden Männern weicht langsam einer Atmosphäre der Vertrautheit. Schließlich greift Müller zu einem Holzkästchen auf dem Tisch. „Bitte, Herr Major, greifen Sie zu". Entschuldigend fügt er mit Blick auf die wenigen schwarzen Zigarren hinzu: „Es sind nur

---

[68] Ferdinand Müller (1859-1953) ist im Jahre 1900 Hauptmann im 9. Infanterie-Regiment (IR) in Würzburg, 1907 Oberst und Kommandeur des 18. IR in Landau in der Pfalz. 1909 wird er Generalmajor und befehligt bis 1912 die Infanterie-Brigade 2 in München.

[69] Im Jahre 1552 gegründet und vom Jesuiten-Orden (SJ) geleitet, ist es eines der ältesten Priesterseminare der römischen Kirche.

[70] Nitsche, Hans (Hrsg.), Prälat Dr. Franz Müller - aus Anlaß seines 10. Todestages. Honnefer Akzente Katholisch-Soziales Institut der Erzdiözese Köln, Bad Honnef 1999.

[71] Erst am 23. Mai 1946 sieht Müller seine Eltern wieder, als er mit ihnen zusammen deren Goldene Hochzeit bei der Schwester in Isny im Allgäu feiert.

noch Restbestände. Dieses Krankenhaus hat unserem Doktor Adenauer viel zu verdanken. Er sagte mir, dass er in seiner Zeit als Oberbürgermeister nur einen Steinwurf von hier entfernt[72] gewohnt hätte. Nun zu meiner Rolle: Wenn wir uns bei der Aktion gegenseitig raushalten, bin ich einverstanden. Ich muss das Wohl des Krankenhauses und seiner Patienten im Auge behalten. Die Parteibonzen in der Stadtverwaltung haben schon lange ein Auge auf dieses Krankenhaus geworfen. Falls etwas schiefgeht, wissen Sie nichts von mir, und ich weiß nichts von Ihnen. Wir sind uns nie begegnet". Schliebusch fällt ein Stein vom Herzen. „Ich habe noch eine Bitte, Hochwürden. Doktor Adenauer kennt zwar den Plan seiner Befreiung in groben Zügen und hat sich deswegen auch in Ihre Klinik einwiesen lassen, um in einem ersten Schritt der direkten Aufsicht durch die Gestapo entzogen zu sein. Doch nun muss er noch den genauen Zeitpunkt erfahren. Ich halte übermorgen für günstig. Wenn Sie ihm dies mitteilten, wäre ich Ihnen sehr dankbar". Schliebusch will sich nun verabschieden. Doch Müller bittet ihn, noch zu bleiben. Er staunt nicht schlecht, als plötzlich die Tür aufgeht, und ein älterer, fast zierlich zu nennender Herr mit Brille den Raum betritt. Müller stellt den Offizier vor. „Exzellenz, darf ich Ihnen Major Schliebusch vom Oberkommando der Wehrmacht vorstellen!" „Seine Exzellenz, Erzbischof Frings". Schliebusch verbeugt sich leicht. „Ich gehöre zu Ihrer Diözese, Exzellenz. Ihren Herrn Vorgänger, Kardinal Schulte, kannte ich noch persönlich aus meiner Zeit an der Spitze der Kölner Handwerkskammer bis 1937, Ihren Vor-Vorgänger Kardinal von Hartmann habe ich aus der Ferne kurz erlebt, als er im April 1915 unsere Division in Fladern besuchte, und dessen Vorgänger, Kardinal Fischer, hat mich 1905 gefirmt". „Ich freue mich, Herr Major, antwortet Frings. „Ich bin ja erst vor zwei Jahren von Seiner Heiligkeit auf den Kölner Bischofstuhl berufen worden. 1937 wurde ich gerade Regens des Priesterseminars in Bensberg. Seitdem mein Palais in der Innenstadt Ende Juni 1943 alliierten Bomben zum Opfern gefallen ist, führe ich ein Zigeunerleben."

[72] In der Max-Bruch-Straße Nr. 6

Erzbischof Dr. Frings

Den schweren Luftangriff, den Frings erwähnt, hat der Kölner Oberhirte mit viel Glück überstanden. Eine Bombe war bis in den Luftschutzkeller unter das Erzbischöfliche Palais eingeschlagen und hatte zwei Ordensschwestern in nächster Nähe von Frings getötet.[73] Und so hatte der Erzbischof Mitte Juli 1943 schweren Herzens die leidgeprüfte Domstadt verlassen. Er zog für ein halbes Jahr nach Honnef.[74] Anfang 1944 kehrte er zurück und bezog eine Wohnung im Gästehaus von Hohenlind in der Mommsenstraße 125. Als auch diese durch eine Brandbombe zerstört wurde, war er in die Direktorenwohnung in Hohenlind gewechselt.

„In dem >neuen Heim< schätzte er die abendliche Begegnung der Herrenrunde. Da er ein vortrefflicher Geigenspieler war,

---

[73] Frings, Joseph Kardinal, a.a.O. S. 27

[74] Der Weggang des Erzbischofs aus Köln wird von einem Teil der Geistlichkeit, aber später auch von den Amerikanern und von Adenauer kritisiert. So hätte - im Gegensatz zu Frings - der Aachener Bischof van der Velden die Stadt nicht verlassen. Stadtdechant Dr. Robert Grosche ( ) ist mit 96 Geistlichen in der Ruinenstadt geblieben. Siehe: Werner Bornheim Der rheinische Phönix Teil 1 S. 50. In seinen Erinnerungen geht Frings auf diese Vorwürfe nicht ein.

musizierte er oft mit dem Musikhochschulprofessor Kunkel (auch Geige). Franz Müller durfte am Flügel begleiten."[75]

Der Abend jenes 8. Septembers 1944 wird länger als Schliebusch anfangs dachte. „Ich wollte eigentlich auch Doktor Adenauer bitten, zu uns zu kommen. Sein Zimmer ist gleich um die Ecke, aber er schläft bereits. Sein Zustand ist nicht sehr stabil. Er braucht Ruhe", sagt Müller bedauernd, und fügt zu Schliebusch gewandt leise hinzu: „Ich schätze Doktor Adenauer sehr, aber wie von oben herab er mit dem Erzbischof umgeht, gefällt mir nicht sonderlich".[76] Bei einem Glas Wein diskutieren die drei Männer zunächst über die Lage, dann die Zukunft und am Ende über Musik. „Wir sollten den Abend in Harmonie ausklingen lassen. Wenn Sie, Exzellenz, wie so oft bereit sind, in bewährter Weise den Violinpart zu übernehmen", schlägt Müller lächelnd vor, „werden der Major und ich Sie gern im Wechsel begleiten und versuchen, auch unser Bestes zu geben". Schliebusch wehrt ab. „Ich habe lange nicht mehr musiziert, und meine Stimmung ist auch nicht unbedingt danach". Der Erzbischof nickt. „Ich verstehe Sie. Aber Sie sollten eines nicht vergessen: Musik kann Kraft geben, ebenso wie das Gebet, wenngleich nicht so intensiv. Musik und Gebet gehören daher in gewisser Weise zusammen. Der Mensch ist das einzige Lebewesen des Schöpfers, das dazu fähig ist. Also sollten diejenigen, denen diese Gabe geschenkt worden ist, sie auch nutzen. Wir alle brauchen viel Kraft in diesen Zeiten, und niemand von uns weiß, wie oft er dies noch tun kann".[77] Und so endet dieser Abend in der Hoffnung auf Aufbruch und eine bessere Zukunft. Durch den nächtlichen Abend des verdunkelten St. Elisabeth-Krankenhauses von Hohenlind klingt der zweite Satz - Andante - von Mozarts Sonate für Violine und Klavier in B-Dur. Für die Patienten, zu denen die Musik dringt, sind es acht kurze Minuten des Friedens, geschenkt von einem Bischof

---

[75] Nitsche, Hans, Prälat Dr. Franz Müller Honnefer Akzente S. 23

[76] Adenauer kennt den 11 Jahre jüngeren Frings noch aus der Zeit, als dieser von 1924 bis 1937 Pfarrer von St. Joseph in Köln-Braunsfeld - nördlich des Stadtwaldes - war und Adenauer in der Max-Bruch-Straße in Köln Lindenthal - südlich des Stadtwaldes - wohnte. Zwar ist Adenauer überzeugter und praktizierender Katholik, doch sein Respekt vor der kirchlichen Hierarchie nur begrenzt. Privat begrüßt er auch später den Kardinal mit „Tach, Herr Frings!"

[77] Frings, Joseph Kardinal, a.a.O. S. 140: „Aus meinem Elternhaus habe ich die Liebe zur Musik und namentlich zur selbstgespielten Kammermusik mitgebracht. Ich selbst lernte das Geigenspiel … ."

und einem Offizier. „Ich bitte um Ihren Segen, Exzellenz, für die Zeit, die vor mir liegt“, sagt Schliebusch. Der Erzbischof zeichnet das Kreuzzeichen mit der rechten Hand leicht nach. „Gott segne Sie, Herr Major! Ich werde für Sie beten, bitte Sie aber, dies auch für mich zu tun. Wir brauchen beide die Hilfe Gottes“, sagte Frings zu dem fünf Jahre jüngeren Schliebusch, als dieser ihm zum Abschied den Ring küsst. Es ist das letzte Mal, dass Schliebusch im Duo musiziert und auch seinen Oberhirten, der fünfzehn Monate später, im Februar 1946 zum Kardinal erhoben werden wird, sieht Schliebusch nicht mehr wieder. Später in Gestapo-Haft in Brauweiler und danach im Kölner Gefängnis Klingelpütz erinnert er sich oft an diesen Abend und versucht, Kraft aus diesem Erleben zu schöpfen.

Einen Monat später, am 17. und 30. Oktober 1944, schlagen mehrere Bomben bei einem nächtlichen Luftangriff den Süd- und Westflügel des Krankenhauses ein und beschädigen ihn stark. Das Dach wird zum Teil abgedeckt, und die zerborstenen Fenster liegen samt Rahmen im Hof. Auch Müllers Wohnung fällt den Bomben zum Opfer, und der Kölner Erzbischof wird zum dritten Mal ausgebombt. Wie durch ein Wunder bleiben der Flügel und die Geigen im Musikzimmer unbeschädigt. Frings zieht erneut nach Honnef, von wo er - abgesehen von einem Kurzbesuch in Köln am 28. Februar - erst am 20 April 1945 zurückkehrt und wiederum in Hohenlind Quartier findet. Dieser Angriff ist der schlimmste, den das Krankenhaus erlebt. Ein Pater nannte ihn „Generalprobe zum jüngsten Gericht“.[78]

Nach dem Krieg wird Dr. Müller seinem ehemaligen Patienten Adenauer oft begegnen und verbunden bleiben. Zunächst wohnt Adenauer 1945, wenn er in seiner Funktion als von den britischen Besatzungsbehörden eingesetzter Oberbürgermeister Kölns von Rhöndorf in seine völlig zerstörte Stadt reist, notgedrungen in Hohenlind. Zwar sind auch dort viele Fenster noch mit Papier anstatt mit Glas verkleidet, doch da das Krankenhaus als alliiertes Lazarett dient, funktioniert die Versorgung. Überdies verfügt das Krankenhaus über eine unabhängige Wasser- und Stromversorgung. Später trifft Adenauer Klinikchef Müller bei zahlreichen Besprechungen, an denen dieser als neues Mitglied des Kölner Domkapitels und Beauftragter

---

[78] Ebenda, S. 35

für den Wiederaufbau des stark beschädigten Domes[79] sowie ab Ende 1949 als Präsident des Deutschen Caritasverbandes teilnimmt.

Klaus Schliebusch mit seinem Vater 1944

Im Frühjahr 1946 feiert der Kölner Oberhirte nach seiner Rückkehr aus Rom in Hohenlind seine Erhebung zum Kardinal. Dr. Paul Adenauer (1923-2007) zelebriert nach der Priesterweihe im Februar 1951 seine erste Heilige Messe in der Krypta von Hohenlind. Am 1. Februar 1961 stellt Kanzler Adenauer Dr. Franz Müller einen Empfehlungsbrief anlässlich dessen Reise in den Kongo aus. Den Namen des Offiziers hingegen, der Adenauer bei der Flucht aus Ho-

[79] Der Dom wird von 13 schweren und 30 leichteren Bomben getroffen. Bornheim hingegen schreibt, er wäre von 21 deutschen, aber keiner amerikanischen Granate getroffen worden (Siehe: Werner Bornheim Der rheinische Phönix Teil 2). Das Pontifikalhochamt am 1. Weihnachtsfeiertag 1945 muss in der Krankenhauskirche Hohenlind gefeiert werden. Erst zur 700-Jahrfeier der Grundsteinlegung am 15. August 1948 wird der restaurierte Dom in Anwesenheit des Päpstlichen Legaten, Clemente Kardinal Micara (1879-1965), wieder feierlich in Besitz genommen.

henlind half, erwähnt Müller, der noch 1944 zum Domkapitular und zum Wirklichen Geistlichen Rat und 1948 von Papst Pius XII. zum Päpstlichen Hausprälaten ernannt wird, später in seinen Erinnerungen nicht mehr. „Wie der Major endete … habe ich nicht genau gehört, weil die der Entführung folgenden Kriegsereignisse mich ganz in Anspruch nahmen", schreibt er später.[80]

Der Adenauer Biograph Paul Weymar stellt 1955 den Plan so dar, als habe man erst nach der gelungenen Flucht über mögliche Unterschlupfmöglichkeiten nachgedacht.[81] Diese Darstellung ist allerdings wenig glaubhaft. Sicher konnte eine solche Operation wegen der schwierigen Lebensbedingungen in einer Diktatur d. h. häufiger Überwachung, plötzlicher Polizeikontrollen, Abhörmaßnahmen, unzureichender Fernsprechverbindungen, höchst unsicherer Verkehrsmittel und massiv eingeschränkter persönlicher Rechte, sowie möglicher Denunzierung durch Nachbarn oder auch Unbeteiligte und zunehmend auch wegen der Kriegseinwirkungen nicht bis in alle Einzelheiten generalstabsmäßig geplant werden. Doch die Befreiung Adenauers ist sicher keine ad hoc-Aktion. Schliebusch hat in Krieg und Frieden ständig organisieren müssen, und daher kann davon ausgegangen werden, dass er den Ablauf der Flucht zuvor mit vielen denkbaren Möglichkeiten und unerwarteten Hindernissen und deren Überwinden durchgespielt hat. Hier muss auch daran erinnert werden, dass Adenauer selbst - im Widerspruch zu der Darstellung in Weymars Biographie - später in einem Brief erwähnt, Schliebusch hätte einen „bis ins Einzelne" gehenden Plan für seine Befreiung vom Kölner Messegelände ausgearbeitet, der dann aber nicht umgesetzt wurde.[82] Daher ist die Wahrscheinlichkeit hoch, dass Schliebusch auch die Flucht aus dem Krankenhaus detailliert geplant hat, und dass beide Pläne zusammenhängen und aufeinander abgestimmt sind.

Vermutlich beabsichtigt Schliebusch, Adenauer zunächst im Bonner Raum unterzubringen. Der ohnehin begrenzte Fluchtradius hängt von einem geeigneten Versteck, dem erlaubten Fahrbereich seines Dienst-PKW und der Zahl möglicher überraschender Kontrollpunkte als Risikofaktoren ab. Fahrten bei Tag sind zwar schneller,

---

80 Siehe: Nitsche, Hans, a.a.O. S. 25 und 43 f.

81 Weymar, Paul, a.a.O., S. 213 ff.

82 Adenauer, Konrad, Briefe 1945 - 1947 (Dokument Nr. 128), S. 131

doch ist - bei der absoluten Luftüberlegenheit der Alliierten - das Risiko groß, auch als Einzelfahrzeug aus der Luft angegriffen zu werden. Bei Nacht darf nur mit Tarnlicht gefahren werden, das kostet Zeit und birgt das Risiko, Kontrollen und Hindernisse zu spät zu erkennen. Sie haben theoretisch drei Optionen: Die erste Möglichkeit ist, weiter nach Westen, d. h. in die Eifel zu fliehen, die mit ihren großen Waldgebieten ideale Verstecke bietet. Dadurch brauchen sie den Rhein nicht zu überqueren, und die Zeit der Besetzung durch die Alliierten verkürzt sich. Doch sie setzen sich damit, weil sie sich der Front nähern und in eine größere Dichte deutscher Truppen fahren, ständigen Kontrollen und auch Kampfhandlungen aus. Vor allem scheidet diese Möglichkeit mangels eines geeigneten, zuverlässigen und vor allem bekannten Verstecks aus. Auch die zweite Option - in Bonn bei Zahnarzt Vollmar oder bei Giesen auf dem Marienhof in Urfeld zu bleiben - wird verworfen. Zu schnell wird die Gestapo hier nach Adenauer suchen, denn beide gehören bekannterweise zum engeren Freundeskreis Adenauers, und Josef Giesen ist bereits seit über einem Monat in Berlin in Haft. Hier dürfte die Polizei zuerst mit der Suche beginnen. Und so bleibt nur die Flucht über den Rhein. Zwar wird es länger dauern, bis die Alliierten dort sein werden, denn sie müssen erst das hemmende Wasserhindernis überwinden, aber Adenauer kennt das ins Auge gefasste Versteck im Westerwald. Es liegt so abgelegen, dass Schliebusch hofft, Adenauer werde dort bis zur Befreiung vor Nachstellungen durch die Gestapo sicher sein. Zwar kann der Besitzer des Hotels nicht vorher informiert werden, aber Adenauer und Schliebusch sind sicher, dass sie sich auf ihn verlassen können.

Fritz Schliebusch hofft, dass der Krieg zu Ende ist, bevor sie entdeckt und gefasst werden. Die Chancen dafür stehen nicht schlecht: die große militärische Lagekarte an der Wand seines Dienstzimmers spricht eine deutliche Sprache, deren zwingender Logik man sich eigentlich nicht verschließen kann. Allerdings kann eine nüchterne Beurteilung der Lage schnell als Wehrkraftzersetzung ausgelegt werden. Nach der Landung amerikanischer und britischer Truppen in der Normandie (Operation „Overlord“) vor fast genau drei Monaten, am 6. Juni, muss Schliebusch die roten Pfeile auf seiner Europakarte immer weiter und schneller zur Reichsgrenze verschieben. Im Osten, Südosten und in Italien sieht es kaum besser aus. Nach der schnellen, gewaltigen Ausdehnung bis 1941 scheint das Deutsche Reich kurz vor seiner Implosion zu stehen. Was Schliebusch nicht wissen kann: Die deutschen Truppen werden sich in einem letzten Aufbäumen noch einmal verzweifelt gegen die Niederlage wehren, und die Truppen der Westmächte sind erschöpft. Die Chronik der Ersten US-Infanteriedivision bemerkt später dazu: „There was not a man who wasn't physically worn und mentally exhausted by the long and apparently unrewarding grind in the Hurtgen. As a whole the Division was greatly in need of rest and replacements."[83]

Die alliierte Führung möchte unnötige Verluste vermeiden, und das Heranführen des Nachschubs ist langwierig. Und so müssen die Alliierten ihre Offensive verlangsamen. Tatsächlich nehmen sie den Rheinabschnitt fünf Monate später als Schliebusch dies im Spätsommer 1944 annimmt.

In 31 Tagen sind die 1. und 9. US-Armee nur etwa zwölf Kilometer vorangekommen und stehen unter hohen Verlusten von etwa 28.000 Mann erst am 16. Dezember an der Rur bei Düren - ca. 30 km südwestlich von Köln. Zwar können die schwachen Truppen der 15. deutschen Armee[84] dem Ansturm nicht standhalten. Doch Generalfeldmarschall Walter Model (1891-1945) lässt die Grundablassrohre der Rurtalsperre, des zweitgrößten deutschen Stausees, sprengen. Als die 9. US-Armee unter General William H. Simpson (1888-1980) den Rur-Abschnitt am 10. Februar gewinnt, kann er diese - nun zu einem reißenden Fluss geworden - nicht überqueren. Der alliierte Angriff stockt. Erst ab dem 15. Februar sinkt der Wasserpegel. Acht Tage später setzen vier amerikanische Korps[85] ihre Offensive zwischen Hilfarth und Düren in Richtung auf den Rhein fort.

---

83 Andrus, Clift, The First - A brief history of the 1st Infantry Division World War II, S 27 („Es gab keinen einzigen Mann, der nicht durch die langen und augenscheinlich vergeblichen Strapazen im Hürtgenwald physisch und psychisch erschöpft war. Die Division als Ganzes brauchte dringend Ruhe und Ersatz.")

84 Mit: 12. SS-Panzerkorps, LXXXI., LXXIV. und LXVII. Korps

85 Das XVI. Korps (mit 35. und 79. Division) südlich Hilfarth, das XI. Korps (mit 84. und 102. Division) beiderseits von Linnich, das XIX. Korps (mit 29. und 30. Division) bei Jülich und das VII. Korps bei Düren.

3. Befreiung

Als der PKW vom Typ „Adler Trumpf Junior 1E" des Baujahres 1936 mit dem Kennzeichen WL für Wehrmacht Luftwaffe mit den drei Soldaten gegen 14.00 Uhr an diesem sonnigen Spätnachmittag des 9. Septembers 1944 die Kaserne in Bonn-Poppelsdorf verlässt und den Schlagbaum an der Wache passiert, ahnt Schliebusch nicht, dass nur sechs Jahre später in genau diesem Gebäude der Kern einer neuen deutschen Armee eines freien und demokratischen Deutschlands entsteht, das „Amt Blank",[86] aus dem 1955 das Bundesministerium der Verteidigung gebildet werden wird. Langsam fährt der schwarze PKW durch Bonn Richtung Norden. Sein Chef, Oberst Friese, hat die Fahrt genehmigt und sogar angeboten, seinen Dienstwagen, ein BMW V 8 Cabriolet, zur Verfügung zu stellen, doch dies ist Schliebusch zu auffällig. Die Fahrt verläuft langsam, aber wenigstens ohne Probleme. Sicherheitshalber meiden sie auf ihrer Route nach Köln wegen der Gefahr von alliierten Tieffliegerangriffen die Autobahn[87] und nehmen die Landstraße über Wesseling. An zahllose Schlaglöcher, Umwege und Umleitungen sowohl in Bonn als auch am südlichen Stadtrand von Köln durch die alliierten Bombardierungen der letzten Wochen, die mit ihren großflächigen Zerstörungen und den Luftangriffen auf die Rheinbrücken das Passieren vieler Straßen unmöglich machen, ist man bereits gewohnt.[88] Seit einigen Wochen haben sich beide Stadtbilder langsam, aber unübersehbar verändert: aus dem beschaulichen Dornröschenschlaf der vormaligen Etappe werden nun Städte in Frontnähe; wenige Wochen später wird Köln - zum zweiten Mal innerhalb weniger Jahre - zur Festungsstadt erklärt werden. Der Gefechtslärm kommt immer näher - bedrohlich auf der einen Seite zwar, doch auch die Hoffnung auf ein baldiges Ende des Krieges akustisch vorantragend. Die Zahl der Soldaten und Fahrzeuge steigt. Die Krankenhäuser und die zu Lazaretten eingerichteten Schulen sind überbelegt.

[86] Genaue Bezeichnung: „Dienststelle des Bevollmächtigten des Bundeskanzlers für die mit der Vermehrung der alliierten Truppen zusammenhängenden Fragen".

[87] Die heutige A 555 wird zwischen 1929-1932 als Kraftwagenstraße gebaut und am 6. August 1932 dem Verkehr übergeben.

[88] Der erste schwere Luftangriff auf Köln findet bereits in der Nacht vom 30. auf den 31. Mai 1942 statt. Bonn erlebt am 18. Oktober 1944 einen der schwersten Luftangriffe des Krieges.

Gegen 15.30 Uhr biegt der Adler-PKW - am Steuer der Obergefreite Schliebusch, und neben ihm auf dem Vordersitz Heinz Giesen - von der Dürener Straße kommend - in das weitläufige Gelände des St. Elisabeth-Krankenhauses in der Werthmannstraße in Köln-Hohenlind ein und hält vor dem Haupteingang. Major Schliebusch steigt aus, Klaus Schliebusch und Heinz Giesen bleiben im Wagen.[89] Zielstrebig eilt Major Schliebusch die breite Treppe zum Verwaltungstrakt des Krankenhauses hinauf. Mit dem Eisernen Kreuz I. Klasse, dem Verwundetenabzeichen aus dem Ersten Weltkrieg und seinem bestimmten Auftreten strahlt der Offizier eine Autorität aus, die sich auch gegen unerwartete Widerstände durchzusetzen vermag. Schliebusch begrüßt zunächst Schwester Palmatia im Vorzimmer und sagt ihr, er müsse in einer dringenden Angelegenheit den Direktor sprechen. „Grüß Gott!" antwortet die Schwester, die immer auf diese Weise grüßt. Auch als Generalfeldmarschall Wilhelm Keitel (1882-1946) im Sommer 1940 seinen verwundeten Sohn hier im Krankenhaus besuchte, wurde er mit „Grüß Gott, Herr General!" begrüßt, worauf er mit einem „Grüß Gott, Schwester!" antwortete. „Wenn Sie bitte einen Augenblick warten möchten!" Schliebusch bleibt wartend am Fenster stehen. Die Schwester klopft und öffnet dann die Tür zum Zimmer des Klinikleiters. „Sie haben Besuch, Hochwürden!" sagte sie und dann mit einer Kopfbewegung zu Schliebusch gewandt: „Bitte sehr!" Noch in der ledergepolsterten Tür stehend klappt der Major mit einer angedeuteten Verbeugung vor dem Direktor die Hacken zusammen, hebt die recht Hand kurz an und kommt ohne Umschweife zur Sache: „Heil Hitler! OKW - Major Schliebusch. Ich habe den Auftrag, den inhaftierten Konrad Adenauer nach Berlin zu überstellen", sagt Schliebusch mit einer Stimme, die keinen Widerspruch duldet. Für den Fall, dass Schwester Palmatia später befragt werden sollte, muss diese Begegnung so aussehen, als wären sich Müller und Schliebusch heute zum ersten Mal begegnet. Der sog. „Deutsche Gruß" ist Schliebusch verhasst, doch diesmal muss es sein. Er darf keinen Verdacht erregen. Selbst später während der Gestapo-Haft grüßt er mit dem traditionellen militärischen Gruß durch Anlegen der

[89] Weymar schreibt in seiner Adenauer-Biographie (S. 214), Frau Gussie Adenauer wäre in diesem PKW „vorsichtig in eine Ecke gedrückt" mitgefahren, doch dies erscheint unwahrscheinlich. Eher dürfte zutreffen, dass sie im Wagen jenes Bekannten (Dr. von Weiss) getrennt angekommen ist.

gestreckten rechten Hand an die Schläfe und drückt damit - so schreibt Adenauer später - unverhohlen seine Abneigung gegenüber dem Nationalsozialismus aus, was den Hass seiner Gestapo-Aufseher noch gesteigert habe.[90]

Der 70-jährige Konrad Adenauer

Der hünenhafte Unterfranke Dr. Franz Müller mit seinen einneunzig und Schuhgröße 48, seit Januar 1938 Leiter der Klinik, erhebt sich langsam, kommt hinter seinem Schreibtisch herum, lächelt und begrüßt den Major mit Handschlag und einem jovialen „Grüß Gott, Herr Major!" Der Form halber wirft er einen flüchtigen Blick auf das Blatt Papier, das Schliebusch ihm unter die Nase hält. „Oberkommando der Wehrmacht - Geheime Kommandosache" liest Müller.

Das reicht ihm. Er überfliegt das Dokument und klingelt dann nach der Oberin, Schwester M. Ferdinande, die kurze Zeit später das Zimmer betritt. „Das ist Major Schliebusch, Schwester Oberin! Er hat den Auftrag unseren Doktor Adenauer nach Berlin zu bringen". Schliebusch verbeugt sich kurz. „Schwester Oberin! Übrigens: Herr Doktor, Ihr Gestapo-Chef, ist natürlich informiert. Ich habe ihn gestern persönlich aufgesucht, um ihn über den Sachverhalt

[90] Siehe: Adenauer, Konrad, Briefe 1945 – 1947, S. 131.

unterrichten. Er hat einen Durchschlag dieser Verfügung, aber wenn Sie wollen, können Sie ihn gern anrufen." Dr. Müller wiegelt süffisant ab: „Nun - Herr Major, wie Sie wissen, sitzt mein Chef nicht in der Gestapo-Zentrale. Und ich möchte doch die Herren, die sicherlich Wichtigeres zu tun haben, jetzt am frühen Sonntagabend nicht mehr stören. Allerdings muss ich in jedem Falle unseren Chefarzt, Professor Uhlenbruck, darüber informieren". Müller lässt sich von Schwester Palmatia verbinden. „Herr Professor, unser Patient Adenauer soll noch heute von einem Major nach Berlin gebracht werden. Das geht nur, wenn Sie aus medizinischer Sicht grünes Licht geben". Die beiden telefonieren kurz miteinander, dann legt Müller den Hörer auf die Gabel. „Unser Chefarzt sagte mir, er protestiere aus medizinischer Sicht energisch gegen einen solch langen Transport. Aber er wisse, dass wir keine Möglichkeit hätten, uns diesem Befehl zu widersetzen". Klinikchef und Oberin begleiten Schliebusch zum Einzelzimmer des Inhaftierten auf der Privatstation.

Schliebusch ist erschrocken, als der Adenauer wiedersieht. Er ist abgemagert, das Gesicht ist bleich, und die Augen liegen tief in den Höhlen. Es muss im Juni gewesen sein, denkt er, als ich ihn zum letzten Mal in Rhöndorf besucht habe. Die Haft auf dem Messegelände hat ihre Spuren hinterlassen, und auch im Krankenhaus hat sich sein Allgemeinzustand nicht sonderlich gebessert. „Doktor Konrad Adenauer - ich habe den Auftrag, Sie nach Berlin zu überstellen! Herr Oberbürgermeister machen Sie sich bitte fertig! Wir warten vor der Tür." Schliebusch und die Begleiter verlassen das Krankenzimmer. Nach ein paar Minuten erscheint Adenauer in der Tür. „Ich bin bereit, meine Herren!" Er verabschiedet sich vom Klinikchef und der Schwester Oberin mit Handschlag und wird von Schliebusch schweigend „abgeführt" - eine beachtliche schauspielerische Leistung. Schwester Ferdinande, die Oberin, besitzt eigentlich einen guten Blick, doch selbst sie merkt nicht, dass beide Männer seit langem in Freundschaft verbunden sind. Als sie schon fast das Hauptportal erreicht haben, treffen Schliebusch und Adenauer einen „gemeinsamen Bekannten"[91], der gerade in Köln weilt und auf dem Wege zu einem Krankenbesuch bei Adenauer ist.

---

[91] Schliebusch, Fritz a.a.O., S. 12

Der Name des unbekannten Besuchers wird erstaunlicherweise nirgendwo genannt. Der Bekannte bietet an, Adenauer mit dem PKW nach Bonn mitzunehmen. Fritz Schliebusch ist über das Zusammentreffen und vermutlich auch über die Anwesenheit von Gussie Adenauer nicht sehr erbaut, denn dadurch erhöht sich die Zahl der Mitwisser. Doch er nimmt die Hilfe des Unbekannten an, zumal die Fahrstrecke bis Bonn nur kurz ist, und sie keine Rheinbrücke passieren müssen. Offenbar hofft Schliebusch auch, auf diese Weise seinen Sohn und Heinz Giesen nicht mehr als Helfershelfer und Mitwisser in das Komplott hineinziehen zu müssen. Doch die Hoffnung, sie aus der Aktion herauszuhalten, erweist sich schon bald als Trugschluss. In Schliebuschs Bericht fehlt - anders als z. B. Weymar - der Hinweis, auf die Anwesenheit von Gussie Adenauer.

Um wen aus dem Bekannten- und Freundeskreis Adenauers aber handelt es sich? Der Unbekannte muss vier Kriterien erfüllen: Erstens kann es nur jemand sein, der von Adenauers Überstellung nach Hohenlind weiß. Zweitens muss er in engem Kontakt mit der Familie stehen und auch Schliebusch kennen und viertens einen PKW besitzen und diesen auch nutzen dürfen. Die meisten Menschen aus Adenauers Umfeld scheiden wegen des fehlenden PKW aus, denn der Großteil der Privatwagen ist bereits bei Kriegsbeginn 1939 als kriegswichtiges Material für die Wehrmacht beschlagnahmt worden. Überdies hat in den letzten Kriegsmonaten mit streng rationiertem Treibstoff kein Privatmann mehr - sieht man von privilegierten Personen ab - die Möglichkeit, Krankenbesuche mit einem Kraftfahrzeug abzustatten. Diese Kriterien erfüllen fünf Personen: Dr. Fritz Blüthgen, der Generaldirektor der Glanzstoff AG, der Treibriemenfabrikant Jakob Hermanns aus Wesseling (PKW vom Typ Ford Eifel mit dem Kennzeichen IZ 183 495), der Generaldirektor der Fortuna AG für Braunkohlebergbau und Brikettfabrikation Paul Silverberg, Dr. Knuth, der Direktor der Bonner Niederlassung des Didier-Konzerns und der Schweizer Generalkonsul Dr. von Weiss. Blüthgen, Hermanns und Silverberg besitzen in ihren rüstungswichtigen Betrieben Firmenwagen und wohnen alle nicht allzu weit vom Krankenhaus entfernt. Der Diplomat Dr. von Weiss ist in seiner Bewegungsfreiheit noch weniger eingeschränkt und kann sich überdies auf seinen diplomatischen und konsularischen Status berufen. Letzterer darf mit seinem diplomatischen PKW-Kennzeichen auch die weitgehend für

Militärverkehr freigehaltenen Rheinbrücken ohne Sondergenehmigung passieren.

Zwar kann über die Identität des Unbekannten nur gemutmaßt werden, doch es spricht vieles dafür, dass es sich um dieselbe Person handelt, die auch in den Wochen zuvor Gussie Adenauer und ihre Töchter zu den drei Besuchen ins Lager auf dem Messegelände chauffiert hat, nämlich den Schweizer Generalkonsul Dr. von Weiss. Dieser Annahme widerspricht allerdings die Aussage von Dr. Josef Vollmar, jener Bekannte sei ein - ihm nicht bekannter - Direktor aus Wesseling gewesen. Sollte dies zutreffen, könnte es sich um Jakob Hermanns handeln. Dieser ist allerdings auch in Bonner Gesellschaftskreisen sehr bekannt, und es erscheint überaus zweifelhaft, dass Dr. Vollmar Hermanns nicht kennt. Den Schweizer Diplomaten von Weiss hingegen, der überwiegend in Köln lebt und arbeitet, kennt Vollmar nicht. Von daher ist es durchaus denkbar, dass es sich tatsächlich um den Generalkonsul handelt, der lediglich aus naheliegenden Gründen seine Identität verschleiern will und sich als „Direktor“ ausgibt.

Erstaunlich ist auch, dass in den ansonsten akribisch geführten Berichten des Schweizer Diplomaten von Weiss über jene Wochen die Darstellung just jener Zeit und seiner Aktivitäten im September 1944 sehr spärlich ausfällt. Der Grund dürfte darin liegen, dass er tunlichst vermeiden möchte, dass seine Unterstützung - noch dazu einer nach damaligem Recht illegalen, welche die Grenze diplomatischen Handelns des Vertreters eines neutralen Staates deutlich überschreitet, im „Eidgenössischen Departement für auswärtige Angelegenheiten“, seiner vorgesetzten Dienststelle, bekannt, und er dadurch möglicherweise diskreditiert wird. In seinen langen Jahren in Deutschland sind enge Bindungen entstanden, und so besitzt der Begriff Hilfe für bedrängte Menschen und Eintreten für Menschenrechte im ethischen Koordinatensystem des eidgenössischen Generalkonsuls einen höheren Stellenwert als Rücksicht auf seinen diplomatischen Status. Doch es bleibt ein riskantes Unterfangen: Bei der prekären Lage der neutralen Schweiz, umgeben von kriegführenden Staaten, hätte man von Weiss sicherlich sofort abberufen oder ihm von Berlin zur unerwünschten Person („persona non grata“) erklärt und ausgewiesen. Dass Schliebusch und von Weiss sich kennen, muss als sicher gelten. Da der Diplomat bereits seit 1920 im Eidgenössischen Konsulat in Köln akkreditiert ist und in dieser Funktion auch die wirtschaftlichen Interessen seines Landes vertritt, kann es als sicher gelten, dass Schliebusch ihn bereits in seiner Zeit als Syndikus der Handwerkskammer näher kennengelernt hat. Später während des Krieges allerdings können sie ihre Kontakte nur noch sehr behutsam pflegen. Schliebusch darf sich keinesfalls dem Vorwurf der Kollaboration mit einem ausländischen Diplomaten aussetzen, und auf der anderen Seite sind Beziehungen des Schweizers zu einem Wehrmachtsoffizier ebenso diskreditierend.

Ob Schliebusch Gussie Adenauer über seinen Plan von der „Entführung" informiert hat, ist nicht belegt. Wahrscheinlich ist, dass Adenauer seiner Frau die Möglichkeit einer Flucht aus der Klinik angedeutet hat. Ihr Besuch just zu dem Zeitpunkt, als ihr Mann mit Schliebusch die Klinik verlässt, kann vermutlich nur der Rubrik „Zufall" zugeordnet werden. Wie auch bei ihren Besuchen auf dem Messegelände Ende August hat Frau Adenauer vermutlich auch an diesem 9. September die Dienste des Schweizer Diplomaten, sie schneller und sicherer als mit den immer unregelmäßiger fahrenden öffentlichen Verkehrsmitteln von Rhöndorf nach Hohenlind zu bringen, angenommen.

In der vorletzten Septemberwoche, etwa zwei Wochen nach der „Entführung",[92] tauchen die Gestapo-Beamten Stender und Weitz beim Klinikchef auf, um nach dem Verbleib Adenauers zu forschen. Diese Maßnahme wäre nicht erfolgt, hätte es sich bei der Verlegung Adenauers nach Hohenlind um eine Entlassung aus der Gestapo-Haft gehandelt. Gekonnt spielt der Klinikleiter den Überraschten. „Meine Herren, Sie sehen mich, was nicht häufig passiert, außer Fassung. Aber wie soll ich als einfacher Priester, der von militärischen Dingen nicht viel versteht, mich da auskennen? Es war ein hoher Offizier, der ihn abholte. Er zeigte mir den schriftlichen Befehl des OKW. Ich gehe doch davon aus, dass Sie so gut zusammenarbeiten, dass Sie

[92] Wann genau die Gestapo mit der Suche nach Adenauer beginnt und im Krankenhaus Hohenlind nach ihm fahndet, ist nicht bekannt. Nach Prälat Dr. Franz Müller sollen sie schnell mit der Suche begonnen haben: „Schon am nächsten Tag erschienen im Krankenhaus 2 Gestapoleute und verlangten Auskunft über die Entführung. Mit gutem Gewissen konnte Franz Müller sagen: >Ich weiß von nichts!<" (Siehe: Nitsche, Hans, a.a.O. S. 25) Dies erscheint allerdings unwahrscheinlich, denn sonst wäre Frau Adenauer sicher weit früher verhaftet worden.

davon wussten." Die Gestapo-Leute sind schlecht vorbereitet und kennen Müllers Werdegang nicht. Auch Chefarzt Professor Uhlenbruck und Schwester Palmatia bekräftigen diese Aussage. Das Kennzeichen des PKW habe sie mit ihren schlechten Augen und der Dunkelheit auf die Entfernung aus ihrem Vorzimmer nicht sehen können, sagt die Schwester. Und die Oberin bestätigt, dass ihr Chef die Gestapo-Zentrale anrufen wollte. Aus ihr unbekannten Gründen sei dies dann aber unterblieben. Und so nehmen ihm die Gestapo-Leute seine Erklärung ab, dass er weder den Offizier kannte, der Adenauer abholte, noch dessen Dienstgrad oder Einheit und ziehen unverrichteter Dinge wieder ab. Doch die Suche nach „Entführer und Entführtem" ist damit keineswegs zu Ende.

4. Flucht

Von der Klinik Hohenlind fährt das Ehepaar Adenauer im Privat-PKW jenes Bekannten, hinter dem sich, wie skizziert, wahrscheinlich der Schweizer Generalkonsul verbirgt, über Wesseling zunächst in die Bonner Innenstadt. Schliebusch folgt in seinem Dienst-PKW - für alle Fälle. Doch die Fahrt verläuft ohne Probleme. Der erste Fluchtpunkt ist das Bonner Stadthaus des Zahnarztes Dr. Josef Vollmar (1896-1986) am Hofgarten Nr. 3.[93] Adenauer und Vollmar kennen sich seit nunmehr neun Jahren; dieser ist zwanzig Jahre jünger als Adenauer. Auch Schliebusch und Oberst Friese, der Wehrbezirkskommandeur, sind wahrscheinlich Patienten bei Dr. Vollmar. In seinem Brief an Adenauer vom 24.09.1955 beschreibt er die Beziehung zu diesem mit den Worten „langjährige Freundschaft". Aufgrund des Altersunterschiedes erscheint dieser Ausdruck - ähnlich wie bei Schliebusch und Dr. Schellenberger und der grundsätzlichen Distanz Adenauers - zwar zu stark, aber es ist sicherlich weit mehr als eine Bekanntschaft. Dafür spricht z. B. der gemeinsame Urlaub der beiden Ehepaare im Herbst 1938 in Chandolin in den Walliser Bergen. Die Beziehung ähnelt in mehrfacher Hinsicht jener mit dem ebenfalls jüngeren Ehepaar Dr. Schellenberger aus Rhöndorf und wird von ähnlicher Lebensauffassung, gemeinsamen Interessen und gleichen Werten getragen.

---

[93] Das Haus brennt im Oktober 1944 nach dem großen alliierten Bombenangriff ab, wird aber 1950 an derselben Stelle wieder aufgebaut (heute Am Hofgarten 4).

Dr. Josef Vollmar

Die Darstellung der Rolle Vollmars bei der Flucht aus der Klinik Hohenlind in der diversen Adenauer-Literatur und in der Presse ist überwiegend mit einem negativen Vorzeichen versehen. Grund dafür ist die 1955 erschienene - autorisierte - Adenauer-Biographie von Paul Weymar. In ihr wird der renommierte Bonner Zahnarzt seltsamerweise nicht namentlich genannt, sondern nur als „Bekannter" Adenauers tituliert; weshalb, ist allerdings unbekannt. Sicherlich aber beruht diese abfällig klingende Beschreibung nicht auf mangelnder Recherche Weymars, sondern ist vorsätzlich anonymisiert, denn Vollmar praktiziert zur Zeit des Entstehens der Biographie noch als Zahnarzt, und wäre von Weymar also jederzeit zu befragen gewesen. Dies ist umso erstaunlicher, als andere Zeitzeugen, wie z. B. der Historiker Dr. Paul Franken (1903-1984),[94] das Verhältnis zwischen Adenauer - er nennt ihn „väterlicher Freund" - und Vollmar diametral anders beschreiben: „Das gastfreundlichste Haus in Bonn für Konrad

[94] Dr. Franken, der Generaldirektor des Kartellverbandes der katholischen Studentenvereine und spätere Bundesdirektor der Bundeszentrale für Heimatdienst, ist von 1943 bis 1944 bei der Abwehr in Rom tätig. Er gehört zum Widerstandskreis des 20.Juli 1944, bleibt aber seitens der Gestapo unentdeckt.

Adenauer war das des Zahnarztes Dr. Josef Vollmar. In diesem gepflegten Hause haben wir viele schöne Stunden erlebt."[95]

Auch Adenauers Verhalten gegenüber Vollmar in den Jahren nach dem Krieg straft Weymar Lügen. Dass dieser den Bonner Zahnarzt trotz dieser anderen Faktenlage dennoch in seiner Adenauer-Biographie nicht namentlich erwähnt, lässt zumindest in dieser Hinsicht an dessen Seriosität als Historiker zweifeln. Zwar ist die Biographie mit dem Gütesiegel „autorisiert" versehen, doch daraus abzuleiten, Adenauer hätte somit Satz für Satz des 752 Seiten umfassenden Textes gebilligt, sollte und kann daraus nicht abgeleitet werden.

„Der Bekannte, den sie aufsuchen wollten" (= Vollmar) „prallte zurück", als er „die drei Gestalten … vor sich sah", schreibt Weymar.[96] Als Adenauer, um die „peinliche Situation zu entspannen", ihm scherzhaft erklärt, er habe sich selbst beurlaubt, legt Weymar dem Zahnarzt die Worte „Und dann kommen Sie zu mir? Haben Sie nicht bedacht, welcher Gefahr Sie mich damit aussetzen?" in den Mund. Adenauer habe sich daraufhin zum Gehen gewandt. Erst als Schliebusch mit dem Satz „Bringen Sie es wirklich übers Herz , einen Mann wie Adenauer in dieser Lage gehen zu lassen?" interveniert, soll Vollmar seine ablehnende Meinung geändert haben.

„Eine Weile überlegte der Hausherr, dann sagte er zögernd: „Also gut, für eine Nacht können Sie bleiben. Aber morgen müssen Sie weiter.. ."[97]

Die Wortwahl „prallte zurück" erscheint weit überzeichnet. Vollmar hatte sich, gerade eben mit dem Abitur in der Tasche, als junger Soldat in den überaus verlustreichen Grabenkämpfen im Westen und an der Ostfront bewährt und war schnell zum militärischen Vorgesetzten aufgestiegen. Nach drei Kriegsjahren kann ihn in späteren Zeiten kaum noch etwas erschrecken. Vergleicht man zudem die sich in der Adenauer-Biographie über viele Seite hinziehende Darstellung der Rolle des Lagerältesten Zander, der viele Male namentlich

---

95 Franken, Paul „20 Jahre später - Eine Erinnerung an den Achtzigjährigen zum 5. Januar 1956" in: Akademische Monatsblätter Zeitschrift des Kartellverbandes der katholischen deutschen Studentenvereine (KV), 68. Jahrgang Januar 1956 Nr. 4, S. 98

96 Weymar, Paul, a.a.O. S. 216

97 Ebenda

und exponiert als der eigentliche Retter Adenauers dargestellt wird, so sticht die Unausgewogenheit in der Weymarschen Darstellung besonders deutlich ins Auge; selbst der Justizvollzugsbeamte Dahmen aus der Haftanstalt Brauweiler wird mit seinem Namen erwähnt. In der Wochenzeitschrift „Revue" Nr. 34 vom 20. August 1955 wird - wegen der zeitlichen Übereinstimmung wahrscheinlich auf der Grundlage der Weymarschen Biographie - Vollmar zum zweiten Mal diskreditiert. Zwar habe er den auf der Flucht befindlichen Adenauer eine Nacht bei sich aufgenommen, aber nur nach langem Zögern. Offenbar wird Vollmar daraufhin von nicht wenigen Menschen in seinem Bekannten- und Freundeskreis geschnitten. Sie werfen ihm mangelnde Zivilcourage vor. Dr. Vollmar fühlt sich zu Recht deswegen sehr verletzt und wendet sich am 24. September 1955 schriftlich an Adenauer mit der Bitte um Richtigstellung. Ob diese erfolgt, kann nicht mehr festgestellt werden, denn eine Antwort Adenauers lässt sich weder in dessen Korrespondenz noch in der Vollmarschen nachweisen. Daher ist die Wahrscheinlichkeit groß, dass Adenauer Vollmars Brief unbeantwortet lässt. Gerade dieses Schweigen Adenauers ist aber ein Indiz dafür, dass Vollmar zu Recht über die falsche Darstellung empört ist. Adenauer weiß wahrscheinlich, dass seine Richtigstellung, nun, da die Biographie Weymars erschienen ist, wenig bringen wird. Vielleicht möchte er auch die Integrität des Historikers nicht schmälern und nimmt dafür in Kauf, diejenige Vollmars zu verletzen, in der Hoffnung, es werde eh´ bald niemand mehr darüber sprechen. Möglicherweise schweigt Adenauer auch deshalb, weil ihm diese offenbar falsche Wiedergabe der Ereignisse peinlich ist.

Doch solche Aussagen sind, so erst einmal in der Welt, sehr langlebig. Kein Wunder, dass diese alten Vorwürfe deshalb auch in späteren Jahren ungeprüft und nicht hinterfragt hin und wieder erhoben werden. So schreibt z. B. der Journalist Klaus Dreher in dem Sammelband „Bonner Bilderbuch" aus der Begegnung der beiden Männer (= Adenauer und Vollmar) habe sich eine Freundschaft entwickelt, bis ein >merkwürdiges Erlebnis< zu einer Zäsur führte. Dieser Einschnitt wäre die Weigerung Vollmars gewesen, einen Brief Adenauers, in der dieser die Gründe seines Entfernens aus der Klinik Hohenlind darstellte, der Gestapo zu überbringen.[98] Ein Zeitungsarti-

[98] Hrsg. von Karl Garbe im Junger Verlag 19??

kel „Adenauer und sein Plan der Gestapo zu entfliehen“[99] wiederholt diese unzutreffenden Aussagen. Auch die Behauptung, „Die Wohnung Vollmars hat der Rhöndorfer später nie wieder betreten,“ ist falsch. Denn der Kanzler taucht auch in späteren Jahren öfters zumeist unangemeldet abends bei Familie Vollmar auf und bleibt auch als Patient seinem Zahnarzt Vollmar treu.

Bei dem Vorwurf mangelnder Courage gegenüber dem NS-Regime und der Gestapo ist viel Heuchelei im Spiel. Feststeht, dass im letzten Kriegsjahr die Gewährung von Unterschlupf für einen entflohenen Häftling vom NS-Regime mit langjähriger Freiheitsstrafe oder mit der Überstellung in ein Konzentrationslager geahndet wird; die Dauer der Hilfe - ob für eine Nacht oder länger - ist dabei unerheblich. Vollmar bringt sich überdies mit seiner ganzen Familie bereits deswegen in große Gefahr, weil er die Flucht Adenauers und den Kontakt mit ihm nicht sofort der Polizei und der Gestapo meldet. Seine Bereitschaft, ihn für eine Nacht aufzunehmen, ist nach damaliger Auffassung des Regimes eine weitere schwere Straftat. Schliebusch und Adenauer hingegen müssen sich in der Einschätzung der Charakterstärke und Hilfsbereitschaft Vollmars und seiner Frau jedoch absolut sicher gewesen sein, weil sie ihn als ersten Anlaufpunkt wählen. Im Übrigen dürfte, wie geschildert, Schliebusch und Adenauer ohnehin nur einen kurzen Zwischenaufenthalt im Hause Vollmar geplant haben, da sie an diesem Samstag in den späten Nachmittagsstunden von Hohenlind nicht mehr direkt in den Westerwald gekommen wären.

---

[99] Von Eberhardt Nitschke; erschienen im Bonner Generalanzeiger (Datum unbekannt)

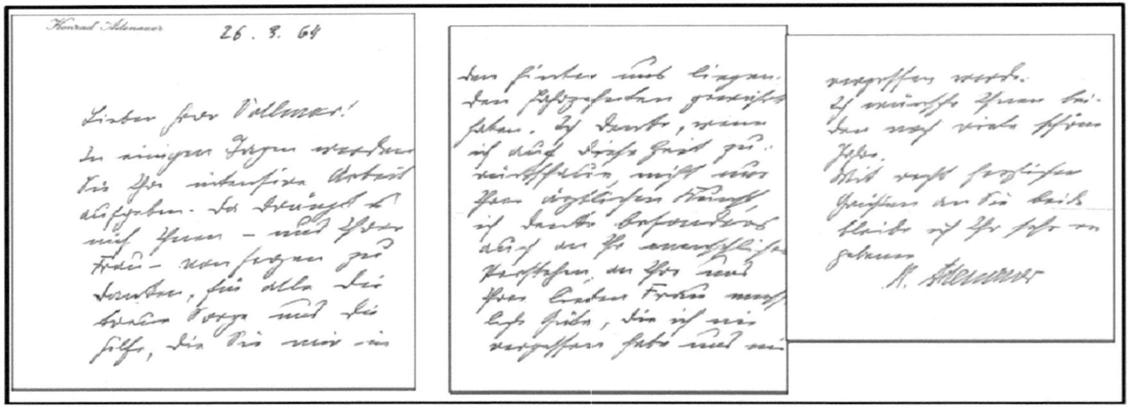

Konrad Adenauer

26. 3.. 1064

Lieber Herr Vollmar!

In wenigen Tagen werden Sie Ihre intensive Arbeit aufgeben. Da drangt es mich Ihnen - und Ihrer Frau - von Herzen zu danken, für all die treue Sorge und die Hilfe, die Sie mir in den hinter uns liegenden Jahrzehnten gereicht haben. Ich denke, wenn ich auf diese Zeit zurückschaue, nicht nur Ihrer ärztlichen Kunst, ich denke besonders auch an Ihr menschliches Verstehen, an Ihre und Ihrer lieben Frau menschliche Güte, die ich nie vergessen habe und nie vergessen werde.

Ich wünsche Ihnen beiden noch viele schone Jahre.

Mit recht herzlichen Grüßen an Sie beide bleibe ich Ihr sehr ergebener

K. Adenauer

Dies ist nicht der Stil, in dem man seinem Zahnarzt bei dessen Zurruhesetzung aus dem Berufsleben schreibt; Worte des Dankes dieser Art findet man zudem nicht allzu häufig in der Korrespondenz Adenauers.

Die oben erwähnte kritische und abfällige Bewertung Weymars über den Bonner „Bekannten“ ist offenbar bewusst unzutreffend dargestellt und steht auch im Gegensatz zum Verhalten Adenauers gegenüber Familie Vollmar. Die Rolle Vollmars bedarf daher dringend der Korrektur. Offensichtlich weiß Adenauer dessen Gastfreundschaft an jenem Abend der Flucht aus Hohenlind ebenso zu schätzen wie die vielfältige Hilfe Vollmars in anderen Situationen, denn anders ist sein jahrelanger, freundschaftlicher Briefkontakt mit der Familie Vollmar nicht zu erklären. So gratuliert Adenauer dem Ehepaar Vollmar unter dem Briefkopf „Bundeskanzler K. Adenauer“ zum „ersten Namenstag im neuen Haus“. Ein signiertes Photo des Bundeskanzlers mit der Widmung „ In Erinnerung an besondere Zeiten! Bonn 1961 Adenauer“ ziert das Wohnzimmer der Familie Vollmar. Zwischen 1951 und 1964 liegen etwa zwei Dutzend Briefe des Kanzlers an Vollmar vor. So schreibt er z. B. 1961, „…und ich hoffe, bald einmal Sie in Ihrem Hause besuchen zu können“. Auf einer Ansichtskarte aus Kalifornien aus dem Jahre 1963 grüßen Adenauer und Tochter Lotte das Ehepaar Vollmar.[100]

Vollmar stammt aus einer alteingesessenen, wohlhabenden und angesehenen Bonner Familie.[101] Der Beruf des Vaters wird mit Hofwäschereibesitzer angegeben. Seine Erziehung und humanistische Schulausbildung erfährt Josef Vollmar am königlichen Gymnasium des bayerischen Benediktiner-Klosters Ettal. In der VIII. Klasse (Unterprima) ist Pater Dr. Simon Landersdorfer (OSB; 1880-1971), der spätere Bischof von Passau,[102] sein Klassenlehrer. Im zweiten Kriegsjahr des Ersten Weltkriegs legt er seine vorgezogene Reifeprüfung ab und meldet sich im Oktober 1915 mit gerade einmal neunzehn Jahren

---

[100] Datiert vom 26.01.1951, 18.03.1951, 16.04.1952 (handschriftlich), 30.12.1952, 22.12.1953 (handschriftlich), 29.12.1954, 14.01.1955, 19.01.1960, 18.11.1961 und 26.03.1964, sowie eine Ansichtskarte von einer USA-Reise im Jahre 1953.

[101] Die Eltern von Josef Vollmar, das Ehepaar Matthias und Mutter Anna geb. Thelen, haben zehn Kinder.

[102] Von 1936 bis 1968

zur Infanterie. Nach der Grundausbildung im Rekruten-Depot der 15. Infanteriedivision wird Vollmar an die Front versetzt.

Vize-Feldwebel Josef Vollmar (stehend, links)

Zunächst als junger Fahnenjunker-Unteroffizier und später als Vize-Feldwebel und Offizier-Stellvertreter steht er im Königlich-Preußischen 9. Rheinischen Infanterie-Regiment Nr. 160 bis April 1917 an der Ost- und an danach der Westfront im Einsatz, führt einen Infanteriezug von etwa 40 bis 50 Soldaten und wird - zweimal verwundet - mit dem Eisernen Kreuz II. und I. Klasse ausgezeichnet. Während das EK II im Ersten Weltkrieg sehr häufig verliehen wird, werden nur 1,7 % der Soldaten mit dem Eisernen Kreuz I. Klasse ausgezeichnet, was zeigt, dass Vollmar sich als überaus tapferer Soldat bewährt. Die Kämpfe sind erbittert; die Regimentschronik versucht, dies in Worte zu fassen: „In dem Hohlweg, soweit wir sehen, Gefallene von den letzten Angriffen. Freund und Feind, darunter Farbige. Auch hinter unserem Graben derselbe Anblick. Wir atmen Verwesungsgeruch, der umso unerträglicher wird, je stärker am Tage die Sonne brennt. Eine Bergung der Toten war unmöglich. Brennender Durst quält uns. Es kann auch nicht ein Mann … zum Kaffee- oder Wasserholen fortgeschickt werden. … Zu allem Unglück hat man uns noch mit total versalzenen Fleischportionen für vier Tage versorgt.“[103]

[103] Chronik Infanterieregiment Nr. 160, S. 93

Wahrscheinlich im Herbst 1917 wird Vollmar zur 1. Kompanie des im Rheinland aufgestellten Infanterieregiments Nr. 400 versetzt; das Regiment gehört zur 105. Infanteriedivision.[104] Am 16. August 1918, wenige Tage vor Beginn der zweiten Somme-Schlacht, gerät Vollmar im Mittelabschnitt der Westfront wiederum in ein schweres Gefecht. Fünf Tage später erhalten seine Eltern die Nachricht von seiner Kompanie, dass ihr Sohn als vermisst gilt. Die Aussage, „es ist anzunehmen, daß er in französische Gefangenschaft geraten ist", beunruhigt die Familie allerdings sehr, denn dies kann ebenso bedeuten, dass er namenlos in einem der unzähligen Granattrichter verschüttet liegt und bisher nur nicht entdeckt worden ist. Zwei Wochen später, Ende August 1918, kommt ein erster, aber nur inoffizieller Brief eines Bekannten, der von einem Kameraden aus demselben Truppenteil erfahren haben will, dass Josef Vollmar am Leben, jedoch in Gefangenschaft sein soll. Wochen später endlich erhalten die Eltern den offiziellen Vermissten-Nachweis vom Roten Kreuz, dass Josef Vollmar im Kriegsgefangenenlager (P.G.- Prisonnier de guerre) Nr. 89 in Perrigny-sur Armançon in der Bourgogne, ca. 180 km südöstlich von Paris, interniert ist. Doch immer noch überwiegt die Ungewissheit, denn die Bemerkung „Derselbe ist unverwundet" ist durchgestrichen. Erst nachdem der Weg der Kriegsgefangenenpost über die Schweiz als Drehscheibe eingespielt ist, erfahren die Eltern, dass es ihrem Sohn den Umständen entsprechend gut geht. 1920 kehrt Josef Vollmar aus der Kriegsgefangenschaft zurück und studiert Zahnmedizin in Bonn und Köln, wo er im Mai 1923 promoviert.

Da in der Nachkriegszeit hochdekorierte Soldaten häufig zum nächsthöheren Reserve-Dienstgrad befördert worden sind, ist nicht auszuschließen, dass Vollmar in den zwanziger Jahren zum Leutnant der Reserve ernannt worden ist; ein Nachweis darüber ist allerdings nicht zu erbringen.

---

104 Die Division wird am 5. Mai 1915 aufgestellt und ist zunächst an der Ost- und von Juni 1916 an der Mazedonischen Front im Einsatz. Ende Oktober 1917 wird sie an die Westfront in den Raum Cambrai verlegt und verbleibt bis zum Kriegsende im Westen. Das Regiment 400 ersetzt das Füsilier-Regiment „Kaiser Franz Josef von Österreich, König von Ungarn" (4. Württembergisches) Nr. 122, das im Frühjahr 1917 der 243. (Württembergischen) Infanteriedivision unterstellt wird.

Datum des Poststempels

Betrifft: Josef Vollmar Vicefeldw.
I. R. 400 / 1 K.

Wir teilen Ihnen hierdurch ergebenst mit, daß sich Ihr obengenannter Angehöriger laut ~~amtlicher Liste aus London~~ telegraphischer Meldung vom 22.11.18. in ~~englischer~~ franz. Gefangenschaft in P. G. 89. Paris. befindet.

~~Derselbe ist unverwundet.~~
~~(Evtl. Verwundung)~~:

Wir geben Ihnen von Vorstehendem Kenntnis und teilen Ihnen gleichzeitig mit, daß jede weitere uns auf Grund der ~~englischen~~ Listen bekannt werdende Verlegung sowie Meldung über den Gesundheitszustand des Obengenannten Ihnen von Fall zu Fall zugehen wird.

Zu jeder Auskunft, insbesondere auch über den Postverkehr stehen wir gern zu Diensten.

Geöffnet werktäglich von 9–4 Uhr.

Verwundeten- und Vermissten-Nachweis
der Vereinigten Vereine vom Roten Kreuz
Cöln a. Rh., Kaufhaus Peters, IV. Stock.

Vollmars erste Begegnung mit Adenauer geht auf das Jahr 1935 zurück. Damals bittet ihn sein älterer Bruder, der Benediktiner-Pater Johannes Paul Vollmar (1886-1970), ins Kloster Maria Laach zu kommen, um den dort untergetauchten vormaligen Kölner Oberbürgermeister Dr. Adenauer wegen einer Zahnentzündung zu behandeln. Als Adenauer dann das Kloster verlässt und vorübergehend nach Unkel zieht, wohnt er zweimal im Hause Vollmar. Nachdem sich Familie Adenauer ab 1936 in Rhöndorf niederlässt und dort eine neue Bleibe findet, werden die Kontakte enger. Man unternimmt hin und wieder gemeinsame Wochenendausflüge und besucht Konzerte. Im Herbst 1938 verbringen beide Ehepaare einen gemeinsamen Urlaub in der Schweiz. Bereits mit diesen Kontakten zu dem vom NS-Regime geächteten Adenauer macht sich das Ehepaar Vollmar gegenüber der Gestapo verdächtig, kann doch mit einiger Sicherheit davon ausgegangen werden, dass der Geheimen Staatspolizei diese Verbindung nicht unbekannt bleibt. Dies dürfte auch ein Grund sein, weshalb Adenauer und Schliebusch Jahre später bei der Flucht aus Hohenlind den Zahnarzt Vollmar nur als kurze Anlaufstation und nicht als Dauerversteck nutzen. Vollmars Abneigung gegen das Hitler-Regime wird aus den gleichen Quellen gespeist wie der Widerstand Schliebuschs: der römisch-katholisch orientierten Erziehung und Bildung und der daraus resultierenden Abneigung gegen die Dominanz der pseudo-religiösen Weltanschauung des Nationalsozialismus.

Gemeinsamer Ausflug in die Eifel 1937 (von links: Dr. Busley, Fine Vollmar, Ehepaar Adenauer; Dr. Vollmar ist der Fotograf).

Im Hause Vollmar finden - und dies wiegt als Verstoß gegen die Gesetze des NS-Regimes sicher am schwersten - die Besprechungen zwischen Adenauer und Dr. Paul Franken und dem christlichen Gewerkschaftsführer Heinrich Kremer statt, die diesen für eine aktive Mitarbeit im Widerstand gegen Hitler gewinnen wollen. Dies ist ein weiterer Beleg für die mutige Haltung Dr. Vollmars. Allein die Bereitschaft, in seinem Haus ein Treffen von Gegnern des NS-Regimes zu arrangieren, hätte ihn den Kopf kosten und seiner Familie die Sippenhaft einbringen können. Es steht außer Frage, dass er nur mit viel Glück überlebt. Möglicherweise verdankt er dies lediglich der Tatsache, dass bereits ab November 1944 die meisten staatlichen Behörden und die Dienststellen der Parteiorganisationen Schritt für Schritt in das rechtsrheinische Umland verlegt werden, und durch diesen Exodus ihr Hauptaugenmerk auf ihre eigene Rettung anstatt auf die Verfolgung der Feinde des NS-Regimes gelegt wird. Hinsichtlich der Einschätzung, inwieweit er zum Widerstand zu zählen ist, gilt ein ähnliches Urteil wie jenes für Schliebusch, Uhlenbruck und Schellenberger. Da Dr. Franken durch Vermittlung von Hauptmann Letterhaus von 1942 bis Anfang 1943 in der Wehrwirtschaftsstelle der Wehrmacht in Köln arbeitet, kann mit Sicherheit davon ausgegangen werden, dass sowohl Schliebusch und Franken und wegen des gleichen Arbeitsgebietes in der Wehrmacht - auch Letterhaus und Schliebusch sich kennen.

Das Ehepaar Adenauer und Dr. Weiss unterhalten sich während der Fahrt von Hohenlind nach Bonn über die Haftzeit auf dem Messegelände, aber vermeiden bewusst ein Gespräch über den weiteren Ablauf der Flucht. „Ich möchte Sie, lieber Generalkonsul, als ausländischen Diplomaten eines neutralen Landes auf keinen Fall noch weiter in meine private Aktion hineinziehen. Sie haben in den letzten Wochen meiner Frau und den Kindern schon weit über Gebühr geholfen, und wir alle sind Ihnen dafür zu großem Dank verpflichtet. Daher werde ich Ihnen auch nicht sagen, wohin meine Reise gehen wird. Dann können Sie wiederum im Falle einer Befragung mit gutem Gewissen sagen, dass Sie nichts wissen." Gussie Adenauer entscheidet sich, diese Nacht in Bonn bei ihrem Mann zu bleiben und erst morgen mit der Bahn nach Hause fahren. Es ist nicht das erste Mal, dass sie im Hause Vollmar übernachtet.

Gegen 18.00 Uhr fahren die beiden PKW am Hause Vollmar in Bonn vor. Im Park des Hofgartens spazieren nur noch wenige Menschen und genießen die spätsommerliche Abendsonne. Dr. Weiss bleibt aus Gründen der Tarnung im Auto sitzen und fährt, nachdem das Ehepaar Adenauer ausgestiegen ist, sofort weiter. Auf keinen Fall darf die Gestapo erfahren, dass er mit Adenauer nach dessen Flucht in direktem Kontakt getreten ist, denn dadurch kann seine diplomatische Immunität Schaden nehmen. Das NS-Regime hätte selbst den vagen Verdacht auf Beihilfe zur Flucht eines Häftlings ohne Skrupel und mit Freude zum Anlass von Repressalien gegen den Diplomaten als auch gegen die neutrale Schweiz genommen.

Schliebusch steigt ebenfalls aus seinem PKW. Sohn Klaus und Heinz Giesen warten im Wagen. Das Ehepaar Vollmar sitzt im Wohnzimmer und liest, während die Hausangestellte in der Küche ein kleines Abendessen vorbereitet. Sie deckt gerade den Tisch, als die Klingel des Privateinganges ertönt. An diesem Abend erwarten Vollmars eigentlich keine Gäste mehr, aber sie sind an überraschenden Besuch gewöhnt - Freunde, Bekannte und auch Patienten, von Zahnschmerzen am Wochenende geplagt, in die Praxis getrieben. Schnell eilt die Angestellte die Treppe nach unten ins Erdgeschoss und öffnet die Tür. Vor dem Eingang stehen zwei Herren - einer in Zivil und einer in Uniform, sowie eine Dame. „Mein Name ist Adenauer", sagt der Herr in Zivil. „Ich möchte Herrn Doktor Vollmar sprechen. Wir sind gute Bekannte, keine Patienten." „Bitte warten Sie einen Augenblick, ich werde Sie dem Hausherrn melden." Die junge Frau eilt zurück nach oben in die Privaträume. „Bitten Sie die Herrschaften herein." Dr. Vollmar steht auf und geht ihnen bis zum Treppenabsatz entgegen. Er strahlt, als er die Gäste erblickt. „Das gibt es nicht! Welch eine gelungene Überraschung an einem so schönen Spätsommertag! Herzlich willkommen, verehrtes Ehepaar Adenauer! Wir waren schon in großer Sorge, als wir von Ihrer Verhaftung hörten! Bitte treten Sie näher! Und auch unsere Luftwaffe ist als Schutz mit dabei, Herr Major Schliebusch, ich freue mich." Der Hausherr ist durchaus erfreut über den unerwarteten Besuch. Er hat Adenauer längere Zeit nicht gesehen und vor einigen Tagen mit Bestürzung von seiner Inhaftierung durch die Gestapo erfahren. Daher ist, als das Ehepaar gemeinsam vor ihm steht, sein erster Gedanke, dass dieser erneut von der Verfolgung durch die Gestapo verschont und endlich aus deren Haft entlassen ist. Major Schliebusch kennt er seit geraumer Zeit als Patient. Dr. Vollmar bittet die Gäste nach oben in das Wohnzimmer im ersten Stock, wo seine Ehefrau Josefine („Fine";1904-1987; geb. Kaiser) sie bereits erwartet. „Ich gehe davon aus, dass Sie unsere Einladung zum Abendessen nicht ausschlagen werden", sagt sie. Bei Tisch skizziert Adenauer den tatsächlichen Hintergrund seines überraschenden Besuches. „Ich weiß", sagt er, „dass wir Sie mit unserem Erscheinen in große Gefahr bringen, aber wir brauchen nur diese eine Nacht. Morgen früh sind Sie uns wieder los!" „Natürlich können Sie bleiben. Bislang ist erstaunlicherweise noch niemand bei der Gestapo auf mich aufmerksam geworden. Falls ja, ist meine Bilanz ohnehin bereits so schlecht, dass es auf diese eine Nacht auch nicht mehr ankommt. Vielleicht hilft mir, dass mein Zahnarzt-Kollege Heinrich Theodor Müller, der hiesige Gestapo-Chef, hin und wieder auch auf meinem Behandlungsstuhl sitzt." Zu Recht fürchtet Vollmar Repressalien, falls die Gestapo erfährt, dass er einem entflohenen Gefangenen Unterschlupf gewährt. Doch trotz der für ihn und seine gesamte Familie existenzbedrohenden Lage verweigert er Adenauer die Hilfe nicht und nimmt ihn und seine Frau auf. Seine Gattin Fine unterstützt diese Haltung ohne Wenn und Aber.

Klaus Schliebusch und Heinz Giesen bringen den Dienst-PKW in die Ermekeil-Kaserne zurück. Es ist inzwischen nach 19.00 Uhr. Für Frau Adenauer scheidet eine Rückfahrt nach Rhöndorf am Abend aus, da der Generalkonsul bereits zurückgefahren ist, und sie mit den immer unregelmäßiger fahrenden öffentlichen Verkehrsmitteln nicht sicher sein kann, Rhöndorf noch vor Einbruch der Dunkelheit zu erreichen. Sie müsste zunächst den Rhein überqueren, dann zu Fuß zum Bahnhof der Siebengebirgsbahn in Beuel gehen, mit dieser nach Honnef fahren und von dort wiederum zu Fuß nach Hause gehen. Ihre drei Kinder weiß sie für diese eine Nacht in guter Obhut ihrer Nachbarn Schellenberger. Zwar wissen ihre Töchter Lotte und Libet und auch der jüngste Sohn Georg, dass das Verdunkelungsgebot streng kontrolliert und jeder Verstoß von den Behörden hart bestraft wird, doch Gussie Adenauer möchte kein Risiko eingehen. Zwar kommt es überaus selten vor, dass sie abends nicht nach Rhöndorf zurückkehrt, doch in diesen Zeiten einer immer näher rückenden Front muss man sich auf alle Eventualitäten einstellen. Wann immer sie das Haus verlässt, informiert sie ihre Nachbarin, Frau Maria Schellenberger, wohin sie geht oder fährt und wie lange sie voraussichtlich abwesend sein wird. Doch bereits ein Fliegeralarm und der Aufenthalt in einem Luftschutzbunker reichen aus, um die zeitliche Planung über den Haufen zu werfen, von schwerwiegenderen Vorfällen wie dem Verwundetwerden bei einem Bombenangriff ganz abgesehen. Und so kümmern sich Schellenbergers um die Kinder und prüfen, dass tatsächlich nach Einbruch der Dunkelheit kein Lichtstrahl aus den Fenstern ihres Hauses nach draußen dringt. Das Zuziehen der Vorhänge allein reicht nicht aus. An einigen Fenstern müssen dicke Decken oder Pappstücke angebracht werden. Den feindlichen Flugzeugen darf kein Anhalt zur Orientierung gegeben werden. Im Wissen, dass ihre Kinder sicher sind, nimmt Gussie Adenauer das Angebot von Frau Fine Vollmar, diese Nacht in Bonn zu bleiben, gern an, zumal sie nicht weiß, ob und wann sie ihren Mann wiedersehen wird. Während aus der Ferne wieder das Grollen der alliierten Artillerie zu hören ist, die Schliebusch „Trommeln der Freiheit“ [105] nennt, diskutieren Adenauer, Vollmar und Schliebusch über die allgemeine Kriegslage. Auch gegenüber dem Ehepaar Vollmar halten sich Adenauer und Schliebusch hinsichtlich des weiteren Verlaufes der Flucht bedeckt und weihen diesen - ebenso wie Dr. von Weiss - nicht in die Details ihres Planes ein. „Auch Sie, lieber Herr Vollmar,“ sagt Adenauer, „können, falls die Gestapo Sie vernehmen sollte, dann nur sagen, dass Sie glaubten, ich wäre wie 1934 wieder entlassen worden. Wir hätten unser Wiedersehen gefeiert, und Sie wären davon ausgegangen, dass ich selbstverständlich nun nach Rhöndorf zurückkehren würde. Im Übrigen können wir jetzt nur noch beten und hoffen, dass die Amerikaner und Briten hier sind bevor die Gestapo uns erwischt.“

Nach der Weymar-Biographie gibt Adenauer seiner Frau noch einige Verhaltensregeln gegenüber der Gestapo: sie solle sich zunächst einige Tage ruhig verhalten, dann aber wieder ins Krankenhaus fahren und „ahnungslos“ nach ihrem Mann fragen.[106] Dort werde man ihr sagen, er sei zur Vernehmung nach Berlin geholt worden. Wiederum einige Tage später solle sie eine Vermisstenanzeige aufgeben.

Auf diese Weise könne man sie nicht der Mitwisserschaft bezichtigen. Weymar schreibt, Adenauer und Schliebusch hätten im Auto einen Brief an die Gestapo in Köln entworfen, in dem Adenauer mitteilt, er habe sich aus Gesundheitsgründen in die Nistermühle zurückgezogen. Diesen Brief wollte man „dem Bekannten“ (= Dr. Vollmar) übergeben, der dann aber „vergessen“ sollte, ihn abzugeben. Sollte Adenauer verhaftet werden, wollte er sich auf diesen Brief berufen und mit ihm beweisen, dass er keinesfalls beabsichtigt hatte zu fliehen.[107] Diese Version klingt allerdings reichlich naiv, so daß an ihrem Wahrheitsgehalt gezweifelt werden muss. Sie zeigt aber, dass Adenauer sehr wohl weiß, dass seine Überstellung in das Krankenhaus keine Haftverschonung bedeutet; er ist aus Hohenlind geflohen. Dies wird auch durch die Fahndung nach Adenauer belegt. Mit Sicherheit hat Adenauer seine Frau in dieser Nacht über seine weiteren Fluchtpläne unterrichtet. In der Rückschau mag dies zwar als Fehler

105 Schwarz, Hans-Peter, Adenauer. Der Aufstieg, S. 417
106 Weymar, Paul, a.a.O., S., 217
107 Weymar, Paul, a.a.O., S. 215 f.

angesehen werden, doch selbst wenn Adenauer seinen Aufenthaltsort vor ihr verheimlicht hätte, wären Gussie Adenauer und - im Falle ihrer erfolglosen Vernehmung - dann auch ihre beiden minderjährigen Töchter von der Gestapo inhaftiert und verhört worden.

Stadthaus und Praxis Dr. Vollmar - Bonn, Am Hofgarten Nr. 3 (1944 zerstört)

Fritz Schliebusch geht an diesem Abend zu Fuß nach Hause. Es ist nur etwas mehr als ein Kilometer bis zu seiner Wohnung in der Goethestraße 42, in unmittelbarer Nähe der Ermekeil-Kaserne, und in Uniform kann er sich auch nach der Sperrstunde bewegen ohne Verdacht zu erregen. Der Spaziergang in der frischen Abendluft tut ihm gut. Er hofft, dass sich alles zum Guten wenden wird, ist doch der erste Teil seines Fluchtplanes ohne Probleme gelungen. Frau Schliebusch wartet bereits mit Sorge auf ihren Mann. Ihr Sohn Klaus, der während seiner kurzen Dienstreise von seinem Luftwaffen-Truppenteil nach Bonn bei seinen Eltern wohnt, hat seine Mutter bereits über den Ablauf des Tages informiert. In dieser Nacht schlafen weder das Ehepaar Schliebusch noch das Ehepaar Adenauer sonderlich gut. Ihre Gedanken kreisen um Ereignisse des heutigen Tages, aber vor allem um die Frage, wie es nun weitergehen wird.

Am nächsten Morgen, es ist ein Sonntag, verlässt Schliebusch gegen 06.45 Uhr die Wohnung. Sein Weg führt ihn zur nur wenige hundert Meter entfernten Backsteinkirche in Poppelsdorf. Pfarrer Rudolph Hans Stöcker (1891-1965) zelebriert die Frühmesse, die nur von wenigen Gläubigen, zumeist Frauen, besucht ist. Die Kirche ist dem heiligen Sebastianus geweiht, der als Hauptmann der kaiserlich-römischen Leibwache auch als sein Schutzheiliger gilt. Schliebusch empfängt das Sakrament der Kommunion. Danach geht er zu Fuß weiter in die Innenstadt zum Hause des Zahnarztes am Hofgarten, wo die Ehepaare Vollmar und Adenauer gemeinsam frühstücken. Gegen 09.00 Uhr trifft Klaus Schliebusch mit dem Dienst-PKW ein. Adenauer dankt dem Ehepaar Vollmar für ihre Gastfreundschaft. Gussie Adenauer gibt ihrem Mann ein kleines Federkissen mit. Dann verabschiedet sich das Ehepaar Adenauer.

Frau Adenauer fährt anschließend mit der Straßenbahn und der Siebengebirgsbahn nach Rhöndorf zu ihren Kindern zurück. Niemand weiß, wann und unter welchen Umständen sie sich das nächste Mal wiedersehen werden – wenn überhaupt. Adenauer und Schliebusch steigen in den Dienst-PKW der Wehrmacht. Schliebusch nimmt neben seinem Sohn auf dem Vordersitz Platz, Adenauer steigt in den Fond des Wagens. Dann fahren sie zur Alten Rheinbrücke. Das Überqueren des Flusses ist die erste Schwachstelle in Schliebuschs Plan, da der Verkehr durch eine Brückenwachkompanie gesichert und zusätzlich durch Feldgendarmen streng kontrolliert wird.

Alle Rheinübergänge werden seit Anfang September 1944 vom Feldjägerkommando III,[108] das eigens für diese Aufgabe vom Oberkommando des Heeres in Marsch gesetzt worden war, überwacht. Daher hatte Schliebusch bereits drei Tage zuvor unter dem Vorwand, die Flugabwehrmaßnahmen abzustimmen, mit dem Brückenkommando Verbindung aufgenommen, kennt inzwischen einige der Soldaten, und so gibt es - zumal im Dienst-PKW und in Uniform - keine Probleme beim Überqueren. Schliebusch hat für alle Fälle die gefälschten Überführungspapiere für den „Häftling Dr. Adenauer“ und einen von Oberst Friese unterschriebenen, dritten Fahrbefehl mit dem Fahrziel „Berlin“ dabei, um sich bei einer Kontrolle durch die Feldgendarmerie ausweisen zu können. Hinter Beuel führt sie ihre Fahrt entlang des Südrandes des Bergischen Landes nach Altenkirchen und von dort nach Hachenburg im Westerwald; die Fahrstrecke beträgt etwa 80 km.

Da die alliierten Luftstreitkräfte seit geraumer Zeit auch ostwärts des Rheins Jagd selbst auf Einzelfahrzeuge machen, ist die Fahrt nicht ganz ungefährlich. Dass sie bei ihrer Jagd aus der Luft erfolgreich sind, zeigen zahlreiche Wracks am Straßenrand. Offenes Gelände, das keine Tarnung gegen Sicht aus der Luft und keinen Schutz bietet, durchfahren sie, soweit die Straßenverhältnisse es zulassen, mit Höchstgeschwindigkeit. An Waldrändern hingegen hält Klaus Schliebusch zunächst kurz an, stellt den Motor ab, beobachtet den Himmel nach Flugzeugen und überlegt, wie weit er im nächsten Abschnitt fahren kann und wo ihm das Gelände wieder Deckung bietet: „Sprungweise vorwärts“ nennt man dies im militärischen Jargon. Und so dauert die Fahrt länger als üblich. Adenauer kennt das Hotel und die Umgebung aus eigener Anschauung. Er hatte seine Töchter Lotte und Libet,[109] die 1942 bzw. 1943 in der früheren Wassermühle als Erntehelferinnen gearbeitet hatten, jeweils nach dem Ende ihres Einsatzes abgeholt.[110]

---

108 Das Kommando unter dem General der Infanterie Hans-Karl von Scheele (1892-1955) - besteht aus einem Feldjäger-Regiment mit 5 Abteilungen, (jede mit 3 Kompanien á 50 Mann), d.h. insgesamt 15 Kompanien mit ca. 750 Soldaten.

109 Dr. Lotte Adenauer (* 1925; verheiratete Multhaupt); Libet Adenauer (* 1928; verheiratete Werhahn)

110 Ansprache von Maria Bonacker aus Dreislar am 17. Januar 1976, Adenauers 100. Geburtstag, bei der Einweihung der Gedenkstätte an der Nistermühle.

Erst gegen Mittag erreichen Schliebusch und Adenauer ihr Ziel - das abgelegene Hotel „Nistermühle“ in dem breit ausgedehnten Tal der Nister bei Hachenburg.[111] Auf dem Hof ist - trotz des Sonntags - die Grummet-Ernte in vollem Gange. Von einer nahen Heuwiese beobachtet die sechzehnjährige Maria Kappen (1928-1981), wie sich ein PKW auf einem Feldweg dem einsam gelegenen Anwesen nähert, in diesen Monaten ein seltenes Ereignis. Klaus Schliebusch fährt hier trotz des deckungsarmen Geländes langsam, denn er möchte so wenig wie möglich Staub aufwirbeln, um nicht noch im letzten Augenblick zur Zielscheibe für Tieflieger zu werden.

Zwei Jahre zuvor, am 12. Juli 1942, war die damals vierzehnjährige Maria aus der kleinen hochsauerländischen Gemeinde Dreislar in die Nistermühle gekommen, um bei dem Ehepaar Roedig eine Lehre als Haustocher zu beginnen. Das junge Mädchen überzeugt durch ihre Arbeit und ihre Art und bleibt - mit einer einjährigen Unterbrechung - bis 1949 in der Nistermühle. Im Juni 1942 hatte sie das Ehepaar Adenauer und deren Tochter Lotte zum ersten Mal kurz getroffen, als diese drei Wochen auf dem Hof arbeitete. Ein Jahr später, während der Spätsommerwochen des Jahres 1943, war auch Libet, die zweite Tochter, als Erntehelferin in die Mühle gekommen. Während Weymar schreibt, die beiden Mädchen, die im selben Alter sind, hätten sich angefreundet, behauptet Libet Werhahn-Adenauer allerdings, sie kenne Maria Kappen nicht und hätte auch nicht als Erntehelferin dort gearbeitet.[112]

Der Besitzer der Nistermühle, Josef Roedig (1882-1952),[113] ein Mitglied der Zentrumspartei, ist ein guter Bekannter des sechs Jahre älteren Adenauer; sie hatten sich 1942 über den Wesselinger Treibriemenfabrikanten Jakob Hermanns (1901-1976) kennengelernt. Doch im ersten Moment erkennt Roedig den hochgewachsenen Mann im hellen Staubmantel und einer Sonnenbrille nicht sofort, der in Begleitung eines Offiziers in der blauen Luftwaffenuniform und ebenfalls mit einer Sonnenbrille im Gesicht, vor ihm steht, nicht.

[111] Hachenburg liegt etwa 40 km ostwärts von Bonn und die ehemalige Wassermühle ca. 1,5 km nördlich des Ortes. 1976 wurde dort eine „Adenauer-Gedächtnisstätte“ eingerichtet

[112] Brief an den Autor vom 31.03.2011

[113] Die Mühle ist seit 1902 in seinem Besitz. Nachdem sie 1913 durch ein Feuer fast völlig zerstört wird, baut Roedig sie wieder auf.

„Nach einem höflichen, aber abwartenden „Meine Herren, was kann ich für Sie tun?“ nimmt Adenauer die blaue Brille ab. „Mein Gott, Herr Oberbürgermeister, das ist eine gelungene Überraschung! Sie und das Militär, eine seltene Allianz! Was hat Sie denn hierher in diese Einöde verschlagen?“ entfährt es Roedig lachend. „Es ist lange her, dass wir uns zum letzten Mal gesehen haben. Treten Sie ein, meine Frau wird sich freuen!“ „Ich brauche Ihre Hilfe, lieber Herr Roedig, und will nicht lange um den heißen Brei herumreden. Die Gestapo hatte mich vor drei Wochen verhaftet und in Köln eingesperrt. Mit viel Glück und etwas List gelang es mir, mich ins Krankenhaus Hohenlind überweisen zu lassen, von wo mich gestern unser lieber Major Schliebusch herausgeholt hat. Die Amerikaner werden bald hier sein. Wenn ich mich bis dahin hier bei Ihnen verstecken könnte, wäre ich Ihnen sehr dankbar“. Roedig zögert keinen Augenblick, obwohl er natürlich weiß, dass er sich dadurch selbst in Gefahr begibt. „Sie können bleiben, solange Sie wollen, lieber Herr Doktor Adenauer.

Joseph Roedig

Hoffen wir, dass die Alliierten eher hier sind als die Gestapo. Für alle Fälle aber sollten Sie sich unter einem anderen Namen in unsere Meldeliste eintragen. Ich glaube nicht, dass die Gestapo weiß, dass wir uns kennen. Sollte sie daher hier bei uns nach Ihnen suchen, kann ich guten Gewissens sagen, dass hier kein Gast namens Adenauer wohnt". Adenauer trägt sich als „Doktor Weber" in das Meldebuch des Hotels ein. Frau Roedig kommt hinzu und stellt dem Gast nach der Begrüßung die sechzehnjährige Haustochter vor. „Maria wird sich um Ihr leibliches Wohl kümmern, Herr Doktor. Sie ist schon seit zwei Jahren bei uns, und wir sind mit ihrer Arbeit außerordentlich zufrieden". Adenauer erhält ein Zimmer im obersten Stockwerk des geräumigen Hauses unter dem Dach. Dass es kein fließendes Wasser in seinem Zimmer gibt, wird durch zahlreiche Kannen frischen Quellwassers überbrückt, die Haustochter Maria ihm hinaufträgt. Nur für sein Bett hatte er sich sein eigenes kleines Federkissen mitgebracht. Ansonsten stellt er keine besonderen Ansprüche, hat er doch in den letzten Jahren bisweilen schon weit schlechter gewohnt.

Maria Kappen

Fritz Schliebusch und sein Sohn kehren noch am selben Tag nach Bonn zurück. Vor der Rückfahrt zerreißt Schliebusch den dritten Fahrbefehl mit dem Ziel Berlin, denn nun brauchen sie ihn nicht mehr. Am späten Nachmittag fahren sie wohlbehalten durch die Wache der Bonner Ermekeil-Kaserne. Bei Adenauer zu bleiben, hätte wenig Sinn, denn ihr Fernbleiben würde als Fahnenflucht ausgelegt werden. Jetzt heißt es nur, auf die Alliierten zu warten.

Maria Kappen ist - neben den Roedigs, der Köchin und einem polnischen Mädchen, das in dem angeschlossenen landwirtschaftlichen Betrieb arbeitet - eine der wenigen Menschen, die Adenauer in dieser Zeit sieht und spricht, denn die Mahlzeiten nehmen sie zusammen im Wohnzimmer ein, und auch die Abende verbringen sie dort gemeinsam. „Trotz seiner schwierigen Lebenssituation sei er immer zu einem Scherz aufgelegt gewesen“, habe der Köchin Komplimente ob ihrer Kochkunst gemacht, von seinen Reisen erzählt und ihr, Maria, bisweilen sogar kleine Rechenaufgaben gestellt. „Ich erinnere mich an manches schöne Gespräch“, stellt sie später fest. Offenbar erinnert das junge Mädchen Adenauer, den ausgeprägten Familienmenschen, an seine eigenen Kinder, die er seit Wochen nicht mehr gesehen hat und deren ungewisses Schicksal ihn beunruhigt. Da es im Haus nur wenige Bücher gibt, beschäftigt sich Adenauer mit dem Lesen von Zeitungen und „studiert gründlich die Gerichtsakten aus einem Prozess des Herrn Roedig gegen das Erbhofgesetz beim Reichsgericht“. Adenauer hört abends noch im Radio einen Auslandssender. „Er erwartet offensichtlich die Amerikaner und rechnet so mit seiner Befreiung“.

Die Nistermühle bei Hachenburg aus südlicher Richtung

Jeden Abend stellt ihm Haustochter Maria eine Thermoskanne mit heißem Wasser ins Zimmer, damit er sich nachts noch Nescafé zubereiten kann.[114] Insgesamt ist es eine familiäre Atmosphäre. Adenauers Wochen in der Nistermühle sind durch die Sorgen um die Zukunft seiner Familie überschattet, dennoch wirkt er auf die Mitbewohner in der Mühle souverän. Nur wenn er allein ist, kommt seine Bedrückung hervor. Sein Schlaf ist unruhig, und oft hört ihn Maria Kappen noch lange nach Mitternacht in seinem Zimmer im oberen Stockwerk des Hauses auf und ab gehen. Tagsüber unternimmt er bei schönem frühherbstlichen Wetter zwar ausgedehnte Spaziergänge, meidet dabei aber öffentliche Straßen und verzichtet selbst auf den Besuch des sonntäglichen Gottesdienstes im nahen Hachenburg oder in der Abteikirche Unserer Lieben Frau in Marienstatt. Die Gefahr des Erkanntwerdens ist auch hier in der Einöde des Westerwaldes hoch. Daher hatte Frau Rödig auch Adenauers hellen Staubmantel, der zu auffällig ist, gleich durch einen gedeckten, unauffälligen Lodenmantel ihres Mannes ersetzt. Am 17. Oktober 1944 bedankt sich Gussie Adenauer in einem handschriftlichen, warmherzigen und von Gottvertrauen und Hoffnung geprägten Brief an die „lieben Rödigs" für deren „Liebe und Güte und treue Sorge für meinen Mann" und vergisst bei all dem Kummer und der Ungewissheit jener Tage nicht, die Rückgabe des geliehenen Lodenmantels anzukündigen.

Der Brief, nur wenige Tage nach ihrer Gestapo-Haft geschrieben, offenbart eine warmherzige, überaus tapfere Frau, die, eingebettet in die Familie, ihre Stärke nicht zuletzt aus ihrem unerschütterlichen christlichen Glauben schöpft.

[114] Bonacker, Maria, Ansprache am 17. Januar 1976 in der Nistermühle.

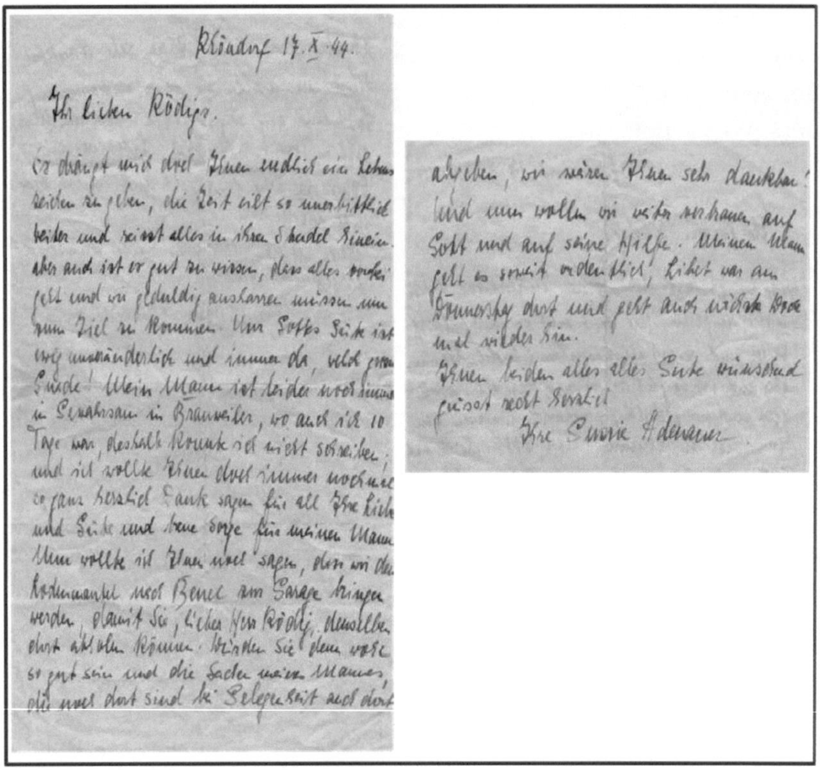

Gussie Adenauers Brief an das Ehepaar Roedig

Rhöndorf 17. X 1944

Ihr lieben Rödigs!
Es drängt mich Ihnen endlich ein Lebens-
zeichen zu geben, die Zeit eilt so unerbittlich
weiter und reißt alles in ihren Strudel hinein
aber auch ist es gut zu wissen, dass alles vorbei
geht und wir geduldig ausharren müssen um
zum Ziel zu kommen. Nur Gottes Güte ist
ewig unveränderlich und immer da, welch große
Gnade. Mein Mann ist leider immer
noch in Gewahrsam in Brauweiler wo auch ich 10
Tage war, deshalb konnte ich nicht schreiben,
und ich wollte Ihnen doch immer nochmal
so ganz herzlich Dank sagen für all Ihre Liebe
und Güte und treue Sorge für meinen Mann.
Nun wollte ich Ihnen noch sagen, dass wir den
Lodenmantel zur Garage in Beuel bringen
werden, damit Sie, lieber Herr Rödig, denselben
dort abholen können. Würden Sie denn wohl
so gut sein und die Sachen meines Mannes,
die dort noch sind bei Gelegenheit auch dort
abgeben; wir wären Ihnen sehr dankbar!
Und nun wollen wir weiter vertrauen auf
Gott und seine Hilfe. Meinem Mann
geht es soweit ordentlich. Libet war am
Donnerstag dort und geht auch nächste Woche
mal wieder hin.
Ihnen beiden alles Gute wünschend
grüsst recht herzlich
Ihre Gussie Adenauer

Von seinen Spaziergängen bringt Adenauer regelmäßig kleine Sträuße aus Feldblumen für Frau Roedig und Haustochter Maria mit. Mangels Asparagus verziert er die Blumen mit Möhrenkraut aus dem Hausgarten. Die Verbindung mit Ehefrau Gussie - und über diese wahrscheinlich auch zu Schliebusch - wird von Herrn Roedig gehalten, der einmal in der Woche - meist am Sonntag - nach Rhöndorf fährt und Briefe abholt und hinbringt. Auf diesem Weg versorgt ihn offenbar auch der mit ihm und seiner Familie gut bekannte Schweizer Generalkonsul Dr. Franz-Rudolph von Weiss[115] mit Nescafé. Haustochter Maria Kappen ist die einzige Augenzeugin, von der Hinweise über den Aufenthalt Adenauers überliefert sind.

Die Ehe von Josef und Elisabeth Roedig (geb. Koch) ist kinderlos geblieben, und so vererben sie - Josef stirbt 1952 und seine Frau Elisabeth im Jahre 1955 - ihrer Haustochter Maria, die Mühle. Auch nachdem sie am 21. Juli 1949 heiratet, bleibt sie mit ihrem Ehemann Hermann Bonacker (1921-1999) auf der Nistermühle und bewirtschaftet mit ihm gemeinsam Hof und Mühle. Erst 1961 zieht das Ehepaar Bonacker mit ihren drei Kindern zurück in ihre sauerländische Heimat, da Hermann Bonacker in Dreislar den elterlichen Hof übernehmen muss. Die Nistermühle wird an die Familie Victor verkauft, in deren Besitz sie noch heute ist.

Der genaue Ablauf zwischen Adenauers Verhaftung in Rhöndorf im August und der zweiten in der Nistermühle im September, d. h. die genaue Zeit, die er jeweils auf dem Messegelände, im Krankenhaus Hohenlind und im Westerwald verbringt, ist unklar. Weder Adenauer noch Schliebusch nennen exakte Daten, sondern nur allgemeine Zeitangaben. Lediglich der Schweizer Generalkonsul von Weiss schreibt: „Während Herr Oberbürgermeister Dr. Adenauer nach 10-tägiger Haft am 2.9.1944 auf freien Fuß gesetzt wurde, worauf er sich in Spitalpflege begeben mußte, … .“[116]

---

[115] Nachdem das Schweizer Konsulat in der Kölner Overstolzenstraße durch Bomben zerstört wird, wohnt Generalkonsul von Weiss („Onkel Toni“ wie ihn die Kinder Adenauers nennen) - nach einem Zwischenaufenthalt im Rheinhotel Dreesen in Bad Godesberg - wie Familie Adenauer in Rhöndorf. Eine Kurzdarstellung seines Lebens siehe: Weiss, Franz-Rudolf von, Kriegsende und Neuanfang am Rhein S. 10 ff.

[116] Weiss, Franz-Rudolph von, a.a.O., S. 50

Hinsichtlich des „freien Fußes“ irrt der Schweizer Diplomat. Der Grund für die vagen Angaben von Adenauer und Schliebusch ist vermutlich, dass ihnen während der Haft Zeitgefühl und Erinnerung verloren gegangen sind. Aussagen darüber in den Biographien widersprechen sich sogar zum Teil; so datiert der Adenauer-Biograph Hans-Peter Schwarz die Befreiung erst auf den 20. September,[117] was eindeutig zu spät ist, denn dann hätte Adenauer nur 4 Tage in der Nistermühle verbracht. Weymar nennt in seiner autorisierten Adenauer-Biographie keine diesbezüglichen Kalenderangaben.[118] Auch die 1976 errichtete Gedenktafel an der Nistermühle gibt keine genaue Auskunft über die Aufenthaltsdauer Adenauers. Nur Generalkonsul von Weiss nennt - wie oben geschildert - das Datum von Adenauers „Freilassung“ und den Wechsel zur Behandlung in die Klinik.

Adenauer selbst sagt in einem Interview, er wäre zwei Wochen in der Mühle gewesen, bevor ihn die Gestapo dort aufgespürt hätte.[119] Fritz Schliebusch hingegen schreibt, Adenauer wäre „mehr als 10 Tage in Haft“[120] gewesen und nennt als Datum der Befreiung aus dem Krankenhaus den Zeitraum zwischen dem 5. und 10. September. Nimmt man diese Aussage als Grundlage, ergeben sich ebenfalls jene 14 Tage in der Nistermühle, die auch Adenauer bestätigt. Frau Bonacker hingegen meint, Adenauer wäre „Anfang September“ gekommen und „gut drei Wochen“ dort gewesen.[121] Somit stehen nur die Daten der beiden Verhaftungen fest: die am 23. August und jene am 25. September. Zwischen diesen beiden Eckpunkten liegen 34 Tage, die nur näherungsweise rekonstruiert werden können. Betrachtet man die Zeitvorgaben von Frau Bonacker auf der einen, jene Adenauers und von Major Schliebusch auf der anderen Seite, ergeben sich zwei Optionen eines möglichen Zeitablaufes:

Die Option 1 (in Blau) spiegelt den Zeitansatz wider, den sowohl Adenauer als auch Major Schliebusch und Generalkonsul von Weiss nennen. Danach verbringt Adenauer 10 Tage Haft in Bonn und Köln, 7 Tage im Krankenhaus und 15 Tage in der Nistermühle.

---

117 Schwarz, Hans-Peter, a.a.O., S. 417

118 Siehe: Weymar, Paul, a.a.O., Kapitel 17 bis 20 (S. 200 - 253)

119 Konrad-Adenauer-Stiftung Online Mein Leben CD 1 Konrad Adenauer erzählt aus seinem Leben - Teil 22 Verhaftung 1944

120 Schliebusch, Fritz, a.a.O. S. 12

121 Ebenda

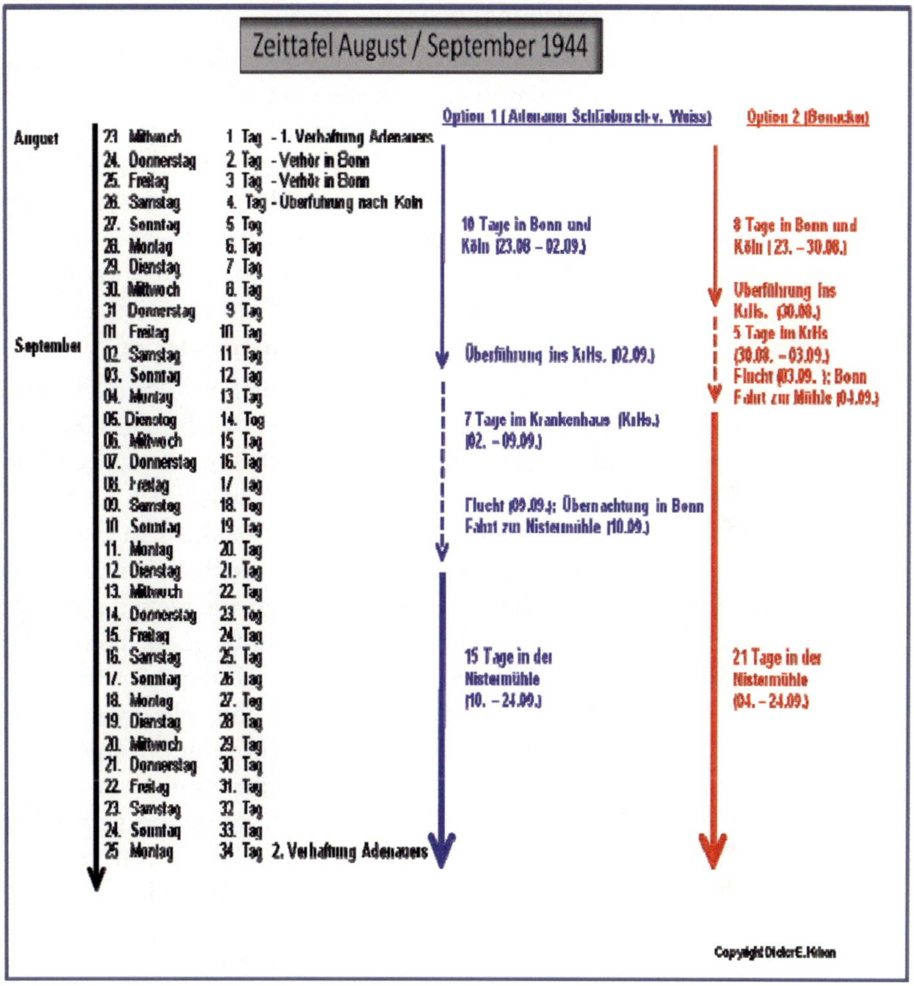

Bei der in Rot dargestellten Option 2 (Frau Bonacker) bleibt Adenauer nur 8 Tage in Gestapo-Haft in Bonn und auf dem Messegelände, 5 Tage im Krankenhaus und 21 Tage in der Nistermühle. Dies deckt sich mit jenen „guten drei Wochen“ in der Nistermühle, die Frau Bonacker nennt. Insgesamt ist die Option 1 wahrscheinlicher, zum einen, weil ihr Zeitrahmen von den beiden Hauptakteuren und einem guten Freund der Familie (Generalkonsul Dr. von Weiss) genannt wird und zum anderen, weil es nicht sehr wahrscheinlich ist, dass die Gestapo ihrem Gefangenen Adenauer so viel Zeit lässt, bevor sie mit der Suche nach ihm beginnt.

Das Schicksal Adenauers in der Nistermühle und damit auch jenes von Schliebusch hängt in erster Linie vom schnellen Vordringen der Alliierten und dem sich daraus ergebenden Zusammenbruch der Hitler-Diktatur ab. Im September 1944 stehen die Alliierten schon im Raum Aachen, und die Artillerieduelle im Westen sind seit Tagen bereits in Bonn zu hören; bis zum Rhein sind es noch etwa 70 Kilometer Luftlinie. Schnelle motorisierte Truppen der Alliierten könnten, wenn sie zügig vorstießen und der deutsche Widerstand zusammenbräche, in spätestens drei Tagen am linken Rheinufer stehen.[122]

Der Faktor Zeit bildet den Hauptpfeiler von Schliebuschs Plan und ist zugleich dessen entscheidende Schwachstelle. Dies zu erkennen, braucht man kein militärischer Fachmann zu sein, und so ist sich auch Adenauer des Risikos durchaus bewusst. Es bleibt ein Wettlauf mit der Zeit. Doch die Alternative - Rückkehr in Gestapo-Haft - ist ebenso unkalkulierbar und mit einem noch höheren Risiko behaftet. Schliebusch ist auf der einen Seite ein überzeugter Patriot und wünscht dennoch den schnellen Sieg des Gegners herbei. Er weiß um diesen Widerspruch und hat ihn oft mit Freunden diskutiert. Doch die Liebe zum Vaterland bedeutet für ihn, alles zu dessen Schutz zu tun, Schaden von ihm und damit von seinen Bürgern abzuwenden. Keinesfalls aber verknüpft sich für ihn mit diesem Begriff Überlegenheit und eine feindselige Aus- und Abgrenzung gegenüber anderen Völkern und die daraus resultierende Lehre von fremder Minderwertigkeit. So lehnt Schliebusch auch jene zynische Parole „Für Führer, Volk und Vaterland“, die die staatliche und religiöse Prioritäten auf den Kopf stellt, vehement ab, weil sie seinem christlichen Weltbild diametral gegenübersteht. Den „Willen des Führers“ zur Rechtsgrundlage politischen Handelns zu erheben, ist für ihn anmaßend. Als die aus seiner Sicht „vielleicht verhängnisvollste“ Parole bezeichnet er jenen Satz Hitlers „Nicht der Staat befiehlt uns (= der Partei), sondern wir befehlen dem Staat“, denn dadurch werden

122 Im Vergleich dazu: die Wehrmacht stößt 1941 in den ersten zwei Wochen des Russlandfeldzuges 425 Kilometer tief in die Sowjet-Union vor und die 104. US-Infanteriedivision 309 km zwischen Remagen und Paderborn im April 1945.

„selbst gültige Gesetze außer Kraft" gesetzt und richten „unbeschreibliches Unheil" an.[123]

Hätten Adenauer und Schliebusch einplanen sollen und vielleicht sogar müssen, dass ihre Annahme einer schnellen Niederlage Deutschlands zu optimistisch ist? Sicher: Nach dem Militärtheoretiker Carl von Clausewitz (1780-1831) zählen „Imponderabilien" - die Unwägbarkeit und das Unkalkulierbare - zum integralen Bestandteil jedes Krieges, sind neben der Gewalt dessen Charakteristikum. Und Schliebusch hatte bereits im Ersten Weltkrieg an der Front als junger Offizier erlebt, wie schnell selbst sorgfältigste militärische Planung zur Makulatur werden kann. Doch nach den Erfolgen der ersten Monate, nach der Invasion in der Normandie und vor allem wegen der gewaltigen numerischen und materiellen Übermacht der Alliierten war die Hoffnung auf einen zügigen Vorstoß keinesfalls eine fahrlässige, Schliebusch vorzuwerfende Beurteilung. Auch Generalkonsul von Weiss schätzt die Lage ähnlich ein. Am 30. August 1944 schreibt er an sein Außenministerium in Bern: „Der Krieg scheint nun wirklich seinem Höhepunkt entgegenzugehen. Wenn die Alliierten sich mit dem jetzigen schnellen Tempo weiter der Reichsgrenze und damit auch dem Rhein nähern, weiß ich nicht, wie lange ich noch Gelegenheit haben werde, mit Ihnen zu korrespondieren".[124]

Auch die alliierte Seite glaubt zu dieser Zeit noch an einen schnellen Sieg. So kommt der Stellvertretende Generalstabschef (Assistant Chief Imperial General Staff) im Londoner „War Office" (Kriegsministerium), Generalmajor Sir John N. Kennedy (1893-1970), zu einer ähnlich positiven Beurteilung wie Schliebusch und von Weiss. Am 6. September 1944 notiert er in sein Tagebuch: „Wenn wir im gleichen Tempo weitermachen wie in jüngster Zeit, müßten wir am 28. September in Berlin sein." Also hätte auch nach der Zeitberechnung des britischen Generals Adenauers Versteck im Westerwald bereits Mitte September von den vorrückenden alliierten Truppen genommen und dieser und auch Schliebusch somit genau zur rechten Zeit gerettet und befreit werden können. Die Alliierten rechnen nicht mehr mit ernsthaftem deutschen Widerstand. Doch es ist gerade dieser Faktor, der letztlich die zeitliche Kalkulation ins Wanken und

123 Schliebusch, Fritz, a.a.O., S. 5

124 Weiss, Franz-Rudolph von, a.a.O. (Dokument Nr. 4), S. 46

schließlich zum Einsturz bringt: die für die bereits im sechsten Kriegsjahr stehenden deutschen Truppen unerwartet starke, hartnäckige Verteidigung, verbunden mit dem - wenngleich letztlich vergeblichen - Versuch raumgreifender operativer Gegenangriffe. An der westlichen Reichsgrenze, u. a. im Hürtgenwald, finden die Deutschen ein ideales Gelände zur Verteidigung. Mit einer großangelegten Operation, der „Wacht am Rhein", will Hitler im September 1944 das sinkende Kriegsglück noch auf seine Seite ziehen. Drei deutsche Armeen - die 5. und 6. Panzerarmee, sowie die 7. Armee - sollen aus der südlichen Eifel und dem Raum Luxemburg heraus zu einem Sichelschnitt gen Norden ansetzen und die Truppen der Westalliierten in Südholland und Nordost-Belgien von ihren rückwärtigen Verbindungen abschneiden. Hinzukommt, dass in der zweiten Jahreshälfte 1944 trotz der unablässigen alliierten Luftangriffe so viele Waffen wie niemals zuvor in diesem Krieg die deutschen Rüstungsfabriken verlassen.

Zu jener Zeit, als sich Adenauer in der Nistermühle aufhält, versuchen die Alliierten - beginnend am 17. September - in der größten Luftlandeoperation[125] des Zweiten Weltkrieges den Niederrhein-Abschnitt im Raum Arnheim-Eindhoven-Nimwegen zu nehmen, um einen schnellen Übergang über den Strom zu erzwingen und ihre Logistik durch die Nutzung des Hafens von Antwerpen zu verstärken. Doch der Angriff scheitert aus verschiedenen Gründen, u. a. wegen schlechter Witterungsbedingungen in den ersten Tagen der Operation, alliierten Aufklärungsfehlern, die die Lage und Stärke der deutschen Truppen unterschätzten, der Landung britischer Fallschirmjäger rund um Arnheim mitten in eine deutsche Panzerdivision, und weil der Vorstoß des 30. Britischen Korps, das die Verbindung zu den luftgelandeten Kräften herstellen soll, langsamer Raum gewinnt als geplant. Die Verluste der Alliierten steigen bei dieser Operation beträchtlich. Die alliierte militärische Führung ist überrascht und wird

---

125 An der „Operation Market-Garden" sind u. a. 34.600 Soldaten des I. Britischen Luftlandekorps unter General Sir Fredrik A. Browning (1896-1965) mit der 101. US-Luftlande-Division unter Generalmajor Maxwell D. Taylor (1901-1987), der 82. US-Luftlande-Division unter Brigadegeneral Maurice M. Gavin (1907-1990), der 1. Britischen Luftlande-Division unter Generalmajor Robert E. Urquhart (1901-1988) und der 1. Polnischen Fallschirmjäger-Brigade unter Generalmajor Stanislaw F. Sosabowski (1892-1967) beteiligt.

vorsichtig. Und so nimmt ihr Angriffsschwung - nicht zuletzt wegen ihrer überdehnten Versorgungswege - drei Monate nach Beginn der Invasion ab. „Nur kein Risiko eingehen, wir haben Zeit“, lautet das neue Motto.

Doch das Schicksal scheint sich auch in einer anderen Hinsicht gegen Adenauer und Schliebusch verschworen zu haben: In der letzten Septemberwoche erinnert sich die Kölner Gestapo wieder an Adenauer: Sie wähnt ihn in sicherem Gewahrsam in dem Behelfs-KZ auf dem Messegelände und muss verwundert und ärgerlich zur Kenntnis nehmen, dass er nicht mehr dort, sondern in einem Krankenhaus ist. Doch eine Nachfrage im Krankenhaus Hohenlind stößt auf Verwunderung. Er wäre doch schon vor etwa zwei Wochen nach Berlin abgeholt worden, wird ihr mitgeteilt. Nun wird die Gestapo aktiv, denn sie ist bloßgestellt: Adenauer ist unter ihren Augen mit einem simplen Trick geflohen.

5. Motivation

Wer ist dieser Mann, der sich im Wissen um das hohe Risiko auf ein solch waghalsiges Unterfangen einlässt und einem Manne hilft, den er gerade einmal zwei, drei Jahre kennt, der weder zu seiner Familie gehört noch zu seinen Freunden zählt? Was treibt Schliebusch, sein Leben und das seines Sohnes, sowie das Schicksal seiner ganzen Familie aufs Spiel zu setzen?

Schliebuschs Bekanntschaft mit Adenauer entsteht in den ersten Kriegsjahren - wahrscheinlich Ende 1941/ Anfang 42 - und ist somit nur ein paar Jahre alt. Beleg dafür ist der erste nachgewiesene Brief Adenauers an Schliebusch vom 22. Februar 1942. An diesem Tag schreibt Adenauer einen Brief an Major Schliebusch[126] und dankt ihm für eine nicht näher beschriebene „Hülfe“. Konkreter Anlass ist die Erkrankung des Adenauer-Sohnes Paul. Als dieser im Dezember 1941 während eines Einsatzes beim Reichsarbeitsdienst (RAD) auf Sylt an einer nicht behandelten schweren Grippe erkrankt, die sich zur Lungenentzündung ausweitet, macht sich Adenauer wegen der unzureichenden ärztlichen Versorgung große Sorgen um seinen acht-

---

126 Zu diesem Zeitpunkt ist Schliebusch nach seinen Personalunterlagen allerdings noch Hauptmann.

zehnjährigen Sohn. Daraufhin gibt Giesen, der sowohl Adenauer als auch Schliebusch gut kennt, offenbar den Hinweis, Adenauer möge doch den im OKW eingesetzten Major Schliebusch um Hilfe bitten. Dies geschieht. Schliebusch als Luftwaffenoffizier mit guten Verbindungen sorgt sodann für dessen rasche Überstellung in ein Luftwaffenlazarett auf Sylt, wo Paul Adenauer zwei Monate behandelt wird. Möglicherweise rettet Schliebusch dadurch sogar dessen Leben.

Konrad Adenauer zählt zu diesem Zeitpunkt 66 und Schliebusch fast 50 Jahre. In diesem Alter werden Freundschaften nur selten geschlossen. Beide trennt fast eine Generation. Adenauer hat nur wenige enge Freunde, und diese Beziehungen - wie die mit Dr. Robert Pferdemenges (1880-1962),[127] dem deutsch-amerikanischen Industriellen Dannie Heineman (1872-1962),[128] dem Kölner Ehepaar Prof. Benedikt (1872-1939; im KZ ermordet) und Helene („Ella“) Schmittmann (1880-1970; geb. Wahlen) und mit seinem Schulfreund Ildefons Herwegen, dem späteren Abt des Klosters Maria Laach, sind alle in seinen Kölner Jahren entstanden und gewachsen.

Auch jene zu Generalkonsul Dr. Franz-Rudolph von Weiss, der seit 1920 die konsularischen Amtsgeschäfte der Schweiz in Köln wahrnimmt, zählt wahrscheinlich dazu. So schreibt Adenauer diesem anlässlich des silbernen Dienstjubiläums als Konsul in Köln am 21. Mai 1945 in Bad Godesberg in das Gästebuch: „In 25 Jahren der Arbeit in Köln und am Rhein haben Sie sich das Beste erworben, was sich ein Mensch erwerben kann: treue Freunde![129]

---

[127] Der Bankier und spätere CDU-Politiker und seine Frau Dora (1887-1970)

[128] Er versorgt Adenauer mit Geld, als ihm seine Pensionsansprüche verweigert werden und sein Bankkonto gesperrt ist; erst 1937 wird ihm die Pension als Oberbürgermeister ausbezahlt.

[129] Weiss, Franz-Rudolph von, a.a.O., S. 150

Adenauer und Generalkonsul von Weiss nach dem Krieg

Daneben gibt es eine Reihe von engen Vertrauten, von denen einige der Rubrik Zweckbekanntschaft zuzuordnen sind. Zu diesen zählen der Geheimrat Dr. Louis Hagen (1855-1932)[130] vom Bankhaus Oppenheim, der gleichaltrige Generaldirektor der Fortuna AG für Braunkohlebergbau und Brikettfabrikation (RAG; heute: Rheinbraun AG) Paul Silverberg (1876-1959),[131] Dr. Fritz Blüthgen (1881-+),[132] Generaldirektor der Glanzstoff AG, das Ehepaar Giesen und sein damaliger Hausarzt Prof. Uhlenbruck. Adenauer geht äußerst sparsam mit dem Begriff „Freund“ um. So spricht Adenauer in seiner Trauerrede für den fast eine Generation älteren Louis Hagen am 4. Oktober 1932 zwar von „vertrauter Unterhaltung“ mit dem Verstorbenen, aber das Wort Freund kommt nicht über seine Lippen.

130 Hagen ist 19 Jahre lang Stadtverordneter in Köln und seit 1915 Präsident der Kölner Industrie- und Handelskammer.

131 Der einzige Sohn des jüdischen Kommerzienrats und Unternehmers Adolf Silverberg (1845-1903) konvertiert zum Christentum. Von 1917 bis 1933 ist er Stellvertretender Vorsitzender des Reichsverbandes der Deutschen Industrie (RDI); ähnlich wie Schliebusch wird er aus dem Amt gedrängt.

132 Blüthgen promoviert in Jena 1905 mit dem Thema „Schadensersatzansprüche aus Verletzungen in studentischen Schlägermensuren“.

Sie alle haben Adenauer auf vielfältige Weise, selbstlos und oft auch unter hoher Gefahr für die eigene Existenz im Rahmen ihrer jeweiligen Möglichkeiten unterstützt, wie z. B. durch die Gewährung von Unterschlupf, Lebensmitteln und auch mit Geldbeträgen. Hierbei ist zu berücksichtigen, dass die in langen Jahren gereiften Freundschaften der Familie Adenauer in Köln mit der erzwungenen Vertreibung Adenauers aus der Domstadt nicht mehr gepflegt werden können und fast ein Jahrzehnt weitgehend brach liegen. So entstehen in der Zeit zwischen 1933 und den Kriegsjahren neue Bindungen, zu denen auch jene zu Fritz Schliebusch zählt. Der Adenauer-Biograph Schwarz charakterisiert sie mit „eher zufällig zusammengekommen",[133] was im Kern zutrifft, sofern man das Adjektiv „zufällig" nicht im Sinne von „oberflächlich" interpretiert. Daher gilt: Die Beziehungen sind zwar durch äußere Ereignisse entstanden, bleiben aber keineswegs an der Oberfläche. In der Wahl seiner Gesprächspartner muss man in jener Zeit, vor allem, wenn politische Themen diskutiert werden, überaus vorsichtig sein. Da Adenauer und Schliebusch jedoch offen mit einander sprechen, bedeutet dies, dass sie sich gegenseitig ohne Einschränkung vertrauen. Beide wissen, dass keiner von ihnen jemals den Inhalt ihrer Gespräche preisgeben und das Siegel der Vertraulichkeit brechen wird. Adenauer hat - wie skizziert - engere und ältere Freunde als Schliebusch. Angefreundet haben sich die Beiden daher sicher nicht, aber sie sind politisch auf einer Wellenlänge, und vor allem wissen sie, dass sie sich auf einander verlassen können, was zu damaligen Zeiten lebenswichtig ist. Und daher ist es auch mehr als eine Bekanntschaft.

Schliebuschs linksrheinischer Geburtsort Lannesdorf liegt Luftlinie etwa 40 km von Adenauers Geburtsstadt Köln und nur ca. 3 km von dessen späterem Wohnort, dem rechtsrheinischen Rhöndorf, entfernt. Obwohl beide Rheinländer, sind die Männer charakterlich gegensätzlich. Während der vormalige Oberbürgermeister als spröde und distanziert gilt und gewohnt ist, dass man ihm eher mit Respekt denn mit Sympathie begegnet, ist Schliebusch aufgeschlossen, humorvoll und gesellig. Adenauer hingegen wird selbst im Behelfs-KZ auf dem Kölner Messegelände von Mithäftlingen und sogar vom Wachpersonal mit „Herr Oberbürgermeister" angeredet. Auch

[133] Schwarz, Hans-Peter, a.a.O., S. 402

schätzt Schliebusch im Gegensatz zum Nichtraucher Adenauer bisweilen eine Zigarre am Abend. Lediglich in ihrer Wertschätzung einer guten Flasche Wein trifft sich ihr Geschmack wieder. Ihre Beziehung ruht in erster Linie auf der stabilen Grundlage gemeinsamer Religion, moralischer Werte und Ziele, sowie im Wissen um die verbrecherische Politik Hitlers und die Ablehnung der nationalsozialistischen Weltanschauung. Und sie bewährt sich in der Not - vor allem für Adenauer. Schliebusch ist der einzige Militär unter Adenauers Freunden und Bekannten und in dieser Zeit und Situation der einzige, der helfen kann, was seine Sonderrolle betont. Schliebuschs Hilfe ist selbstlos, altruistisch: „In Selbstaufopferung für seine Freunde" steht treffenderweise in der Todesanzeige. Sein Wissen und sein Einblick in das Unrechtssystem schärft zugleich sein Gewissen, das ihn wiederum zum Handeln zwingt. Daraus erwächst für ihn die Pflicht zu helfen. „Mit den Wölfen zu heulen" lehnt Schliebusch kategorisch ab. In seinem Lebensbericht schreibt er: „Allzuviele vergaßen, daß sie auch in ihrer Brust eine Stimme des Gewissens trugen, die ihnen unbestechlich hätte anzeigen müssen, wo die Grenzen des möglichen Zusammengehens mit der Partei lagen, aber sie hatten verlernt, darauf zu hören".[134]

Auch anderen gegenüber, die in Not sind - z. B. der Familie Walbaum -, beweist er sein Verantwortungsbewusstsein ohne nach Lohn und Dank zu fragen. Man kann es gelebte Nächstenliebe nennen und fühlt sich unwillkürlich an Hauptmann Wilm Hosenfeld (1895-1952) - ebenfalls katholischer Lehrer und Infanterieoffizier im Ersten Weltkrieg - erinnert, der unter anderem den polnischen Pianisten Wladyslaw Szpilman (1911-2000) vor dem KZ rettete. „Niederschmetternd" seien für Schliebusch die Manipulation der Wahrheit und die „Einführung der bewussten Lüge und Verdrehung als politisches Kampfmittel" gewesen, schreibt er später. Zu Schlüsselerlebnissen werden für Schliebusch die Ereignisse im Zuge des sog. „Röhm-Putsches" am 30. Juni 1934 und vier Jahre später die Judenprogrome im November 1938; letztere charakterisiert er als „gravierendstes Ereignis".

„Ich entsinne mich noch genau, wie mir bei dieser Gelegenheit (= die gewaltsamen Übergriffe gegen jüdische Mitbürger in Köln

[134] Schliebusch, Fritz, a.a.O., S. 10

1938) zum erstenmal eine Beklemmung darüber bewußt wurde, in welch unvorstellbarer Weise die Partei Verbrechen zu begehen bereit ist, die sie dann in vollendeter Skrupellosigkeit dem ganzen Volk zur Last legt."[135]

Es sind weder materielle Interessen im Spiel noch die Aussicht auf eine wie immer geartete ideelle Belohnung, denn Adenauer und Schliebusch schulden sich nichts und erwarten nichts voneinander. Nur in einem Brief lässt Adenauer im Herbst 1945 einmal anklingen, er hätte sich „so gefreut, mit ihm (= Schliebusch) zusammenarbeiten zu können".[136] Doch dies dahingehend zu interpretieren, als hätte es konkrete Pläne einer Einbindung Schliebuschs in die politische Arbeit Adenauers gegeben, ist Spekulation. Zum einen konnte Adenauer zum damaligen Zeitpunkt selbst nicht ahnen, welche Zukunft ihm noch bevorstand. Zum anderen ist keiner der erwähnten Freunde, guten Bekannten und Helfer Adenauers nach dem Krieg in dessen Dunstkreis aufgestiegen und zu Ehren und Ämtern gekommen; von dem bisweilen zitierten „Kölner Klüngel" nach dem Motto „Mer kennt sich, mer hilft sich". ist hier nichts zu spüren.

Weymar legt Schliebusch die Worte „Wenn man den Nazis ein Schnippchen schlagen kann, bin ich immer dabei", in den Mund.[137] Und auch in dem 1976 inszenierten Fernsehspiel „Die fünf Prüfungen des Oberbürgermeister" des Journalisten Peter von Zahn wird beinahe wörtlich eine ähnlich flache Motivation wiederholt: Es würde Schliebusch „unendliches Vergnügen bereiten, den Nazis einen Strich durch die Rechnung zu machen." Dafür setzt niemand sein Leben und das Schicksal seiner Familie aufs Spiel. Auch die anderen beiden genannten Gründe, Schliebusch wüsste in diesem Falle, anders als bei der Verteidigung von Aachen wenigstens, wofür er sein Leben einsetze, sowie als Gegenleistung für „manchen guten Rat" reicht nicht überzeugend als glaubhafte Begründung für eine solche Hilfeleistung.

Schliebuschs Unterstützung für Adenauer trägt jene Züge militärischer Kameradschaft, die er in der Ausnahmesituation des Ersten

---

135 Ebenda, a.a.O., S. 3

136 Adenauer, Konrad, Briefe 1945-1947 (Dokument Nr. 95), S. 101; Brief an Rosmarie Schulz-Wulkow, Schliebuschs vormalige Sekretärin im OKW.

137 Weymar, Paul, a.a.O. S. 215

Weltkrieges an der Front beinahe täglich selbst erlebt und anderen gegenüber praktiziert hatte. Die militärischen Beurteilungen bestätigen, dass er ein beliebter Kamerad ist. In Schliebuschs Kriegsbeurteilung vom 25. Mai 1943 des Wehrwirtschaftsstabes OKW ist unter der Rubrik „Schwache Seiten“ vermerkt: „Vielleicht etwas zu gutmütig“, was auch bedeutet, dass er sich von Anderen leicht ausnutzten lässt und ausgenutzt werden kann. Mag sein, dass Schliebusch sich geschmeichelt fühlt, dass ein im ganzen Reich bekannter und vormals einflussreicher Mann wie Adenauer, der in der Weimarer Republik zur politischen Elite zählte, ihn um Hilfe bittet. Es ist eine kleine menschliche Eitelkeit. Adenauer hat diese mit ziemlicher Wahrscheinlichkeit erkannt und auch genutzt; doch weder dem einen, noch dem anderen ist deswegen ein Vorwurf zu machen.

Giesen und Schliebusch haben mit Sicherheit über die Rolle Adenauers nach dem Krieg gesprochen. So schreibt Schliebusch nur zehn Tage vor seinem Tode in erstaunlicher Weitsicht, die hellseherische Züge aufweist: „Wir erwarteten von ihm (= Adenauer) noch wertvolle Arbeit, wenn der Krieg mal vorbei“ ist.“[138]

Woher sich allerdings die Hoffnung nährt, dass dieser Mann noch einmal für Deutschland wichtig sein würde, ist nicht klar. Sicher beruht sie auf den herausragenden kommunalen Leistungen Adenauers als Kölner Oberbürgermeister, vor allem in stadtplanerischer Hinsicht, und auf seinem überregionalen Ansehen als Präsident des preußischen Staatsrates. Und auch als Regierungschef war er bereits einmal im Gespräch, als ihn die Zentrumsfraktion im Reichstag am 14. Mai 1926 als Nachfolger des Kölner Zentrumspolitikers Wilhelm Marx [139] zum Reichskanzler vorschlug. Damals hatte Adenauer gerade sein fünfzigstes Lebensjahr vollendet; die Berufung hatte er seinerzeit abgelehnt. Doch die von Schliebusch erwähnte Hoffnung im Jahre 1945, fast zwanzig Jahre später, lässt Adenauers inzwischen erreichtes Lebensalter völlig außer Acht. Betrachtet man die zwanzig Reichskanzler seit Bismarck, so stellt man fest, dass diese, von drei Ausnahmen abgesehen, bei Amtsantritt alle wesentlich jünger waren als Ade-

[138] Schliebusch, Fritz, a.a.O., S. 10

[139] Marx ist mit etwas über drei Jahren der am längsten amtierende Reichskanzler der Weimarer Republik.

nauer gegen Ende des Krieges.[140] Im März 1945 steht Adenauer am Anfang seines 70. Lebensjahres. Die Wahrscheinlichkeit, dass er in einem wie immer gearteten neuen deutschen Staat nach dem Krieg und dem NS-Regime politische Verantwortung übernehmen würde, ist - zumindest statistisch gesehen - daher nicht sehr hoch.

Hätte Schliebusch den Kontakt zu Adenauer in jenen Monaten des Jahres 1944 nur etwas schleifen lassen und dies mit dienstlichen und familiären Notwendigkeiten, die es sicherlich gab, begründet, hätte er mit seiner Familie den Krieg mit großer Wahrscheinlichkeit gesund überlebt. Er hätte die riskante Hilfe für Adenauer mit guten Gründen glaubhaft ablehnen können, und niemand hätte ihm deshalb einen ernsthaften Vorwurf machen können. Vermutlich hätte Adenauer selbst ihm dies nicht übel genommen, denn auch dieser war sich zweifelsohne des hohen Risikos für alle Beteiligten und auch für unbeteiligte Dritte wie seine Familie bewusst. Schliebusch und Adenauer hoffen wie viele andere auf zügigen Vorstoß der alliierten Truppen und damit auf ein schnelles Ende des Krieges, was - wie zuvor dargestellt - nach der Lageentwicklung der letzten Monate keinesfalls eine zu optimistische Annahme ist.

Für Schliebuschs Beweggründe des Widerstandes gelten mit Sicherheit ähnliche Grundsätze wie für Nikolaus Groß vom „Kölner Kreis". Als Prälat Dr. Caspar Schulte (1899-1980), der Männerseelsorger, Groß auf die Verantwortung gegenüber seiner Familie - er hatte sieben Kinder - anspricht, erwidert dieser: „Wenn wir heute nicht unser Leben einsetzen, wie wollen wir dann vor Gott und unserem Volk einmal bestehen".[141]

140 Lebensalter beim (ersten) Amtsantritt: Fürst von Bismarck: 56 Jahre, Graf von Caprivi 59 Jahre, Fürst zu Hohenlohe-Schillingsfürst 75 Jahre, Fürst von Bülow 51 Jahre, von Bethmann-Hollweg 53 Jahre, Michaelis 60 Jahre, Graf von Hertling 74 Jahre, Prinz von Baden 51 Jahre, Ebert 47 Jahre, Haase 55 Jahre, Scheidemann 54 Jahre, Bauer 49 Jahre, Müller 44 Jahre, Fehrenbach 69 Jahre, Wirth 43 Jahre, Stresemann 45 Jahre, Marx 61 Jahre, Luther 46 Jahre, Brüning 47 Jahre und von Papen 53 Jahre. Nur drei von Ihnen Hohenlohe, von Hertling und Fehrenbach sind in Adenauers Alter. Das Durchschnittsalter liegt bei 54,6 Jahren.

141 Siehe: Homepage des Heiligen Stuhls

6. Schliebuschs Weg

Am Südwestrand von Bad Godesberg liegt, eingebettet in einer Talmulde, die idyllisch-beschauliche Gemeinde Lannesdorf (um 1749 noch „Landesdorf") mit der klaren, anheimelnden Fachwerkstruktur vieler alter Häuser. Sie erstreckt sich im Nordosten von der Strommitte des Rheins, die auf einer Länge von 800 m die Gemarkungsgrenze bildet, über die Rheintalebene und die Hänge von Lyngsberg und Langenberg auf die Hochfläche bis zum Haselingsberg bei Pech.

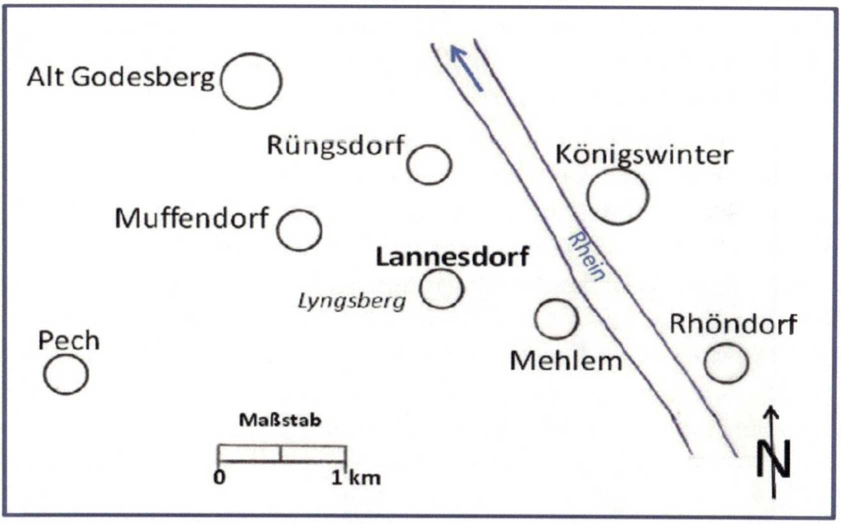

Regino (ca. 840-915), der Abt des Eifelklosters Prüm - etwa 70 km südwestlich von Lannesdorf - berichtet in einer alten Chronik von einem Angriff der Normannen in der Zeit der fränkischen Landnahme in der 2. Hälfte des 9. Jahrhunderts, die - nachdem sie zuvor Köln und Bonn erobert, geplündert und zum Teil niedergebrannt hatten - bis zum Hof eines Frankens namens Landulf vorgedrungen waren.[142] Seit dem Mittelalter zur Gemeinde Mehlem gehörend, wird Lannesdorf 1935 als Ortsteil von Mehlem nach Bad Godesberg eingemeindet und gehört seit 1969 zur Stadt Bonn. Die Region ist seit grauer Vorzeit Durchzugsgebiet vieler Völker und Heere. Römer,

---

142 Siehe: Kirchenführer der Herz-Jesu-Kirche Bad Godesberg-Lannesdorf, S. 7

Normannen, später im 30-jährigen Krieg schwedische und spanische Truppen, danach Franzosen und Preußen. Nach dem Ersten Weltkrieg sind Besatzungstruppen aus Kanada und sogar aus dem fernen Vietnam (damals Annam) im Raum Lannesdorf-Mehlem stationiert. Wahrscheinlich sind die Menschen in dieser Region deshalb Fremden gegenüber weniger feindselig als anderswo. In seinem Drama „Des Teufels General" bezeichnet Carl Zuckmayer den Rhein als „große Völkermühle", als die „Kelter Europas". Was aber nicht bedeutet, dass man grundsätzlich alles Fremde - selbst, wenn es innerhalb der eigenen Reihen aufwächst - willkommen heißt, wie es die Hexenverfolgungen zeigen. Auch eine Hebamme mit dem Namen Corst Schliebusch Griedtgen aus Mehlem ist unter den Opfern und stirbt 1631 auf dem Scheiterhaufen.

Ende des 19. Jahrhunderts zählt das kleine Dorf etwa 900 Seelen. Die Einwohner von Lannesdorf leben lange überwiegend von der Landwirtschaft und dem Weinbau, sowie dem Abbau von Basalt, Quarzit und Ton. Die Gemarkung wird früher durch den heute nahezu ganz durch den Bergbau abgetragenen Lyngsberg im Westen des Ortes geprägt, auf dem Mitte der 1960er Jahre die Siedlung Heiderhof errichtet wird. Die Familie Schliebusch - vormals auch bisweilen „Schlebusch" geschrieben - ist seit über 200 Jahren in Lannesdorf und Umgebung ansässig, was u. a. durch mehrere Inschriften belegt ist: So ist der Name auf einer Kreuzwegstation aus dem Jahre 1704 eingemeißelt. Auf einem Grabkreuz in der Mauer des ehemaligen Pastorats ist zu lesen: „SCHLEBVSCH. ELSGEN. HATTMANNS. SEINE HAVSFRAW", mit der Inschrift „A: 1753. DEN. (8. IANVua?). STARB. CLARA. SCHLIEBVS(CH). GENANNT. MAY. EHELVT. (R.I.P.)", und ein Wegekreuz von 1785 an der Ecke Kirchberg-Lyngsberstraße trägt die Inschrift „ANTON. SCHLIEPEVSCH ANNA. WIRZ."[143] Der Name Schliebusch ist im Raum Lannesdorf und Mehlen häufig anzutreffen. So schreibt eine Chronik, dass im Jahre 1599 der Pächter des Antoniushofes zu Mehlem Weingärten mit einem Niclas Schlebusch tauschte.[144] Im Jahre 1696 sind die Eheleute Peter Kick (+ um 1724) und Elisabeth Schliebusch als Pächter der

143 Ebenda, S. 92, 95 und 98.

144 Müller-Hengstenberg, Herbert, Die Kölner St. Thönnes-Herren in Lannesdorf und Mehlem In: Godesberger Heimatblätter Heft 32 (1994), Verein für Heimatpflege und Heimatgeschichte Bad Godesberg, S. 28

Wattendorfer Mühle, 2,5 km westlich von Lannesdorf, verzeichnet. Im Flurkartenatlas der Commenthurey zu Muffendorf von 1759 taucht der Name Schlebusch sechsmal auf.[145] Ein Henrikus Schliebusch ist z. B. im Jahre 1783 Mitglied in der Matthiasbruderschaft.[146] Insgesamt sind die Schliebuschs in Lannesdorf - wie der es nur unvollständige Stammbaum widerspiegelt - eine weitverzweigte Sippe.

Als Gottfried (genannt „Fritz") Schliebusch am 19. März 1892, einem Samstag, als erstes Kind der Eheleute Wilhelm (1855-1924) und der aus dem benachbarten Friesdorf stammenden Henriette (1860-1936; geb. Feldmann) zur Welt kommt,[147] feiert der beschauliche Ort das tausendjährige Jubiläum seiner ersten urkundlichen Erwähnung. Die Eltern sind überglücklich, als ihnen ein Stammhalter geschenkt wird. Sie wohnen in Lannesdorf Mitte, doch wo genau das Geburtshaus in dem kleinen Lannesdorf steht, ist nicht mehr zu ermitteln. Später ziehen die Eltern nach Godesberg und sind im Jahre 1920 in der Burgstraße 21 gemeldet, wo sie bis zu ihrem Tod wohnen.

Die Großeltern, Johann Peter Schliebusch (1815-1887) und seine Frau Gertrud (1818-1890; geb. Thelen), haben insgesamt acht Kinder, von denen der 1845 geborene Anton bereits als Kleinkind stirbt. Als Johann Peter am 26. Juni 1815 geboren wird, hat Napoleon gerade die Schlacht von Waterloo verloren und ist in Paris nach seiner hunderttägigen Herrschaft zurückgetreten. Das Rheinland und damit auch Lannesdorf fallen an Preußen. In der zweiten Hälfte des 19. Jahrhunderts übt Johann Peter das Amt des Gemeindevorstehers in Lannesdorf aus.

Von 1880 bis 1887 beschäftigt er in seinem Haus den Vikar Heinrich Joseph Esser als „Hauslehrer", weil dieser als Priester wegen der strengen Auflagen während des Kulturkampfes[148] nur heimlich Gottesdienste abhalten kann. Sohn Wilhelm war als sechstes Kind und vierter Sohn zur Welt gekommen. Er wird Musiker und tritt damit in die Fußstapfen seines Onkels Gerhard Schliebusch, der im 19.

---

145 Strack, Herbert Mathias, Ehmans Flurkartenatlas „Besitzungen der Commenthurey zu Muffendorff" von 1759 In: Godesberger Heimatblätter Heft 25 (1987), Verein für Heimatpflege und Heimatgeschichte Bad Godesberg, S. 92

146 Matthiasbruderschaft = Zusammenschluss der Trier-Pilger

147 Geburtenbucheintrag Nr. 81/1892 des Standesamtes Godesberg

148 Auseinandersetzung zwischen dem Deutschen Reich und der römischen Kurie unter Papst Pius IX. um die Stellung der Kirche im Staat.

Jahrhundert mit der Berufsbezeichnung „Musikus“ in einer Chronik geführt wird. Wilhelm spielt neben Klavier und Geige auch mehrere Blasinstrumente und übt nebenamtlich das Amt des Organisten in der Herz-Jesu-Kirche aus; die Orgel hatte die Gemeinde um 1887 der protestantischen Gemeinde zu Oberwinter abgekauft. Die musikalischen Gene sind noch drei Generationen später unter manchen seiner Nachkommen ausgeprägt.

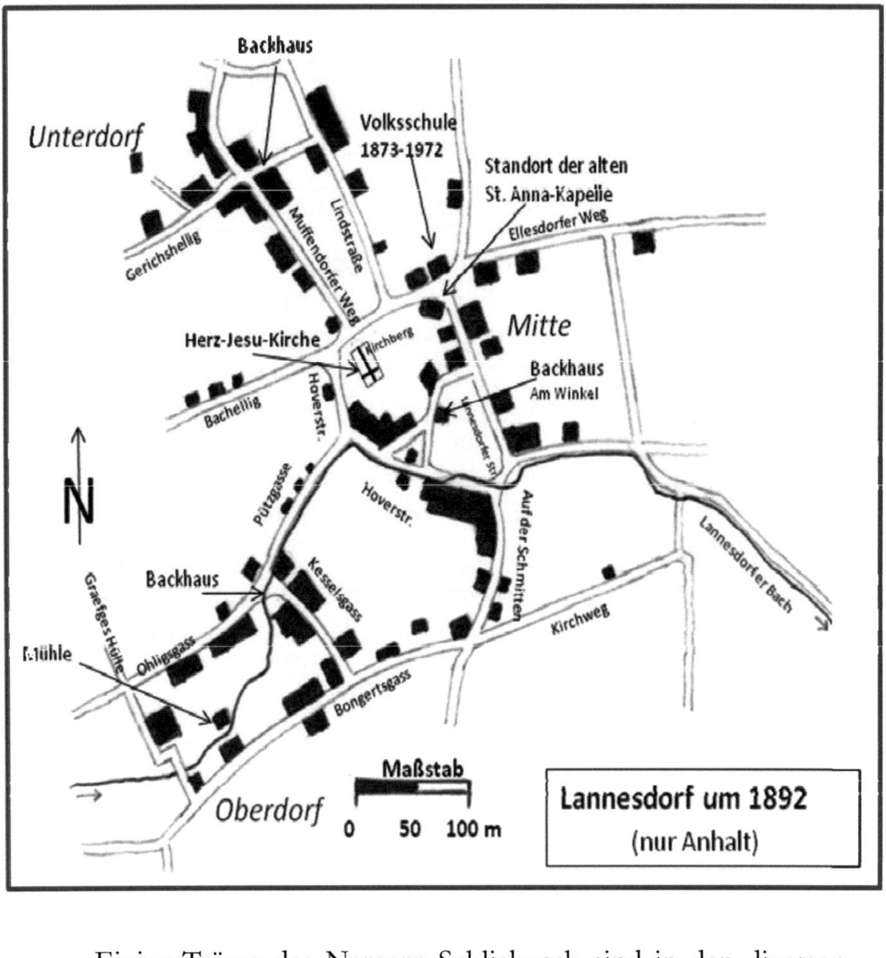

Einige Träger des Namens Schliebusch sind in den diversen Vereinen des Ortes aktiv. Dies hat für die Familie auch einen wirtschaftlichen Vorteil, denn Johann Schliebusch, der ältere Bruder von Wilhelm, betreibt den „Gasthof zum Stern" in der Bahnhofstraße 24 (heute: Drachenburgstraße), der als Vereinslokal genutzt wird. Sein großer Tanzsaal ist oft der Rahmen für das gesellschaftliche Leben im Dorf. So mancher festliche Anlass - Sylvester, Hochzeit, runder Geburtstag und Leichenschmaus - wird hier in fröhlicher, entspannter Runde bei Musik, Tanz und Wein zusammen gefeiert und in Spaß und Freude, aber auch in Würde und Trauer begangen. Ein Liter Bier kostet etwa 26 und ein Liter Wein 50 Pfennige. Überdies ist der „Gasthof zum Stern" seit 1908 zugleich das Vereinslokal des 1877 gegründeten Männergesangsvereins „Cäcilia",[149] dessen Chorleitung Johann Schliebusch übernimmt. Lannesdorf ist, was Entspannung, Vergnügen und Feste seiner Bürger anbetrifft, mit mehreren Gasthäusern am Ort gut ausgestattet.

„Gasthof zum Stern" in Lannesdorf

[149] Nach dem 1854 gegründeten Gesangsverein „Eintracht Lannesdorf" ist es der zweite Gesangsverein. Im Jahre 1925 fusionieren beide Vereine unter dem Namen „Männergesangverein Lannesdorf 1877". Die Leitung übernimmt Barthel Schliebusch.

Nach dem Tod von Johann Schliebusch im Jahre 1920 wird der Gasthof von Jacob Schliebusch, einem Neffen, übernommen. In den 1880er Jahren soll er beim Böllerschießen - möglicherweise aus Anlass des Besuches des Kölner Erzbischofs Dr. Philipp Krementz (1819-1899; 1893 Kardinal) am 4. Juni 1886 - erheblich an den Beinen verletzt worden sein[150] und wird daraufhin zum Invaliden.

Ansichtskarte aus Lannesdorf (mit Blick nach Nordosten zur Ruine der Godesburg)

Mitte der 1920er-Jahre wählt man den Getreide-Großhandelskaufmann Barthel Schliebusch zum Vorsitzenden des Kirchbauvereins, des „Männergesangsvereins Lannesdorf 1877“ und der „St. Hubertus Schützenbruderschaft 1924 e.V. Lannesdorf“. Im Jahre 1923 ist Urban Schliebusch Vorsitzender des Tambour-

150 Kleinpass, Hans, Die Straßennamen der Gemarkung Lannesdorf. In: Godesberger Heimatblätter Heft 14 (1976), Verein für Heimatpflege und Heimatgeschichte Bad Godesberg, S. 55

Sportvereins „Deutschmeister"; allerdings kommen dessen Aktivitäten ab 1936 zum Erliegen, weil die Mitglieder sich weigern, der SA-Standarte Bad Godesberg beizutreten. Sicherlich besucht Fritz Schliebusch als junger Mann bisweilen auch den von Ännchen Schumacher (1860-1935) und ihrer Schwester Gertrud Rieck geführten und weit über die Landesgrenzen hinaus bekannten Gasthof „Zur Lindenwirtin" in Godesberg.

Jacob Schliebusch

Blick von Lannesdorf auf den (heute fast abgetragenen) Lyngsberg (Aufnahme um 1930 - Werner Henk)

Fritz wächst als erstgeborener Sohn in einem streng katholischen, gleichwohl aber liberalen und weltoffenen Elternhaus auf. Seine Großeltern väterlicherseits erlebt er nicht mehr: Großvater Johann Peter stirbt am 29. Juni 1887, drei Tage nach seinem 72. Geburtstag und Großmutter Gertrud mit 71 Jahren am 8. Januar 1890. Die letzten drei Jahrzehnte des deutschen Kaiserreiches sind angebrochen. Vier Jahre bevor Fritz Schliebusch auf die Welt kam, 1888, hatte der junge Wilhelm II. den Thron als Deutscher Kaiser und König von Preußen bestiegen. Fast auf den Tag genau zwei Jahre bevor Schliebusch geboren wurde, am 20. März 1890, war Otto von Bismarck als Reichskanzler und preußischer Ministerpräsident entlassen worden. Für Vater Wilhelm bilden christlicher Glaube und Gewissen die Eckpfeiler väterlichen Handelns, und er gibt diese Grundhaltung mit Werten wie Gerechtigkeit, Verantwortungsbewusstsein, Tapferkeit, Hilfsbereitschaft, Nächstenliebe und Bescheidenheit an seine beiden Kinder weiter. Anders als sein Sohn Fritz und die Enkelsöhne Klaus und Wolfgang gehört Vater Wilhelm wegen seines Geburtsjahrganges zu einer der wenigen Generationen, die nicht als Soldat in einem Krieg kämpfen müssen. Während des Deutsch-Französischen Krieges ist mit fünfzehn Jahren er noch zu jung, um eingezogen zu werden. Mitte der siebziger Jahre leistet er als Einjährig-Freiwilliger den auf ein Jahr verkürzten Wehrdienst und spielt - mit den rotbraunen Ziffern

160 auf den Schulterstücken - in der Militärkapelle des Bonner 9. Rheinischen Infanterieregiments Nr. 160 Posaune und Trompete. Danach gehört er zunächst zur Landwehr des 1. und ab 1888 - von seinem 33. bis zum 39. Lebensjahr - zur Landwehr des 2. Aufgebotes. Als der Erste Weltkrieg ausbricht, steht Wilhelm Schliebusch mit 59 Jahren bereits im letzten Jahr seiner Verpflichtung im Bonner Landsturmbataillon und wird nicht mehr einberufen. Als wenige Monate vor Kriegsende dieser Verband mit zwei weiteren Bataillonen als Landsturm-Infanterie-Regiment 48 aufgestellt wird, ist Wilhelm Schliebusch mit 63 Jahren schon ausgemustert. Wie die meisten Rheinländer steht er dem Preußentum distanziert gegenüber, eine im Rheinland weitverbreitete Haltung, die nicht zuletzt durch die Verfolgung der katholischen Kirche durch Bismarck gefördert wird.

„Dem preußischen Ordnungssinn fügte man sich mit Distanz, manchmal nach außen hin die Anerkennung nicht zugebend. Der Kulturkampf saß dieser Generation von ihren Eltern her tief im Bewußtsein."[151]

Schliebuschs Taufstein

[151] Bornheim, Werner, Der rheinische Phönix Teil 2

Bereits 1868 hatte die Gemeinde beschlossen, die zu klein und vor allem baufällig gewordene Annakapelle, die an der Ecke Kirchberg-Lannesdorfer Straße stand, durch eine neue, größere Kirche zu ersetzen. 1875 wird die Kapelle abgerissen und zur Erinnerung an die Stelle, an der diese stand, 1882 ein Gedenkkreuz errichtet. Die kleine Kirchenglocke wird als Pausenglocke in der 1871 erbauten Volksschule benutzt. Ein Baukommittee aus fünf Lannesdorfer Bürgern, darunter Johann Schliebusch, der ältere Bruder von Wilhelm, wacht über die Verwaltung der Finanzmittel. Das Geld muss ausschließlich aus Spenden aufgebracht werden. Der Tongrubenbesitzer Wilhelm Josef Ott schenkt der Gemeinde den Bauplatz, ein als „Kleegarten" genanntes Grundstück an der Ecke Kirchberg-Hoverstraße. Marianne Walbröhl stiftet 1800 Taler, und der Männergesangverein „Cäcilia" gibt ein Konzert, das 900 Mark einbringt.

Kardinal Fischer zur Firmung in einer seiner Gemeinden

1879 wird die neugotische Herz-Jesu-Pfarrkirche[152] fertiggestellt und ein Jahr später eingeweiht. Kurz nach seiner Geburt wird Fritz Schliebusch von Pfarr-Rektor Kaspar Joseph Hubert Spülbeck (1852-1935) getauft; das alte Taufbecken aus rotem Sandstein existiert noch heute, allerdings nur im Pfarrhof als Dekoration. Lannesdorf gehört lange Zeit als sog. Rektoratspfarrei zur Pfarrgemeinde Mehlem; erst 1898 wird sie selbständig. Die Sakramente der Erstkommunion und der Firmung ihres Sohnes Fritz feiert Familie Schliebusch mit Pfarrer Johann Hermann Lappe (1850-1925); letztere erteilt ihm der Kölner Erzbischof Antonius Kardinal Fischer (1840-1912).

„In der ganzen weiten Erzdiözese Köln gibt es keine noch so kleine Pfarrei, in die Bischof Antonius nicht seinen Fuß gesetzt. ... Die kanonische Visitation der einzelnen Pfarrgemeinden hielt er für eine seiner wichtigsten Amtshandlungen. ... Die Zahl der von ihm Gefirmten beträgt über sechshundert Tausend".[153]

Fritz Schliebusch wird - mit Schiefertafel und Kreidegriffel „bewaffnet" - 1898 in der kleinen Dorfschule[154] in der Ortsmitte von Lannesdorf - Ellesdorfer Weg-Kirchberg - bei Hauptlehrer Josef Ellen in die Werktagschule eingeschult, die 1873 als zweiklassige Schule erbaut worden war.

Die Lage des Schulgebäudes mitten im Dorf, nahe dem Elternhaus, erspart Fritz einen langen Schulweg. Der Unterricht wird an den sechs Wochentagen, d. h. von Montag bis Samstag erteilt. Drei Schulbücher reichen: ein Lesebuch, ein Rechenbuch und der Katechismus. Im Winter dauert der Unterricht von 8 bis 11 Uhr und von 12 bis 14 Uhr. In den Sommermonaten unterrichtet Lehrer Ellen nur

---

[152] Die nur 12 x 5 m große St. Anna-Kapelle wird 1875 abgerissen; an ihrer Stelle steht heute ein Gedenkkreuz. Mit dem Bau der neuen Kirche wird 1871 begonnen. Fast ein Jahrhundert später, 1974, muss diese aber wegen Baufälligkeit abgerissen werden und wird 1977 durch einen Neubau ersetzt.

[153] Schmitz, Johann, Antonius Kardinal Fischer, S. 169 ff.

[154] Das erste Schulhaus wird 1835 am Ellesdorfer Weg gebaut. Nach dem Abriss des 1872 als baufällig erklärten Gebäudes wird 1873 neues Schulhaus eingeweiht. 1887 wird ein weiteres Gebäude errichtet; beide werden erst 1972 abgerissen. Heute befindet sich dort der Supermarkt Mohr und das Gerätehaus der Freiwilligen Feuerwehr Lannesdorf.

vormittags von 7 bis 11 Uhr, weil die meisten Kinder nachmittags bei der Feldarbeit mithelfen müssen.

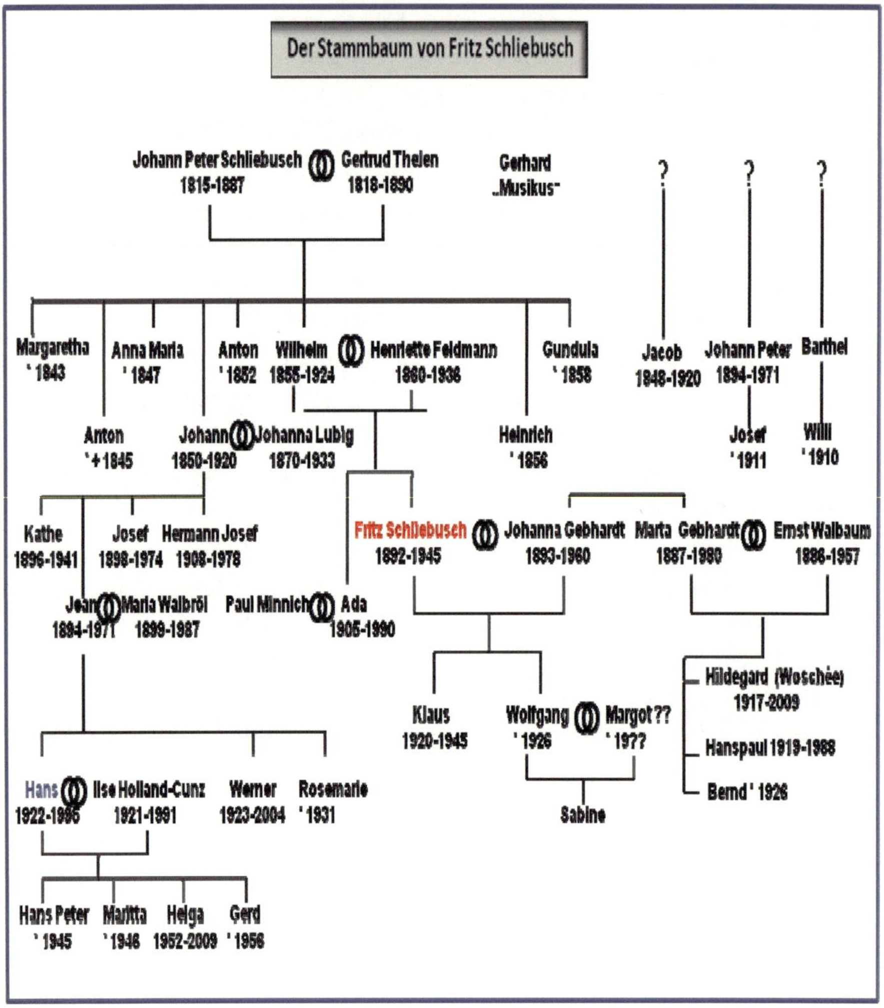

Alte Volksschule in Lannesdorf

Vermutlich im Jahre 1905 wechselt Fritz Schliebusch nach sieben Jahren auf eine weiterführende Schule; auf welche aber, ist nicht mehr zu ermitteln. Grundsätzlich kommen zwei Möglichkeiten dafür in Betracht: entweder besucht er - in seinem alten Schulgebäude in Lannesdorf - die sog. „Feiertagsschule“, an der nur an den Sonn- und Feiertagen unterrichtet wird und schließt diese 1908 nach zehn Schuljahren mit der Obersekunda-Reife, dem sog. „Einjährigen“ (= Mittlere Reife), ab, oder er geht auf das 1871 gegründete „Collegium Hubertinum“[155] nach Bad Godesberg in der Augustastraße Nr. 8. Nach den Schulakten lässt sich Schliebuschs Besuch am Hubertinum jedoch nicht zweifelsfrei nachweisen.

[155] Die Schule wird von Dr. Hermann Josef Winter, dem späteren Godesberger Dechanten, als private höhere Schule für katholische Jungen gegründet. Im Jahre 1920 wird es in Aloisius-Kolleg umbenannt.

Herz-Jesu Pfarrkirche in Lannesdorf (1879-1974)

Im Januar 1905 feiert Vater Wilhelm Schliebusch seinen 50. Geburtstag mit einer großen Feier im „Gasthof zum Stern". Nur wenige Monate später wird eine Tochter (1905-1990; verh. Minnich) als Nachzüglerin und Nesthäkchen geboren und auf den alttestamentarischen Namen Ada getauft. Die Familie freut sich sehr über die gesunde Tochter, denn mit inzwischen 45 Jahren ist die Schwangerschaft von Ehefrau Henriette nicht ohne Risiko.

Der spätere Berufsweg von Sohn Fritz ist durch fünf erzwungene Zäsuren gekennzeichnet, und diese Wechsel weisen eine erstaunliche intellektuelle und musische Bandbreite auf. Der erste Einschnitt erfolgt 1912: Schliebusch feiert in diesem Jahr seinen 20. Geburtstag, und damit beginnt sein „militärpflichtiges Alter".[156] Zwischen dem 15. Januar und dem 1. Februar meldet er sich bei seiner Gemeinde in Lannesdorf und wird in die Rekrutierungsstammrolle eingetragen. Wahrscheinlich hat er von seiner Schule eine Bescheinigung erhalten, die ihm die Befähigung zum wissenschaftlichen Arbeiten attestiert, und die eine der Voraussetzungen für die Ableistung des auf ein Jahr

[156] Jeder Deutsche ist vom vollendeten 17. bis zum vollendeten 45. Lebensjahr wehrpflichtig.

verkürzten, freiwilligen Militärdienstes ist.[157] Diese ist bei der Musterung vorzulegen. Die anderen Hürden sind ein tadelloses Führungszeugnis, der Nachweis, dass seine Familie ohne dessen Hilfe existieren kann, die körperliche und geistige Tauglichkeit und schließlich das wichtige Einverständnis der Eltern, für die Kosten der leihweisen Überlassung der Ausrüstung, sowie für Unterkunft und Verpflegung aufzukommen. Der letzte Punkt stellt mit einem Kostenfaktor von etwa 400-500 Reichsmark eine beträchtliche finanzielle Belastung der Familie dar. Andererseits müsste er, abhängig von der Truppengattung, anstatt eines Jahres zwischen zwei und drei Jahren Wehrdienst leisten. Daraufhin wird Fritz Schliebusch am 1. April 1912 in das 6. Rheinische Infanterieregiment Nr. 68 nach Koblenz einberufen.

Als preußischer Einjährig-Freiwilliger trägt Schliebusch eine in den Landesfarben Schwarz-Weiß gedrehte Kordel, die entlang des äußeren Randes seiner beiden Schulterklappen verläuft. Das 6. Rheinische Infanterie-Regiment Nr. 68 war 1860 im Zuge der von Otto Fürst von Bismarck (1815-1898) und seinem Kriegsminister Albrecht Graf von Roon (1803-1879) forcierten Heeresreform aus dem Landwehr-Infanterie-Regiment Nr. 28 gebildet worden. Seit 1894 liegt das Regiment mit allen drei Bataillonen in Koblenz: Das III. Bataillon wird ab 1902 in der neu errichteten Erbgroßherzog-Friedrich-Kaserne (heute weitgehend zivil bebaut) stationiert und das I. und II. Bataillone in der Spitzberg-Kaserne und in der Feste-Kaiser-Alexander in der Karthause. Schliebuschs Regimentskommandeur ist Oberst Erich von Pochhammer (1860-1914);[158] er hatte den Verband am 27. Januar 1912 übernommen und führt ihn als erster Kriegskommandeur bis zum 27. August 1914.

---

157 Im Falle, dass diese Bescheinigung nicht ausgestellt wird, kann auch eine Prüfung bei einer besonderen Prüfungskommission der zuständigen Wehr-Ersatzbehörde im Musterungsbezirk abgelegt werden; sie gliedert sich in einen sprachlichen (2 Fremdsprachen) und einen wissenschaftlichen Teil.

158 In der Schlacht von Donchery wird er am 26.08.1914 verwundet. Am 19.09.1914 übernimmt er die Führung der 68. Infanteriebrigade, wird zum Generalmajor befördert und fällt am 4.10.1914 bei einem Angriff in den Argonnen als erster deutscher General; er ist auf dem Alten Garnisonsfriedhof in Berlin beigesetzt.

Innenansicht der alten Pfarrkirche in Lannesdorf

In den Augen seiner Vorgesetzten ist Schliebusch zum Offizier geeignet. Daher beginnt für ihn nach der viermonatigen Grundausbildung eine spezielle Weiterbildung, in der er auf die vielfältigen Aufgaben als militärischer Führer vorbereitet wird. Bei seinen Kameraden ist Schliebusch wegen seiner Hilfsbereitschaft und wegen seines Klavierspiels beliebt; mit letzterem verschönt er so manch feuchtfröhliche Kompaniefeier. Am Ende seines Dienstjahres meldet er sich zur Offiziersprüfung und scheidet nach diesem Dienstjahr am 31. März 1913 als Vize-Unteroffizier der Reserve aus. Nachdem der Kommandeur seine Zustimmung zum Reserveoffizieranwärter Schliebusch erteilt hat, stimmt auch das Offizierkorps des Regiments der Auswahl zu. Danach wird der Vorschlag an das Wehrbezirkskommando weitergeleitet, das die Personalunterlagen der Reservisten führt.

Die beiden je achtwöchigen Wehrübungen, die danach zu einer Beförderung zum Leutnant der Reserve notwendig gewesen wären, leistet er nicht, da er nach seiner Militärzeit das Königlich Preußische Lehrerseminar[159] in Siegburg unterhalb des Abteiberges besucht.

[159] 1876 als katholisches Lehrerseminar in den Räumen der Häuser Kaiserstraße 45-47 eingerichtet. Engelbert Humperdinck komponiert zu diesem Anlass das Lied „Schulmeister-Preis". 1888 erfolgt der Umzug in die Humperdinck-Straße; das

Schliebusch muss sich auf das neue Berufsziel konzentrieren und kann daher diese sechzehn Wochen nicht von seiner Vorbereitung abzweigen. Die Lehrerseminare dienen der Ausbildung der Lehrkräfte für den Elementarbereich. Bis 1919 reicht die Obersekunda-Reife als Bildungsvoraussetzung, erst danach wird das Abitur vorgeschrieben. Vermutlich hat Schliebusch die zweijährige Lehrerausbildung wegen des Krieges nicht abschließen können. Beliebte Abwechslung der Seminaristen während ihrer Freizeit bietet die 1905 eröffnete Gaststätte der Familie Xaver Henroset „Zur neuen Heide“;[160] sie sind dort neben den Soldaten der Bonner Regimenter die besten Kunden. Nach Abschluss der Ausbildung arbeitet Schliebusch für kurze Zeit als Volksschullehrer, als die politische Entwicklung in Europa seine Berufspläne durchkreuzt. Der Kriegsbeginn 1914 bildet die zweite Zäsur.

Im Juni 1914 lädt der Junggesellenverein Freundschaftbund Lannesdorf, dem auch Fritz Schliebusch mit seinen 22 Jahren angehört, zur alljährlichen Kirmes und Erdbeer-Bowle ein. Neben einem großen Konzert mit dem Humoristen Peter Moll bildet wie jedes Jahr der Festball den Höhepunkt der Feiern. Niemand ahnt, dass das Tanzvergnügen am 23. Juni im Gasthaus „Zur Traube“ in der Lannesdorfer Straße Nr. 10 das letzte für lange Kriegsjahre sein wird. Fünf Wochen danach, am 31. Juli um 18.00 Uhr, trifft der Mobilmachungsbefehl in der Festung Koblenz ein. Gefeiert und beklatscht von vielen Dorfbewohnern, die am Straßenrand stehen und aus den Fenstern schauen, marschiert Fritz Schliebusch mit einigen seiner Kameraden durch die Bahnhofstraße[161] zum Bahnhof Mehlem. Per Bahn geht es nach Koblenz. Dort meldet sich Schliebusch wie tausende Andere bei ihren Stammtruppenteilen und tritt am 3. August 1914, dem zweiten Mobilmachungstag, mit 22 Jahren wieder in sein altes Infanterieregiment in der Erbgroßherzog-Friedrich Kaserne in Koblenz ein, das noch immer unter dem Kommando von Oberst Pochhammer steht.

Gebäude beherbergt heute u. a. ein Abendgymnasium, eine Musikschule und die Volkshochschule.

160 An der Kreuzung der Straße von Beuel nach Siegburg und der Straße von Menden nach Niederpleis (heutige Kreuzung der B 56 mit der L143).

161 Später: Königswinterer - und heute Drachenburgstraße.

Oberst Erich von Pochhammer

Im Eisenbahntransport verlegen die drei Abteilungen des Regiments mit einer Kriegsstärke von 63 Offizieren und 3.006 Mann in Alarmquartiere in den Raum um Trier an die luxemburgische Grenze. Dem Regiment obliegt der Schutz des Aufmarsches des VIII. Armee-Korps.[162] Bei schwül-warmem Sommerwetter marschieren die Einheiten zu Fuß im Rahmen der Kolonnen der 16. Infanterie-Division[163] in den Raum der luxemburgischen Orte Hesperingen-Alzingen und beginnen dort mit Schanzarbeiten. Noch gibt es keine Kampfhandlungen, und so vergehen die Tage mit Unterricht, Exerzieren und Stellungsausbau, sowie Alarm- und kleinen Gefechtsübungen. Mitte August ist der Aufmarsch abgeschlossen. Am 19. August verlegt das Regiment als Vorhut der 30. Infanterie-Brigade wiederum im Fußmarsch nach Norden und überschreitet bei Longvilly die belgische Grenze; die Marschleistung liegt bei 30 km pro Tag. Am 23. August 1914 erhält das Regiment im südbelgischen Raum Neufchateau - Donchery seine Feuertaufe und muss drei Tage später seine ersten

162 Kommandierender General von August bis Oktober 1914 ist Generalleutnant Erich Tülff von Tschepe und Weidenbach (1854-1934); ihm folgt Generalleutnant Julius Friedrich Riemann (1855-1935), der das Korps bis Dezember 1916 führt.

163 Mit: 30. InfBrig (Koblenz), 31. InfBrig (Trier), 16. KavBrig (Trier) und 16. FeldArtBrig (Trier). Divisionskommandeur von Februar 1914 bis August 1916 ist Generalleutnant Georg Fuchs (1856-1939).

Gefallenen auf dem Friedhof von Bièvre beisetzen.[164] „Soweit die Zivilbevölkerung von Bièvre nachweislich am Kampf teilgenommen hatte, wurde sie standrechtlich erschossen", vermerkt die Regimentschronik lapidar. Schliebusch lernt zunächst als Vize-Unteroffizier der Reserve auf der unteren Führungsebene alle Facetten des infanteristischen Kampfes kennen: er muss sich bei Patrouillen und Spähtrupp-Unternehmen ebenso bewähren wie bei der Rückeroberung besetzter Grabenabschnitte oder im Nahkampf mit Bajonett und Spaten. Er überwacht den Bau von Schützengräben, Unterständen und Drahthindernissen. Später ab 1917 leitet er die Ausbildung an neuen Waffen wie dem leichten MG 08/15 oder dem leichten Minenwerfer. Mit der Einführung solcher neuer Waffen müssen mitunter auch andere, der Technik angepasste Truppengliederungen - wie z. B. der „leichte MG-Trupp"[165] - geschaffen und die darauf abgestimmte Taktik gefunden werden.

Am 16. August 1914 hatte Preußen die Aufstellung von fünf neuen Armee-Korps beschlossen. Da der Name Schliebusch weder in der Chronik noch in der umfangreichen Stellenbesetzungsliste des IR 68[166] erwähnt wird, ist davon auszugehen, dass er von seinem Stammregiment, den 68ern, zu einem dieser neuen Reserve-Truppenteile versetzt wird.

„Am 28. Dezember wurden dem Regiment 215 Ersatzmannschaften aus Neuformationen überwiesen. An ihrer Stelle hatte es ebenso viele fronterfahrene Leute, unter denen sich auch ein bestimmter Hundertsatz von Inhabern des Eisernen Kreuzes befinden mußte, zur Bildung eines kriegserfahrenen Stammes bei den Neuformationen abzugeben. Diese Abgabe war für die Kompanien, die in den letzten Kämpfen bereits viele ihrer Besten verloren hatten, außerordentlich schmerzlich".[167]

Wahrscheinlich wird er zum Reserve-Infanterie-Regiment Nr. 235 versetzt, das im Oktober 1914 auf dem Truppenübungsplatz

---

164 Pafferath, Fritz, Geschichte des 6. Rheinischen Infanterie-Regiments Nr. 68, S. 22 ff.

165 Dieser besteht aus einem Offizier, einem Waffen-Unteroffizier, 3 Unteroffizieren als Gewehrführern, 12 Schützen und einem Waffenmeistergehilfen. Siehe: Fritz Pafferath, a.a.O., S. 494

166 Pafferath, Fritz, a.a.O., S. 801-848

167 Pafferath, Fritz, a.a.O., S. 103

Ohrdruf unter der Führung von Oberst von Gilsa[168] aus Ersatztruppenteilen des IR Nr. 28 (RgtStab, sowie I. und II. Btl) und des IR Nr. 160 (III. Btl) aufgestellt worden war. Schliebuschs neues Regiment 235 gehört zur 51. Reserve Division,[169] die wiederum als ein Großverband des XXVI. Reserve-Korps unter dem Kommando des Generals der Infanterie Otto Freiherr von Hügel (1853-1928) steht.

General der Infanterie Otto von Hügel

Schliebuschs neue Division befindet sich während des gesamten Krieges ausschließlich an der Westfront im Einsatz. Seit Oktober 1914 kämpft sie in Flandern im Raum um Ypern.[170] Nachdem die verlustreichen Versuche, Langemark zu erstürmen, ohne Erfolg bleiben, geht die Division an der Yser, dem Küstenfluss, der das belgische vom französischen Flandern trennt, zum Stellungskrieg über. Nachdem der Schlieffen-Plan, die Umfassung des linken Flügels der

---

168 Oberst von Gilsa fällt bereits am 22.10.1914 bei Poelcapelle; sein Nachfolger wird Major von Mengersen.

169 Die 51.Reserve-Division besteht aus den vier Reserve-Infanterie-Regimentern (Rgt) 233, 234, 235 und, 236; dem Res.Jäg.Batl.23, der Res.Kavallerie-Abteilung 51, dem Res. Feldartillerie-Regt 51 (mit drei Abteilungen; Feldkanonen 7,7cm und 10,5 cm), drei leichten Munitionskolonnen, der Res. Pionier-Kompanie 51, dem Res. Brückentrain 51 und der Res. Sanitäts-Kompanie 51.

170 In der Nachbardivision, der 52. Reserve-Infanterie-Division, dient Heinrich Lübke, der spätere Bundespräsident.

französischen Kräfte durch das neutrale Belgien, gescheitert ist, versucht die Oberste Heeresleitung nun, wenigstens einen Teil der alliierten Truppen durch einen Vorstoß zwischen Lille und der Kanalküste einschließen zu können. Schliebuschs Regiment gehört zu den Verbänden, die immer wieder versuchen, unter extrem hohen Verlusten die Verteidigungslinie der Entente zu durchbrechen. Sorgenvoll bangen Wilhelm und Henriette Schliebusch um das Leben ihres einzigen Sohnes. Diese erste Flandern-Schlacht dauert bis April 1915; erst am 22. April gelingt es, das heftig umkämpfte Bollwerk Langemark zu nehmen. Die Verluste durch schwerstes Artilleriefeuer sind auf beiden Seiten furchtbar, „ganze Kompanien werden buchstäblich niedergemäht“, schreibt eine Chronik. Als Führer eines Infanteriezuges steht Schliebusch in vorderster Front, muss seinen Soldaten ein Vorbild sein. Tod und Leid sind tägliche Begleiter. Ein Soldat beschreibt die unerbittliche Härte des Kampfes:

„Und schon prasselt es uns entgegen. Das Kochen des Maschinengewehr- und Infanteriefeuers. Das Heulen der Granaten um und über uns. Das Krachen und Bersten der Einschläge. … Und hinsinken, hinsinken sieht man sie im Vorwärtsstürmen. Die einen fallen lautlos, die anderen mit einem Aufschrei. Das ‘Hurra’ ist denn auch bald verstummt, erstickt im Eisenhagel. Hingemäht sind die Reihen. Was noch lebt, versucht sprungweise vorzukommen. Unsere Artillerie setzt ein. Ein Krachen in den Bäumen neben uns. …’Artillerie schießt zu kurz!’ Schrecklich gellt dieser Ruf über das Schlachtfeld. Die nächste Salve - - dasselbe - ‘Artillerie schießt zu kurz!’ Langgezogen gellt es durch das Getöse. Markerschütternd. ‘Vor!’ brüllt einer. Wir springen auf, und, soweit es geht, vor. … Noch pfeift es in allen Tonarten um mich. Ich lege mir also meinen Tornister als Kugelfang vor den Kopf und buddele mich etwas ein. Neben mir stöhnt einer - ‘Kann ich dir helfen, Kamerad?’ ‘Mir ist die ganze Seite aufgerissen - ich schieß mich tot -!’ Die andern um mich her liegen stumm und bewegen sich nicht mehr. ... Das Feuer lässt nach. … Inzwischen ist es Nacht geworden. Ich komme zu einem Haus, an der Straße, wo vorhin unsere Granaten einschlugen. Da bringen, tragen und schleppen sie sie an. Und drinnen liegen sie, einer dicht neben dem andern, mit Notverbänden. Bewusstlose und Tote. Ein trübes Kerzenlicht in einer Ecke. Und immer noch mehr werden gebracht. Der Sturm ist im Blut erstickt.[171]

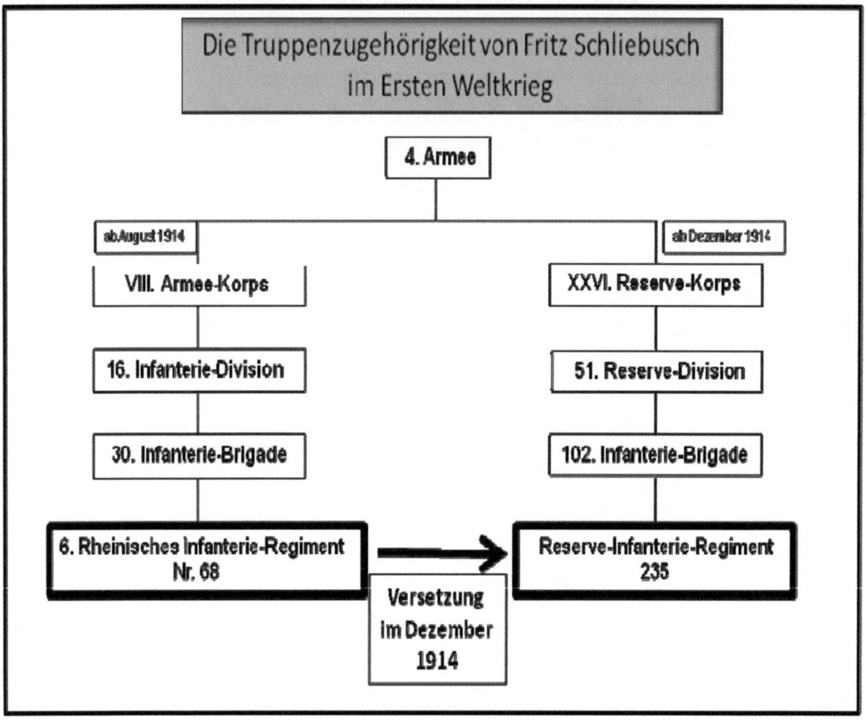

Bisweilen müssen Verwundete über Stunden im granatendurchpflügten Trichterfeld vor den Stellungen liegenbleiben, weil sie erst nach Einbruch der Dunkelheit geborgen werden können.[172] Die Toten - oft nicht mehr zu identifizieren - können manchmal erst Wochen später in Kampfpausen gesammelt und dann beigesetzt werden. Im April 1915 beginnt die zweite Ypern-Schlacht, bei der von den deutschen Truppen erstmals Gas eingesetzt wird. Auf der anderen, der gegnerischen Seite liegen die 45. französische und die 1. kanadi-

171 Dreysse, Wilhelm, Langemarck 1914, S. 62 ff. Der Kriegsfreiwillige Wilhelm Dreysse diente in der 9.Kompanie des Res.Inf.Regt.235.

172 Pafferath, Fritz, a.a.O., S. 312

sche Division. In einer Gefechtspause besucht der Kölner Erzbischof Felix Kardinal von Hartmann (1851-1919) im April die Division.[173]

Schliebusch erhält während seiner Jahre zwischen 1914 und 1919 an der Front wahrscheinlich drei bis viermal Heimaturlaub, d. h. einmal im Jahr. Der Soldat wartet in der Regel zwölf Monate auf diese Gelegenheit, sehnt sie herbei, um der unwirklichen Welt des Kampfes und Todes wenigstens für ein paar Tage zu entrinnen, um abschalten und Kraft tanken zu können. Doch es gelingt nur selten. Er kehrt zwar in seine heimische zivile Welt zu Eltern und Freunden nach Lannesdorf zurück, aber sie ist ihm ebenso fremd geworden, wie seiner Familie die seine. Es sind zwei Parallelwelten, bei denen die eine die andere unwirklich findet. Dabei sind beide - betrachtet man seine Heimatstadt und die Front im Westen - geographisch nur etwa 200-300 km voneinander entfernt. Ob Schliebusch in dieser kurzen Zeit abschalten kann, erscheint fraglich: oft denkt er, während er beim Frühstück sitzt oder mit Freunden plaudert, an seine Kameraden, die sich zur selben Zeit auf einen Angriff vorbereiten oder Deckung vor stundenlangem Vorbereitungsfeuer der Artillerie suchen. Hinzukommt, dass über jedem Urlaub ein Hauch von Abschied schwebt: da Schliebusch insgesamt viermal verwundet wird, wissen weder er noch seine Familie, ob es „ein nächstes Mal", d. h. einen nächsten Heimaturlaub geben wird.

Bis Ende August 1916 bleibt Schliebusch mit seinem Regiment in Flandern. Zwischenzeitlich - am 22. Dezember 1915 - zum Vize-Feldwebel und bereits am 27. Januar 1916 zum Leutnant der Reserve befördert, steigt mit jeder Stufe seine Verantwortung. Führte er als Vize-Feldwebel noch einen Zug von 30 bis 40 Soldaten, so übernimmt er in der zweiten Hälfte des Krieges als Leutnant bereits eine Infanteriekompanie von ca. 61 bis 100 Mann. Durch die hohen Verluste sind die Truppenteile ausgeblutet, und die Kopfstärke der Einheiten kann durch Neuzugänge[174] nicht mehr ausgeglichen wer-

---

173 Pafferath, Fritz, a.a.O., S. 234

174 Die neuen Soldaten werden zunächst in einem „Feldrekruten-Depot", einer Ausbildungseinrichtung auf Divisionsebene im rückwärtigen Bereich direkt hinter der Front, mit abgestelltem Personal der Regimenter vier Wochen lang auf die Anforderungen des Fronteinsatzes vorbereitet und erst danach auf die Regimenter verteilt.

den. Auch die Führerdichte nimmt ab. Reserveoffiziere wie Schliebusch bilden inzwischen das Rückgrat der Armee.

Generalleutnant William (Wilhelm) Balck

Da nach drei Kriegsjahren in den Regimentern nur noch wenige Berufsoffiziere überlebt haben, werden die Kompanien und Bataillone ab 1917 von Reserveoffizieren, den „Kriegsleutnants", geführt.[175]

Anfang September 1916 wird Schliebuschs Division nach Süden an den Somme-Abschnitt bei Combles-Morval geworfen, um die Großoffensive der Alliierten zu stoppen. Zuvor war sein Divisionskommandeur, Generalleutnant William (Wilhelm) Balck (1858-1924), zur Erkundung dort gewesen und berichtet nach Rückkehr seinen Offizieren:

„Bei dem Verwesungsgeruch der seit Wochen nicht bestatteten Leichen ist überall große Nachfrage nach Tabak; auch daran wird von der Division gedacht werden, für den Kampf selbst kann ich Ihnen nur empfehlen: Zusammenwirken mit den Nachbarn und der eigenen Artillerie. Bricht der Feind irgendwo ein, so gehen sie ihm

175 Siehe: Pafferath, Fritz, a.a.O., S. 497 und Dreysse, Wilhelm, a.a.O., S. 111

sofort mit der blanken Waffe entgegen; er hält nicht stand. Ein neues Kampfmittel ist bei den Engländern aufgetreten: Panzerwagen, die Schutz gegen Infanteriegeschosse gewähren. Die Wagen können Hindernisse überwinden; wir müssen versuchen, diese Ungetüme durch Artilleriefeuer zu erledigen. Über Mittag flaute das feindliche Artilleriefeuer etwas ab. Nur die eigensinnige englische >dicke Berta<, ein 38 cm - Geschütz, warf mit unheimlicher Ausdauer und Pünktlichkeit alle 4-5 Minuten ihre derben Grüße in unser Dorf. Schon seit Tagen, alle 4 - 5 Minuten, Tag und Nacht. Der Boden erzitterte unter der furchtbaren Wucht der Einschläge dieser Riesengeschosse. Mit höllischem Krachen schoß eine riesenhafte schwarze Staub- und Rauchwolke gegen den Himmel, gefolgt von dem Prasseln und Klirren stürzenden Mauerwerks. In unserem Stollen erlosch das Licht, die Nägel in den Wänden lockerten sich, Mützen, Mäntel, Waffen, alles flog durcheinander. Es war klar, daß auch unser 7 m tiefer Stollen der vernichtenden Kraft dieser Granaten nicht hätte widerstehen können. … Das feindliche Feuer hatte hier in der kurzen Zeit schon furchtbar gehaust. Der halbverschüttete Graben lag voller Toter. Die angstvollen Schreie Verstümmelter und das entsetzliche Röcheln Sterbender begleiteten mich auf der mühsamen Suche nach dem einzig überlebenden Kompanieführer, jetzt auch noch stellvertretenden Führer des Bataillons“.[176]

In der zweiten Septemberhälfte beginnt die Schlacht an der Somme. Danach wird Schliebuschs Regiment im Rahmen der 51. Reserve-Division in die Champagne verlegt und verbleibt dort in Stellungen bis Mai 1917. Die wechselnden Einsätze des Regiments 235 in der Folgezeit bis zum Kriegsende sind in der obenstehenden Tabelle skizziert. An Härte und Opfer verlangen die letzten 18 Kriegsmonate ebenso viel ab wie die 33 harten Monate zuvor. Am 19. November 1918 tritt Schliebusch von Lüttich aus den langen Rückmarsch in die Heimat an. Am 1. Februar 1919 kehrt er - ausgezeichnet mit dem Eisernen Kreuz I. Klasse[177] und dem Verwundetenabzeichen in Sil-

---

176 „instahlgewittern.com“ - Generalleutnant W. Balck

177 Das Eiserne Kreuz wird am 5. August 1914 durch Kaiser Wilhelm II. zum dritten Mal nach 1813 und 1870 gestiftet. Nur etwa 220.000 von insgesamt ca. 13 Millionen deutschen Soldaten erhalten das EK I (= 1,7 %); so werden z. B. vom Bonner IR Nr. 160 nur 119 Soldaten damit ausgezeichnet.

ber[178] - aus dem Krieg zurück. Er ist inzwischen 27 Jahre alt, verlässt endgültig das Elternhaus und wechselt das Metier. In seinen erlernten, wenngleich nicht abgeschlossenen Beruf als Lehrer kehrt er nicht mehr zurück; möglicherweise deshalb, weil inzwischen als Bildungsvoraussetzung für die Lehrerausbildung im Elementarbereich das Abitur verlangt wird, vielleicht aber auch, weil er den Beruf wirtschaftlich nicht mehr attraktiv findet. So erhält ein verheirateter Hauptlehrer der Besoldungsgruppe VIII (vergleichbar einem Inspektor) im Jahre 1923 ein Monatsgehalt von 235,- RM.[179]

Gefechtsverlauf der 51. Reserve-Division
Mai 1917 - November 1918
(Auszug)

1917	
Mai	Doppelschlacht Aisne - Champagne
August-Oktober	Abwehrschlacht bei Verdun, dann Stellungskämpfe
1918	
bis März	Stellungskämpfe in der Champagne
April-Mai	„Große Schlacht in Frankreich" (Frühjahrsoffensive)
Mai	Reserve der OHL
	Erstürmung der Höhen des Chemin des Dames
Juni	Schlacht bei Soissons & Reims
	Angriff westlich und südwestlich von Soissons
Juli	Stellungskämpfe zwischen Oise, Aisne & Marne
	Letzte Angriffsoperationen an der Marne & in der Champagne
	Abwehrschlacht zwischen Soissons & Reims
August	Reserve der 7.Armee
September	Stellungskämpfe bei Reims
Oktober	Abwehrschlacht in der Champagne & an der Maas
	Kämpfe an der Schelde (sog. „Hermannstellung")
	Kämpfe an der Aisne (sog. „Hundingstellung")
	Abwehrschlacht an der Aisne
November	Rückzugskämpfe vor der Antwerpen-Maas-Stellung
11.11.	Waffenstillstand 12.00 Uhr
19.11.	Beginn des Rückmarsches in die Heimat

Fritz Schliebusch zieht in die nahe Metropole Köln, und taucht dort nach dem Grauen des Krieges in eine völlig andere Welt

---

178 Das Verwundetenabzeichen (ein Stahlhelm mit gekreuzten Schwertern) wird in drei Stufen verliehen: Schwarz (für ein- und zweimalige), Silber (für drei und viermalige) und Gold (ab der fünften Verwundung).

179 Besoldungsgesetz vom 15.07.1905 (siehe: Pies, Eike, Löhne und Preise von 1300 bis 2000, S. 92

ein - eine, die er seit seiner Kindheit kennt und liebt - die der Musik. Begabung und Zuneigung zu ihr hatte er von seinem Vater, den er sehr verehrt, geerbt. Von ihm hatte er seinen ersten Klavierunterricht bekommen, und so ist es kaum verwunderlich, wenn er auch beruflich den väterlichen Spuren folgen möchte. Der Vater fördert den Berufswunsch seines einzigen Sohnes. Zwischen 1919 und 1921 studiert dieser an dem 1845 als „Rheinische Musikschule" gegründeten (von Professor Hermann Abendroth (1883-1956)[180] und von Professoren geleiteten „Conservatorium der Musik in Coeln" an der Wolfstraße 3 - 5; er möchte seinen Traum verwirklichen und hofft auf eine Solo-Karriere als Konzertpianist.

Prof. Hermann Abendroth

Mitten im Krieg, 1915, war Hermann Abendroth die Leitung des Conservatoriums übertragen worden. Von welchem der insgesamt vierzehn Klavierlehrer,[181] die während der Studienzeit von Schlie-

---

[180] Abendroth wird 1915 Leiter des Konservatoriums und ist von 1915 bis 1934 Leiter des Gürzenich-Orchesters. Dieses zählt im Konzert wie im Opernbereich zu den führenden Orchestern Deutschlands. Sein Name verweist auf den Gürzenich, Kölns historisch-repräsentatives Ballhaus, wo die Konzerte von 1857 an stattfinden. Zahlreiche bedeutende Werke werden vom Kölner Traditionsorchester uraufgeführt, so zum Beispiel Brahms Doppelkonzert, Mahlers 5. Sinfonie oder Strauss' „Till Eulenspiegel".

[181] Peter Dahm (1903-1940), Paul Flasche (1903-1932), Friedrich Schmidting (1903-1936), Franz Michalek (1906-1924), Lazzaro Uzielli (1906-1924), Lonny Epstein

busch dieses Fach unterrichten, Fritz Schliebusch unterrichtet wird, ist nicht mehr zu ermitteln. Zu seinen Kommilitonen zählen u. a. Herbert Eimert (1897-1972), der von 1915 bis 1923 in Köln studiert und später Konzertpianist wird und der Österreicher Karl Hermann Pillney (1896-1980), der bereits 1915 mit dem Studium in Köln beginnt, dieses 1923 abschließt und später in Köln die Meisterklasse für Klavier unterrichtet.

Das Kölner Conservatorium um 1920

(1912-1925), Fritz Hans Rehbold (1912-1925), Meinberg-Krause (1912-1925), Meta Förster (1914-1925), Arnold Kroegel (1883-1923), Ernst Heuser (1888-1923), Hermann Josef Möskes (1898-1923), Hedwig Meyer (1904-1924) und Hede von Lukowitz-Toepel (1918-1925). Die Jahreszahl bedeutet die Dauer der jeweiligen Lehrtätigkeit. Angaben nach: Capitaine, Dietmar von, a.a.O.

Doch nach zwei Jahren, 1921, bricht Schliebusch das Musikstudium ab. Die Gründe sind nicht bekannt. Vielleicht hatte er erkannt, dass er das Ziel einer Solokarriere trotz seiner Begabung und seines Fleißes nicht erreichen wird. Er ist kein Wunderkind wie Clara Schumann (1819-1896) oder die zehn Jahre ältere Elly Ney (1882-1968), die bereits mit zehn Jahren die Aufnahmeprüfung am Kölner Konservatorium besteht, ab 1906 für zwei Jahre Lehrerin der Kölner Meisterklasse wird und im selben Jahr mit nur 24 Jahren ihre Laufbahn auf den Konzertbühnen der Welt beginnt. Schliebusch hingegen ist, als er das Musikstudium aufnimmt, bereits siebenundzwanzig Jahre alt, und ihm fehlen vor allem die mehr als vier Übungsjahre während des Krieges.[182] Vielleicht mangelt es auch am letzten Quentchen Begabung und Nervenstärke, um zu einem großen Pianisten aufzusteigen. Möglich ist aber auch, dass er das Studium, wie viele seiner Kommilitonen, nicht mehr finanzieren kann. Die Inflation bringt Lehrer und Schüler, aber auch das Conservatorium selbst, das als Privatunternehmen fungiert, in beträchtliche Turbulenzen. Das seit der Jahrhundertwende mühsam erreichte Gleichgewicht zwischen den Einnahmen aus Schulgeld und Sponsorenzuwendungen und Ausgaben für Lehrergehälter und Schulbetrieb gerät außer Kontrolle.[183] 1919/1920 werden die Lehrergehälter um 50 % angehoben. Zwar übernimmt die Stadt Köln einen Teil dieser Kosten, doch auch die Studiengebühren steigen an. Reihenweise verlassen die Studenten das Conservatorium; ihre Zahl sinkt innerhalb von drei Jahren beträchtlich: sind es 1920 noch 1.117 Studenten, so werden 1923, zwei Jahre nach dem Ausscheiden Schliebuschs, nur noch 970 gezählt - ein Schwund um etwa 15 %.[184] Ein weiterer Grund ist die Blockade der französischen Truppen um die Rheinmetropole, die sich besonders

[182] Nur wenige setzen - wie der Pianist Paul Wittgenstein (1887-1961), der im Ersten Weltkrieg seinen rechten Arm verliert und der amerikanische Jazz-Pianist Horace Parlan (* 1931), dessen rechte Hand durch eine Krankheit verkrüppelt ist - ihre Musiklaufbahn trotz Behinderung fort. Der Pianist und Komponist Walter Braunfels (1882-1954) wird 1915 als Soldat verwundet und 1925 durch Oberbürgermeister Adenauer zum Gründungsdirektor der Staatlichen Hochschule für Musik in Köln berufen, jedoch 1933 seines Amtes enthoben.

[183] Siehe auch: Lindlahr, Prof. Heinrich, Historie der Rheinischen Musikschule

[184] Capitaine, Dietmar von, Conservatorium der Musik zu Cöln, S. 76

negativ auf die Fahrschüler auswirkt,[185] weil ihnen der Zugang zur Musikschule versperrt bleibt.

Da jedoch neben Klavier auch Chorgesang, Formenlehre, Gehörbildung, Musiktheorie, Musikgeschichte und Kompositionslehre auf dem Lehrplan stehen, bekommt Schliebusch eine solide musiktheoretische Basis vermittelt. Und so steht er nach seinem Studium zwar hin und wieder als Kapellmeister am Dirigentenpult, doch hinterlässt „in der Kölner Musikgeschichte keinerlei Spuren ..., weder im Zusammenhang mit der Gürzenich-Orchestergeschichte noch am Rande der allgemeinen Kölner Musikszene“.[186] Musik besitzt danach zwar immer noch einen hohen Stellenwert, aber nur noch in Form von Hausmusik und als Besucher von Konzerten wie die des Pianisten Eduard Erdmann (1896-1958), der von 1925 bis 1935 Klavier an der Musikhochschule in Köln unterrichtet oder Otto Klemperer (1885-1973), des Kapellmeisters und späteren Generalmusikdirektors der Kölner Oper.

So endet zwar Schliebuschs Musikerkarriere, aber zugleich lernt er in Köln die attraktive, blonde, ein Jahr jüngere Johanna („Hanna“) Gebhardt kennen und lieben. Am 31. Januar 1920[187] führt Fritz Schliebusch sie in St. Pantaleon,[188] einer der ältesten romanischen Kirchen Kölns, zum Altar. Monsignore Matthias Lentzen (1854-1936)[189] traut das Paar. Bald wird klar, dass der junge Familienvater seine Frau und seinen Sohn Klaus,[190] der fast zwei Jahre später,

---

185 Ebenda

186 So der Brühler Musikhistoriker Karlheinz Weber am 14.07.10 an den Autor. Der Name Schliebusch taucht auch nicht in der Reihe der „Rheinischen Musiker" auf, deren 10 Folgen in der Reihe der „ Beiträge zur rheinischen Musikgeschichte" erschienen sind.

187 Dieses Hochzeitsdatum wurde von Wolfgang Schliebusch, dem Sohn, genannt. Eine Überprüfung des Kirchenbuchverzeichnis des Erzbistums Köln (KBN 318) durch Archivoberrat i. K. Prof. Dr. Dr. Reimund Haas vom Historischen Archiv des Erzbistums Köln „ergab allerdings unter dem 31.01.1920 keinen Heiratseintrag und im überschaubaren Umfeld konnte auch der Name Schliebusch nicht ermittelt werden“. (Nachricht an den Autor vom 27.07.2011)

188 Sie ist heiligen Pantaleon (Allerbarmer) der als Arzt um 300 in Byzanz den Märtyrertod starb. Am 1. Januar 1922 wird die ehemalige Garnisonskirche katholische Pfarrkirche.

189 Im Jahre 1877 zum Priester geweiht, ist er von 1907 bis 1934 Pfarrer der Gemeinde St. Pantaleon.

190 Der zweite Sohn Wolfgang kommt 1926 zur Welt.

am 11. November 1921, zu Welt kommt, in der politisch und wirtschaftlich schwierigen Nachkriegszeit mit Musik und Musizieren nicht ernähren kann. Schwer liegen die Lasten des verlorenen Krieges auf der Bevölkerung. Im Zuge der Arbeitslosigkeit fallen die Löhne ins Bodenlose: Kostet ein Liter Milch Ende Juli bereits 3.600,- Reichsmark(RM), so steigt er bis zum 28. August 1923 auf 280.000,- RM. Im November 1923 klettert der Kurs des Dollars zur Reichsmark auf die astronomische Summe von 1: 4.200.000.000.000 (4,2 Billionen). Im November 1923 wird die Papiermark durch die Rentenmark abgelöst. Die Menschen kämpfen ums Überleben, da bleibt für Musik, Unterhaltung und Feiern wenig Raum, zumal die finanziellen Rücklagen durch die Inflation schnell aufgebraucht sind. Möglicherweise ist der Wechsel auch darin begründet, dass Vater Wilhelm, der am 2. Juni 1924 stirbt und wenige Tage später von Pfarrer Jacob Braun (1869-1940), der Familie und einer großen Trauergemeinde auf dem Lannesdorfer Friedhof zur letzten Ruhe begleitet wird , ihn nicht mehr unterstützen kann.

Und so wechselt Fritz Schliebusch ins journalistische Metier und beginnt zu schreiben. Sein Hauptarbeitsgebiet sind nicht - wie man annehmen möchte - Musik-, Kunst- und Kulturthemen, sondern Artikel über volkswirtschaftliche Fragen, deren Schwerpunkt auf Wirtschaftsformen der mittleren und kleinen Unternehmen liegt. Bisweilen reist er für seine Recherchen per Bahn quer durch Deutschland, so im Dezember 1927 nach München und Nürnberg.

Aus Anlass der internationalen Presseausstellung „Pressa“ auf dem Messegelände in Köln[191] erscheint im April 1928 sein kleines Buch „Die deutsche Eisenbahn im Spiegel ihrer Zeit. Vornehmlich der Literatur und Presse“,[192] das er als Auftragsarbeit des Leiters der Pressestelle der Reichsbahndirektion Köln, Reichsbahnoberrat Schmedding schreibt. Schliebusch erläutert den Lesern zunächst die

[191] Die Messe mit 1.500 Ausstellern aus 43 Ländern wird am 12. Mai 1928 durch Oberbürgermeister Adenauer eröffnet und bleibt bis zum 14. Oktober geöffnet. Ziel dieser ersten Ausstellung, die sich dem modernen Rundfunk- und Zeitungswesen widmet, ist die Förderung der kulturellen und wirtschaftlichen Bedeutung dieser Kommunikationstechnik. Etwa 5 Millionen Menschen besuchen die Pressa.

[192] Aus Anlass der internationalen Presseausstellung; Verlag J. G. Schmitz - 143 Seiten.

nicht auf den ersten Blick sichtbare Verbindung zwischen der Eisenbahn und der Presse und Literatur.

Buchumschlag von Fritz Schliebusch

„Der Zweck der vorliegenden Schrift sollte sein, an Beispielen aufzuzeigen, in welcher Weise die deutschen Eisenbahnen seit ihrer Entstehung Männer der Feder zum Schaffen angeregt haben, ja, wie sie selbst zum Gegenstand der Dichtung >literaturfähig< geworden ist. … Der Leser sollte die deutsche Eisenbahn, die heute das Adern- und Nervensystem des gewaltigen modernen Verkehrs darstellt und uns Heutigen als selbstverständliche und nicht zu entbehrende Notwendigkeit bewußt ist, sozusagen von ihrem ersten Pulsschlag her kennen lernen, der die Blutbahn zu füllen begann“.[193]

Auf knappen 140 Seiten stellt Schliebusch in einer sehr anschaulichen, farbigen und ausdrucksstarken Sprache mit humorvollen Einschüben die Literaturgeschichte der Anfänge des deutschen Eisenbahnwesens dar. Der Stil beweist, dass Schliebusch auch im Feuilleton seiner Zeitung gut aufgehoben gewesen wäre. Von 1931 bis 1933 arbeitet er hauptberuflich als freier Journalist u. a. für die überregionale „Kölnische Zeitung“,[194] die als „liberal-konservativ“ gilt und zur Verlagsgruppe DuMont Schauberg gehört. Lange versteht sich die Zeitung als Sprachrohr gegen den Nationalsozialismus, bis auch sie dem politischen Druck erliegt. Bisweilen trifft sich Schliebusch in einem der Kaffeehäuser des Konditors Eisenmenger am Wallraffplatz und in der Breite Straße mit Kollegen, Bekannten und Informanten. Auch das 1924 vom Kölner Architekten Wilhelm Riphahn (1889-1963) erbaute Feinschmecker-Restaurant Bastei am linken Rheinufer mit Rundumblick auf den Strom ist häufiger, weil attraktiver optischer und kulinarischer Treffpunkt. Köln bietet in jenen Jahren zwischen den beiden Weltkriegen eine Fülle an großen und kleinen Freizeit- und Unterhaltungsmöglichkeiten. Am 28. Februar 1927 zieht erstmals wieder seit 1914 ein Rosenmontagszug durch Köln. Und der Kölner Komponist Willi Ostermann (1876-1936) schreibt eine Vielzahl von Melodien und Texten populärer und oft melancholischer Lieder, darunter die 1936, kurz vor seinem Tod entstandene Liebeserklärung an die Stadt am Rhein, die bis heute eine Art heimliche Stadthymne geblieben ist:

---

193 Schliebusch, Fritz, Die deutsche Eisenbahn im Spiegel ihrer Zeit, S. 3 f.

194 Quelle: Landesarchiv Nordrhein Westfalen - Fragebogen zu Fritz Schliebusch in der Entnazifizierungsakte seiner Ehefrau Johanna Schliebusch - Signatur NW 1049 Nr. 50370).

„Wenn ich su an ming Heimat denke, un sin d'r Dom su vör mir ston, mööch ich direk op Heim an schwenke, ich mööch zo Foß no Kölle gon."

Es ist bezeichnend für die NS-Diktatur, dass dieses Lied im Krieg wegen möglicher wehrkraftzersetzender Tendenzen verboten wird. Am 11. Juli 1925 wird die erste Rolltreppe Deutschlands im Kölner Kaufhaus Tietz installiert, und am 24. Oktober 1929 gibt der dreizehnjährige Geigenvirtuose Yehudi Menuhin (1916-1999) ein viel umjubeltes Konzert in der Deutzer Messehalle. 1931 wird in nur fünfmonatiger Bauzeit mit dem UFA-Palast am Hohenzollernring eines der spektakulärsten Bauwerke jener Zeit in Köln errichtet, das mit 3.000 Sitzplätzen das größte Kino in Westdeutschland ist. Die traditionsreiche Heimatbühne der Familie Millowitsch unter Peter Wilhelm Millowitsch (1880-1945) zieht am 16. Oktober 1936 in den ehemaligen Colonia-Festsaal in der Aachener Straße Nr. 5. In dieser Zeit arbeitet Schliebusch vermutlich auch mit dem fünf Jahre jüngeren Schriftsteller Otto Brües (1897-1967) aus Krefeld zusammen, der - Kriegsveteran und Infanterist wie er - seit 1922 Redakteur beim Feuilleton der Kölnischen Zeitung ist.[195]

Schliebusch trifft Adenauer, den ersten Mann Kölns, in diesen Jahren wiederholt bei verschiedenen Anlässen, so z. B. am 2. Oktober 1930, als Adenauer gemeinsam mit dem US-Industriellen Henry Ford (1863-1947) den Grundstein für ein Autowerk der Ford Motor Company (FMC) im Norden Kölns legt.

Doch es bleiben nur oberflächliche und unpersönliche Begegnungen, denn Adenauers Verhältnis zur Presse ist distanziert; der Oberbürgermeister ist bekannt dafür, dass er persönlichen Umgang mit Journalisten meidet. Adenauer erwähnt in keiner seiner schriftlichen Aufzeichnungen, dass er Schliebusch bereits aus seiner aktiven Zeit als Oberbürgermeister kennt oder mit ihm gesprochen hätte. Auch seitens Schliebusch gibt es keine Aufzeichnungen, die belegen, dass er in jenen Jahren z. B. ein Interview mit dem Kölner Oberbürgermeister geführt hätte.

---

195 In seinen 1967 erschienenen Lebenserinnerungen „und immer sang die Lerche" wird Fritz Schliebusch allerdings nicht erwähnt.

Otto Brües

Am 20. April 1932 nimmt Schliebusch an der Bischofsweihe des neuernannten Kölner Weihbischofs Dr. Wilhelm Stockums (1877-1956)[196] im Hohen Dom durch Kardinal Karl Joseph Schulte teil. Ende 1932 sucht die Handwerkskammer zu Köln händeringend einen Syndikus, denn die bisherige Leitung ist wegen Unterschlagungen großen Ausmaßes vor Gericht gestellt und zu mehrjährigen Haftstrafen verurteilt worden.[197] Schliebusch kandidiert für dieses Amt, denn er arbeitet bereits seit einiger Zeit zusätzlich als wissenschaftlicher Mitarbeiter der Kammer. Zwar stehen die Chancen für ihn als Nicht-Parteimitglied nicht sonderlich gut, doch er wird überraschend gewählt, denn in der Handwerkerorganisation gibt es anfangs nur wenige Nazis. Wenige Wochen zuvor war Hitler an die Macht gekommen. Im Rheinland wird die NSDAP zwar von Wahl zu Wahl

---

196 Der zweite Weihbischof ist Dr. Joseph Hammels (1868-1944), der dieses Amt bereits seit 1924 innehat.

197 Die im Jahre 2000 von Dr. Werner Kind herausgegebene Festschrift „100 Jahre Handwerkskammer zu Köln“ bestätigt diese Feststellung von Schliebusch auf Seite 65: „Der Präsident, der Vize-Präsident, der Aufsichtsratsvorsitzende der Wirtschaftsstelle und der Geschäftsführer beider Institutionen wurden wegen Veruntreuung von Vermögen der Kammer und der Wirtschaftsstelle im Februar 1936 rechtskräftig zu Freiheits- und Geldstrafen verurteilt“. Auf Seite 69 wird der Wechsel an der Spitze der Kammer wie folgt ergänzt: „Mit der vorläufigen Kammerleitung war nach Ablösung Peter Welters der Vizepräsident Gustav Pesch beauftragt worden. Die kommissarische Geschäftsführung übernahm der dienstälteste wissenschaftliche Mitarbeiter Dr. Schiedrum anstelle des suspendierten Syndikus Dr. Engels“.

stärker, aber sie erzielt in den einzelnen Wahlkreisen wenn nicht das schlechteste so doch zumindest ein weit unter dem Durchschnitt liegendes Ergebnis - gemessen an jenen 43,9 % im Reichsdurchschnitt. So kommt sie bei der Wahl vom 5. März 1933 im Wahlkreis Köln-Aachen auf nur 30,1 % der Stimmen und liegt damit hinter der Zentrumspartei, die 35,9 % erreicht.

Johanna Schliebusch mit ihrer Mutter Katharina Gebhardt und den beiden Söhnen Klaus (l.) und Wolfgang(r.) in den 1930er Jahren.

Mit der gewonnenen Wahl an die Spitze der Handwerkskammer beginnt ein neuer Lebensabschnitt für Schliebusch und seine Familie. Nach dem Desaster an der Spitze der Kammer tritt er in seinem Amtssitz in der Kölner Machabäerstraße 34 intern ein schweres Erbe an, und auch in den Außenbeziehungen weht ein kalter Wind, denn die Parteileitung der Kölner NSDAP. nimmt das Ergebnis nur zähneknirschend zur Kenntnis. Der Satz in seiner Antrittsrede, dass seine Wahl ein Zeichen dafür ist, dass in der Handwerkskammer „nach wie vor Handwerks- und nicht Parteipolitik“ betrieben werde, ist Programm und Kampfansage zugleich. Schliebusch glaubt, dies besonders herausstellen zu müssen, weil in den letzten Jahren nach seiner Beobachtung „in den meisten Fällen nur solche Handwerker zu den Nazis gegangen waren, die wirtschaftlich in ernsten Schwierigkeiten standen und die den politischen Gesinnungswechsel hauptsächlich als Mittel zum Zweck ansahen, sich aus der wirtschaftlichen Misere durch Teilnahme an der erwarteten >Macht< zu lösen".[198]

Handwerkskammer zu Köln in der Machabäerstraße 34
1908-1944

[198] Schliebusch, Fritz, a.a.O., S. 1.

Der „Westdeutsche Beobachter", das 1925 gegründete Kölner Parteiblatt der NSDAP, das ab September 1930 täglich erscheint, wettert gegen den neuen „Ersten Handwerker Kölns"; dessen Chefredakteur ist bis 1931 Josef Grohé, der spätere Gauleiter der Rheinmetropole. Der junge Gauwirtschaftsberater im Gau Köln-Aachen, Dr. Karl Georg Schmidt (1904-1940),[199] legt Schliebusch nahe, in die Partei einzutreten, um weiteren Schaden abzuwenden, doch dieser lehnt kategorisch ab. Er möchte sich „unter gar keinen Umständen … dem oft gehörten und begründeten Vorwurf aussetzen", er hätte sich das „Parteiabzeichen aus dem Grunde angesteckt, um einen Posten zu erhalten". Die Begründung scheint zu wirken, denn als die Liste der Parteimitglieder geschlossen wird, ist Schliebusch nicht darauf verzeichnet. Umso größer aber ist sein Erstaunen, als ihm die Gauleitung am 1. Mai 1933 zu seiner Aufnahme in die NSDAP gratuliert. Der Bescheid „sei endgültig", teilt man ihm lapidar mit. Auch in anderen Bereichen übt die Kölner Parteileitung massiven Druck aus. So schreibt Brües, der Kölner Gauleiter Grohé habe gedroht, Zeitungen zu verbieten, wenn nicht ein Drittel der Redakteure in die Partei einträte.[200] Die Festschrift zum 100-jährigen Bestehen der Handwerkskammer zu Köln schildert die Wahl wie folgt: „Zum Geschäftsführer war schon in der Vollversammlung am 12. April 1933 der bisherige wissenschaftliche Mitarbeiter Fritz Schliebusch gewählt und im Namen des preußischen Ministers für Wirtschaft und Arbeit gemäß § 103 o Satz 2 der Gewerbeordnung am 14.7.1933 durch den Regierungsrat Knopp von der Kölner Bezirksregierung vereidigt worden. Dieser Vorgang ist insofern bemerkenswert, als Schliebusch den Diensteid auf die Reichsverfassung, die durch das Ermächtigungsgesetz vom 24. März 1933 weitgehend suspendiert worden war, und die preußische Verfassung leistete. … ."[201]

---

[199] Später wird Dr. Schmidt, der schon mit 19 Jahren der NSDAP beigetreten war, neben seinem Amt als Gauwirtschaftsberater noch Leiter der gesamten DAF-Organisation, Präsident der Rheinischen Arbeitskammer und Syndikus der Kölner Industrie- und Handelskammer und Oberbürgermeister von Köln - eine kaum zu übertreffende Machtfülle.

[200] Brües, Otto, … und immer sang die Lerche, S. 193

[201] Kind, Werner, 100 Jahre Handwerkskammer zu Köln (Festschrift), S. 71 f. Reichspräsident Ebert erlässt am 14. August 1919 die Verordnung über die Vereidigung der öffentlichen Beamten. Da Köln zum preußischen Staatsgebiet gehört, schwört Schliebusch auch auf die Verfassung des Freistaates Preußen; deren Artikel

Auf die Umstände seiner Entlassung vom Posten des Syndikus der Handwerkskammer im Jahre 1937 geht die Chronik erstaunlicherweise nicht näher ein. Zwar ist ein eigenes Kapitel der Zeit der „Gleichschaltung“ der Kammer im Dritten Reich gewidmet, doch die führende Rolle Schliebuschs in diesem Kampf wird mit keinem Wort erwähnt, im Gegenteil: Die Kammer widmet ihrem früheren Syndikus Jahre später nur wenige, zum Teil fehlerhafte Zeilen und stellt vor allem den Wechsel zur Wehrmacht andeutungsweise als Ausdruck seiner vermeintlichen Nähe zum Regime dar, auch wenn der Hinweis auf den Widerstand im Nachsatz dies zu relativieren sucht: „Fritz Schliebusch bekleidete das Amt bis 1937. Er wechselte in das Reichsluftfahrtministerium und gehörte danach dem Oberkommando der Wehrmacht als Major an. Obwohl diese Karriere auf eine politisch konforme Einstellung zum Zeitgeist schließen lässt, scheint er doch auf der Seite des Widerstandes gestanden zu haben. Sein Name erscheint in den Erinnerungen des Bundeskanzlers Dr. Konrad Adenauer, der ihn als zuverlässigen Informanten während des Krieges erwähnt (1945-1953, S. 17). Dr. Adenauer berichtet in einem Brief an den Kammerpräsidenten Bernhard Günther 1945 von den Bemühungen Schliebuschs, ihn gegen Ende des Krieges aus der Haft zu befreien, selber aber dann in die Fänge der Gestapo geraten und in der Haft verstorben sei“.[202]

Nachfolger Schliebuschs an der Spitze der Kammer wird Dr. Albert Kreiner (1892-1958), der das Amt bis 1957 ausübt.

78 vom 30.11.1920 lautet: „Jeder Staatsbeamte hat einen Eid dahin zu leisten, daß er das ihm übertragene Amt unparteiisch nach bestem Wissen und Können verwalten und die Verfassung gewissenhaft beobachten wolle“.

[202] Ebenda, S. 71 f.

Gauleiter Josef Grohé

In dieser Zeit gibt es nicht wenige Bürger, die fest davon überzeugt sind, der braune Spuk würde sich so schnell wieder verflüchtigen wie er gekommen war. Schliebusch ist zwar skeptisch, und Hitler, die NSDAP und ihre braunen Funktionäre sind ihm zutiefst suspekt. Doch auch er hofft, „den heftig schleudernden Wagen wieder ins Gleis zu bringen", wenn sich „anständige Männer mit dem Gewicht ihrer Persönlichkeit und ihrer Arbeitsleistung in die Speichen werfen". Auch Adenauer unterschätzt die Nazis, hält sie nur für „Großmäuler". Die Reden der Parteifunktionäre schrecken Schliebusch nicht, „weil sie für den gesunden Menschenverstand oft das Absurdeste darstellten, was sich denken ließ".[203] Schnell müsste sich doch - so glaubt auch Schliebusch - die Unfähigkeit Hitlers, der nur mit bellender Rhetorik, aber ohne jegliche schulische und berufliche Qualifikation die Geschicke eines Staates lenken zu können meint, für alle als offenkundig erweisen. Anfangs ist er noch wie viele andere optimistisch und sich sicher, steuernd auf die braunen Auswüchse einwirken zu können und möchte diese im Bereich des Handwerksrechts beeinflussen. Schliebusch ist überzeugt, dass sich die braune Wühlarbeit mit Hilfe moderater Kräfte im Reichswirtschaftsministerium wie dem Reichswirtschaftsminister Dr. Hjalmar Schacht (1877-1970) und Ministerialdirektor Dr. Erich Wienbeck (1876-1949),[204]

203 Schliebusch, Fritz, a.a.O., S. 1

204 Wienbeck wird 1938 in den einstweiligen und 1942 in den endgültigen Ruhestand versetzt.

dem langjährigen Syndikus der Handwerkskammer Hannover und Infanterieleutnant der Reserve wie Schliebusch, als Leiter des Handwerksreferates, zumindest eindämmen ließe. Doch die nationalsozialistischen Metastasen wuchern schneller als befürchtet. Zug um Zug werden auf der einen Seite Parteigenossen in die Spitzenämter gehievt und auf der anderen Gegner ausgeschaltet und mundtot gemacht: Dr. Karl Georg Schmidt wechselt vom Stuhl des Gauwirtschaftsberaters auf den des Kölner Oberbürgermeisters. Vorgänger Dr. Günter Riesen (1892-1951), der das Amt seit der Ablösung Adenauers geführt hatte, ein „erwiesener Nichtskönner und Scharlatan" - so Schliebusch - wird abgelöst.[205] Nachfolger Schmidts wird Richard Schaller (1903-1972), von Beruf Handlager bei Maurerarbeiten, der vormals die kommunistischen Jugendorganisationen im Rheinland leitete und dann ins rechte Lager gewechselt war.

Fritz Schliebusch

Zu den Außenbeziehungen der Kammer gehört auch die Kontaktpflege zur „Katholischen Arbeiterbewegung" (KAB), deren Verbandsleitung ihren Sitz im nahegelegenen Kettelerhaus in der Innenstadt hat. Die KAB wird von Prälat Dr. Otto Müller geführt. 1906

205 Adenauer hingegen bezeichnet ihn als einen „korrekten und vernünftigen Mann".(siehe: Schwarz, Hans-Peter, a.a.O., S. 397)

wurde er Diözesanpräses und 1917 Verbandspräses der KAB. Verbandssekretär ist Berhard Letterhaus (1894-1944), der Sohn eines selbständigen Schusters aus Wuppertal-Barmen, und Nikolaus Groß (1898-1945), Zentrumsmitglied und seit 1927 mit 29 Jahren Chefredakteur der „Westdeutschen Arbeiterzeitung“, ist Hauptschriftleiter.[206]

Mit der Ernennung Hitlers zum Reichskanzler am 30. Januar 1933 formiert sich im Kölner Raum ein Widerstand, der in erster Linie gegen die Zerstörung der christlichen Gewerkschaften und der katholischen Arbeiter- und Gesellenvereine durch die NSDAP gerichtet ist. Er wird vom sog. „Kölner Kreis“ getragen. Fünf der hier abgebildeten neun Männer überleben den Krieg und das NS-Regime nicht.

---

206 Nikolaus Groß wird am 7. Oktober 2001 von Papst Johannes Paul II. seliggesprochen.

Auf Seiten der Handwerker wird dieser Kampf von Schliebusch als Chef der Handwerkskammer geführt. Da die Gemeinsamkeiten zwischen beiden Organisationen sowohl in personeller als auch programmatischer Hinsicht groß sind, kann mit Sicherheit davon ausgegangen werden, dass - zumindest zwischen 1933 und 1937, d. h. in dem Zeitraum, in dem Schliebusch in der Handwerkskammer Verantwortung trägt - eine enge Zusammenarbeit und damit auch persönliche Begegnung stattfindet: Beide Einrichtungen sind katholisch orientiert und haben ein ähnliches Ziel. Die geographische Entfernung zwischen dem Sitz der Handwerkskammer und dem Kettelerhaus in Köln beträgt nur etwa einen Kilometer, was sicherlich den Kontakt begünstigt. Letterhaus, neben Dr. Müller und Groß der führende Kopf des Kölner Kreises, steht wie Schliebusch von 1914 bis 1918 als Soldat an der Front. Ebenfalls wie Schliebusch wird er 1940 wieder Soldat und nimmt - nur zwei Jahre jünger als dieser - 1940 als Leutnant am Frankreich- und 1941 als Oberleutnant am Russlandfeldzug teil. 1942 wird er - ebenfalls wie Schliebusch - ins Oberkommando der Wehrmacht, allerdings zur Abwehr, versetzt. Als Presseoffizier in der Gruppe V der Auslandsabteilung der Abwehr von Admiral Canaris ist Hauptmann Letterhaus für die Auswertung der ausländischen Presseberichte über den Kriegsverlauf zuständig. Damit gehört er - wiederum wie Schliebusch - zu den Kreisen, die über die wahre Kriegslage bestens informiert sind. Ob sich Schliebusch und Letterhaus während ihrer gemeinsamen Zeit in Berlin getroffen haben, ist nicht belegt,[207] aber - wie bereits skizziert - möglich. Ebenso wie Schliebusch in der Zeit zwischen 1940 und 1944 als Klammer und Verbindungsmann zwischen Berlin und Bonn fungiert, nimmt Letterhaus die gleiche Funktion zwischen Berlin und Köln wahr und gibt sein Wissen dort an Freunde und Bekannte weiter. Im Zuge des 20. Julis verhaftet und vor die Schnelljustiz in Freislers Volksgerichtshof gestellt, wird auch er - wie Schliebusch - aus der Wehrmacht ausgestoßen. Im November 1944 wird Letterhaus in Plötzensee gehängt.

---

[207] Letterhaus arbeitet bis 1943 in Berlin am Tirpitzufer (heute Reichpietschufer) südlich des Tiergartens und Schliebusch im OKW in Wünsdorf bei Zossen, ca. 30 km südlich von Berlin; erst 1943 wird die Abwehr zum OKW in das Militärareal von Zossen verlegt.

Auch der katholische Priester Dr. phil. Carl Klinkhammer (1903-1997)[208] zählt zu den Gegnern von Nationalsozialismus und Kommunismus. Zunächst arbeitet er als Kaplan in Düsseldorf und ab 1933 in der Gemeinde St. Mechtern in Köln-Ehrenfeld. Als erster katholischer Geistlicher wird er in „Schutzhaft" genommen: die Gestapo verhaftet ihn am 21. April 1933 in der Kirche vor den Augen seiner Kommunionkinder. Ob Schliebusch ihn kennt, und ob sie in der gemeinsamen Zeit in Köln miteinander in Kontakt stehen, ist nicht bekannt. Ein weiterer Gegner des Regimes ist der Chef der Kölner Stadtverwaltung Adenauer. Mit Abscheu verfolgt Schliebusch die Kampagne gegen den von ihm geschätzten und seines Amtes enthobenen Oberbürgermeister. Mit dem „Kölner Kreis" steht Adenauer jedoch nicht in Verbindung, da er die Stadt bereits verlassen muss bevor sich diese Gruppe formiert.

Im Herbst 1933 gönnt sich Schliebusch eine kurze „Auszeit": Der Papst hatte vom 2. April 1933 bis zum 2. April 1934 ein sog. „Außerordentliches Heiliges Jahr" ausgerufen. Über die „Diözesanpilgerstelle" in der Steinfelder Gasse in Köln bucht er eine zehntägige Wallfahrt nach Rom. Neben dem Besuch der sieben Hauptkirchen Roms ist die Generalaudienz auf dem Petersplatz mit Papst Pius XI. der Höhepunkt der Pilgerreise. Wenige Wochen zuvor, am 20. Juli, war in Rom das Konkordat zwischen dem Heiligen Stuhl und der deutschen Reichsregierung unter Hitler unterzeichnet worden. Schliebusch hofft zwar auf eine Normalisierung, das heißt ein Ende der versteckten und offenen Unterdrückung der Kirche, aber er bleibt skeptisch. Die Signale sind zu diffus: Auf der einen Seite steht Alfred Rosenbergs christentumfeindliches Buch „Der Mythos des 20. Jahrhunderts" und auf der anderen die Regierungserklärung Hitlers vom 23. März 1933, in der dieser das Christentum das „unerschütterliche Fundament des sittlichen und moralischen Lebens unseres Volkes" nennt. Doch kaum sind die Unterschriften von Kardinalstaatssekretär

208 Nachdem sein Pfarrer der Gestapo verspricht, jede öffentliche Betätigung Klinkhammers zu verbieten, wird der Kaplan freigelassen, später jedoch noch mehrfach verhaftet. 1934 entfernt ihn die Kölner Kirchenleitung aus dem Amt. Ähnlich wie Schliebusch rettet ihn 1941 die Einberufung zur Wehrmacht - als Sanitätssoldat der 24. Infanteriedivision, die bis 1945 in Russland kämpft - vor weiterer Verfolgung durch die Gestapo. 1975 erhält er von Papst Paul VI. den Titel „Ehrenkaplan Seiner Heiligkeit".

Eugenio Pacelli (1876-1958) und Vizekanzler Franz von Papen (1879-1969) unter dem Konkordat getrocknet, zerbricht die vordergründige Harmonie. Mit Blick auf Hitler zweifelt Schliebusch an den Grundsätzen und Aussagen, die der Apostels Paulus in einem seiner Römer-Briefe aufgestellt hatte:

> „Jeder leiste den Trägern der staatlichen Gewalt den schuldigen Gehorsam. Denn es gibt keine staatliche Gewalt, die nicht von Gott stammt; jede ist von Gott eingesetzt. Wer sich daher der staatlichen Gewalt widersetzt, stellt sich gegen die Ordnung Gottes, und wer sich ihm entgegenstellt, wird dem Gericht verfallen".[209]

Hitlers Gewaltherrschaft soll von Gott gewollt, sanktioniert sein? Was bedeuten die Paulus-Worte für ihn? Wie verbindlich sind sie? Wie soll er sich verhalten? Orientierung in der Amtskirche zu diesen Fragen findet er kaum. Zwar hatten die Bischöfe der Kölner Kirchenprovinz in ihrer im „Kölner Kirchlichen Anzeiger" am 5. März 1931 veröffentlichten „Stellungnahme zur nationalsozialistischen Bewegung" vor den weltanschaulichen Irrtümern der NS-Lehre gewarnt und sich von deren Rassenlehre distanziert. Und in der Pastoralanweisung („Pastorale Winke betreffend Stellung zum Nationalsozialismus") des Breslauer Erzbischofs Adolf Kardinal Bertram (1859-1945)[210] vom 14. Februar 1931 war den Priestern die Mitarbeit in der nationalsozialistischen Bewegung und die Teilnahme von NS-Gruppen in Uniform in der Kirche untersagt worden. Doch nach Hitlers Amtsantritt werden die Worte milder und die öffentliche Kritik von der Kanzel vorsichtiger. So beteuern die Bischöfe der Fuldaer Bischofskonferenz in ihrer Pastoralanweisung vom 28./29. März 1933, dass es für katholische Christen zum „gegenwärtigen Zeitpunkte keiner besonderen Mahnung zur Treue gegenüber der rechtmäßigen Obrigkeit und zur gewissenhaften Erfüllung der staatsbürgerlichen Pflichten" bedarf. Hier klingt wieder das Paulus-Wort durch. Erst später finden die deutschen Bischöfe zu einer weitgehend einheitlichen Haltung gegen Hitler. Schliebuschs eigener Oberhirte, der

---

209 Paulus, Römerbrief 13 (1-2)

210 1914 wird er als Nachfolger von Georg Kardinal von Kopp (1937-1914) Fürstbischof von Breslau, 1916 von Papst Benedikt XV. „in pectore" und 1919 zum Kardinal erhoben. Von 1919 bis 1945 ist er Vorsitzender der Fuldaer Bischofskonferenz. Die Diözese Breslau wird 1930 Erzbistum; ihr zugeordnet sind die Bistümer Berlin und Ermland, sowie die Freie Prälatur Schneidemühl.

Kölner Kardinal Schulte, ein bedächtiger Sauerländer, ist - anders als der Münsteraner Bischof Clemens August Graf Galen (1876-1946) - ein Mann leiser, behutsamer Töne, der mit seiner Zurückhaltung die Gläubigen nicht in Glaubens- und Gewissenskonflikte bringen möchte. KAB-Präses Dr. Otto Müller macht ähnliche Erfahrungen wie Schliebusch und führt im August 1936 in einem Brief an seinen Kölner Oberhirten Klage über die abwartende Haltung des deutschen Episkopates. Kirchliche Freiheit und NS-System seien unvereinbar. Doch dieser Konflikt hätte sich zugunsten der Kirche gewandt, „wenn der Widerstand der kirchlichen Autorität in aller Öffentlichkeit einheitlicher und sichtbarer gewesen wäre."

Schliebusch verliert in der Handwerkskammer Schritt für Schritt an Einfluss. Die nächste, dritte Zäsur kommt Mitte 1934 mit dem sog. „Röhm-Putsch“. Die Ereignisse und verbrecherischen Eingriffe in den Rechtsstaat werden für Schliebusch zum Menetekel,[211] zum Vorzeichen kommenden Unheils wie die Bücherverbrennungen ein Jahr zuvor in Bonn am 10. Mai und am 17. Mai 1933 auf dem Vorplatz der alten Universität in der Kölner Claudiusstraße; letztere treffen das Selbstverständnis des Journalisten Schliebusch besonders.

„Eine Regierung, eine Partei, die sich solcher Mittel bedient, die die Wahrheit schamlos unterdrückt und ins Gegenteil verfälscht, göttliches und menschliches Recht mit Füßen tritt und durch den Willen eines >Führers< ersetzt, der sich in geradezu weltgeschichtlicher Unbescheidenheit anmaßt, allein und immer recht zu haben und wenn der gesunde Menschenverstand, die Summe an Erfahrungen aus Generationen gegen ihn spricht (und die er meist darum zu negieren trachtet, weil er nicht fähig ist, sie zu verstehen) - all das war für Deutschland eine Unmöglichkeit, eine Kulturschande“.[212]

Der psychische und physische Druck auf Schliebusch wächst in den kommenden Jahren immer weiter an. Zunächst verbietet Wirtschaftsminister Schacht mit einem Erlass den Amtsträgern in der

---

[211] Der Prophet Daniel übersetzt die Schrift an der Wand im Palast des babylonischen Prinzen Belsazar im 6. Jahrhundert vor Christus: „Gezählt hat Gott die Tage deiner Herrschaft und macht ihr ein Ende. Gewogen wurdest du auf der Waage und zu leicht befunden. Geteilt wird dein Reich und den Medern und den Persern gegeben“.

[212] Schliebusch, Fritz, a.a.O., S. 3

Handwerksorganisation zugleich ein Amt in der Deutschen Arbeitsfront (DAF) zu bekleiden. Daraufhin entscheiden sich von insgesamt 196 Obermeistern im Gebietsbereich der Kölner Kammer 195 für einen Verbleib in der Innung und gegen die DAF. Allein der Metzger-Obermeister von Köln-Land schwenkt zur DAF um. Doch dies ist nur ein Etappensieg. Die Handwerker werden mit immer stärker werdendem wirtschaftlichen Druck in die Parteiorganisation gedrängt und geben ihm schließlich nach. Danach rückt Schliebusch als Person ins Zentrum der Angriffe. Wenn er z. B. auf Sitzungen spricht, verlassen die zur DAF gehörenden Obermeister unter Protest den Saal. Einmal wird ein Schlägertrupp der SA auf ihn angesetzt, doch die Rabauken verwechseln ihn und prügeln dafür den in der Nachbarschaft Schliebuschs wohnenden NSDAP-Beigeordneten und Leiter des Kölner Verkehrsvereins Wilhelm Ebel (1891-1942) zusammen. Hinzukommt, dass Dr. Robert Ley (1890-1945), der alkoholabhängige Chef der DAF, des Einheitsverbandes von Arbeitsgebern und Arbeitnehmern und vormalige Gauleiter im Rheinland, seine Heimat zum Vorbild der nationalsozialistischen Gleichschaltung machen möchte.

Am Vormittag des 7. März 1936 marschieren Soldaten einer Flak-Abteilung der Wehrmacht begleitet von einem Musikkorps in Köln-Deutz und damit in das bis dahin entmilitarisierte Rheinland ein. Schliebusch ist unschlüssig in seinen Gedanken und Gefühlen darüber. Auf der einen Seite begrüßt er es, dass seine Heimat von der alliierten Besetzung befreit wird. Auf der anderen Seite aber sieht er wie immer mehr Menschen kritiklos auf die Seite des Hitler-Regimes einschwenken. Und so ist es für ihn keine Überraschung, dass nur wenige Tage später - am 17. März Hermann Göring und am 28. März Hitler, Goebbels und Heß - die NS-Größen bei ihren Besuchen in Köln von einer unübersehbaren Menschenmenge als die Befreier des Rheinlandes gefeiert werden. Schliebusch ist in diesen Tagen nicht in Köln, sondern in seiner Geburtsgemeinde Lannesdorf. Seine Mutter Henriette liegt im Sterben. Vier Tage nach Schliebuschs 44. Geburtstag, am 23. März 1936, stirbt sie im 76. Lebensjahr. Neun Jahre später, fast auf den Tag genau, ist auch der irdische Lebensweg ihres Sohnes Fritz und der ihres Enkels Klaus zu Ende.

Im März 1937 wird Schliebusch zu einer Besprechung zum Kölner Regierungspräsidenten Eggert Reeder (1894-1959) gebeten, bei der auch Oberbürgermeister Dr. Schmidt anwesend ist. Reeder eröffnet Schliebusch, dass es „mit seinem Ansehen unvereinbar“ sei, wenn er weiterhin in Köln wohne und arbeite, da überall bekannt sei, dass er die Weisungen der Partei und der Gauleitung sabotiere. Er sei politisch unzuverlässig. Gauleiter Grohé habe gedrängt, ihn deshalb - wie vormals Adenauer - aus Köln ausweisen zu lassen. Diese nach allgemeinen Rechtsmaßstäben unmenschliche Maßnahme zeigt in besonderer Weise den Zynismus und die Härte des NS-Systems: Unbotmäßiges, nicht partei-konformes Verhalten wird allein durch einen einfachen Beschluss der örtlichen Parteiführung und ohne jegliche Rechtsgrundlage geahndet, in dem der Betroffene aus seinem Heimat- und Wohnort vertrieben und damit sozial ausgegrenzt und isoliert wird. Als dann der Oberbürgermeister in der Besprechung noch laut wird und Schliebusch beleidigt, verlässt dieser empört die Runde. Damit ist der Machtkampf verloren. Es ist die vierte Zäsur in Schliebuschs Leben. Mit der Einstufung „politisch unzuverlässig“ wird ihm die persönliche, wirtschaftliche und berufliche Existenzgrundlage entzogen. Aufgebracht meldet Schliebusch den Vorfall dem Reichswirtschaftsministerium und wird daraufhin nach Berlin zitiert. Doch dort erfährt er keine Unterstützung, „eine große und schmerzliche Enttäuschung“.

Zwar drückt Minister Schacht ihm seine Anerkennung für seine Haltung und seine Arbeit in den zurückliegenden vier Jahren aus, doch zugleich bedauert er, es zum „augenblicklichen Zeitpunkt nicht auf eine Kraftprobe mit Dr. Ley ankommen lassen zu können“. Wenigstens bietet er Schliebusch einen Ausweg an, indem er ihn nach Berlin beruft. Mit einigen seiner Innungsmeister bleibt Schliebusch jedoch bis zum Ende verbunden.

Am 15. Juni 1937 tritt Schliebusch seinen neuen Posten als Abteilungsleiter und Generalreferent für Handwerksfragen in der Reichswirtschaftskammer an, der als Spitzenorganisation der gewerblichen Wirtschaft alle Handwerkskammern, Handelskammern, industrielle Verbände und die Reichsinnungsverbände unterstehen. Bereits in den Monaten zuvor war er „etwa alle 6 Wochen“ nach Berlin gereist und hatte dadurch Gelegenheit, mit gleichgesinnten Persönlichkeiten in der Reichskammer und unter den regionalen Syndizi anderer Handwerkskammern Verbindung aufzunehmen. Schliebusch mietet eine Wohnung in der Fabeckstraße 42 in Dahlem, und die Familie zieht vom Rhein in die Hauptstadt.

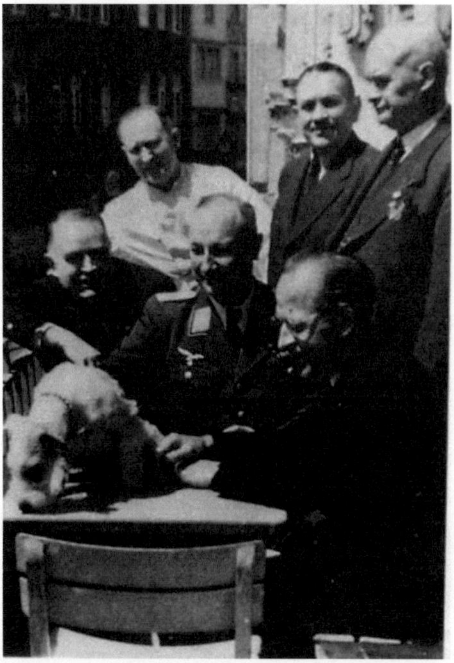

Fritz Schliebusch (in Uniform) 1944 mit einigen früheren Innungsmeistern

Innerhalb des Kollegiums der Kammer sind bereits 1937/38 - so Schliebusch - drei deutlich von einander geschiedene Lager zu beobachten: „unentwegte Nazis scharfer Tonart ..., Indifferente und ausgesprochene Gegner, unter den letzteren vor allem Dr. Leopold, Dr. Kieslinger, Rechtsanwalt Wolter und ich. Dieser letztere Kreis schloss sich immer enger zusammen, ergänzte sich auch aus anderen Bereichen: ... Wir kamen regelmäßig in der Wohnung eines von uns zusammen".[213]

---

[213] Schliebusch, Fritz, a.a.O., S. 9. Zum letzteren Kreis zählt er u. a. Ministerialrat Schwering vom Reichsverkehrsministerium, Dr. Scheuble, den Vertreter der Breslauer Messe, Bankdirektor Meulenbergh, seinen Vetter und Generaldirektor Bieneck vom Didier-Konzern.

Berlin-Dahlem, Fabeckstr. 42

Unter den letztgenannten Personen ist Hermann Gebhardt (1893-1956), der Pfarrer von Schliebuschs neuer katholischer Gemeinde St. Bernhard in Berlin-Dahlem; Gebhardt leitet sie von 1930 bis zu seinem Tod 1956. Er ist zugleich ein Freund und Nachbarkollege von Pastor Martin Niemöller (1892-1984), welcher der nur wenige hundert Meter entfernten Gemeinde der evangelischen St. Annen-Kirche vorsteht. [214] Allerdings ist Schliebusch Pastor Niemöller persönlich nicht begegnet, da dieser bereits zwei Wochen nach Schliebuschs Übersiedlung nach Berlin verhaftet wird.

Im April 1937 steht die Enzyklika „Ardente cura" (Mit brennender Sorge), die Papst Pius XI. (1857-1939) am 14. März 1937, zwei Wochen vor Ostern, herausgegeben hatte, im Zentrum ihres Interesses. Der Text war zunächst über verschlungene diplomatische Kanäle heimlich nach Deutschland gebracht, dort vervielfältigt und an die Gemeinden verteilt worden. Zwei Jahre vor Beginn des Zweiten Weltkrieges wandte sich der Papst in diesem Lehrschreiben in un-

---

[214] Am 1. Juli 1937 wird Pastor Niemöller verhaftet und nach einem Prozess in das KZ Sachsenhausen, später Dachau, eingewiesen, aus dem er erst nach Kriegsende befreit wird.

missverständlicher und zum Teil scharfer Form gegen Hitler und die Ideologie des Nationalsozialismus: „Habet acht, ..., daß vor allem der Gottesglaube, ... in deutschen Landen rein und unverfälscht erhalten bleibe. ... Wer in pantheistischer Verschwommenheit Gott mit dem Weltall gleich setzt, Gott in der Welt verweltlicht ..., gehört nicht zu den Gottgläubigen. ... Wer nach angeblich altgermanisch-vorchristlicher Vorstellung das düstere unpersönliche Schicksal an die Stelle des persönlichen Gottes rückt, leugnet Gottes Weisheit und Vorsehung, ... Wer die Rasse, oder das Volk, oder den Staat, ... die innerhalb der irdischen Ordnung einen wesentlichen ... Platz behaupten - aus dieser ihrer irdischen Wertskala herauslöst, sie zur höchsten Norm aller, ... macht und sie mit Götzenkult vergöttert, der verkehrt und fälscht die gottgeschaffene und gottbefohlene Ordnung der Dinge. ... So wie Gottes Sonne über allem leuchtet, ..., so kennt auch Sein Gesetz keine Vorrechte und Ausnahmen. Regierende und Regierte, Gekrönte und Ungekrönte, Hoch und Niedrig, Reich und Arm stehen gleichermaßen unter Seinem Wort. ... Nur oberflächliche Geister können der Irrlehre verfallen, von einem nationalen Gott, von einer nationalen Religion zu sprechen, können den Wahnversuch unternehmen, Gott, den Schöpfer aller Welt, ... in die Grenze eines einzelnen Volkes, in die blutmäßige Enge einer einzelnen Rasse einkerkern zu wollen. ... Mit verhüllten und sichtbaren Zwangsmaßnahmen, Einschüchterungen, Inaussichtstellung wirtschaftlicher, beruflicher, bürgerlicher und sonstiger Nachteile wird die Glaubenstreue der Katholiken ... unter einen Druck gesetzt, der ebenso rechtswidrig wie menschlich unwürdig ist. ... Niemand denkt daran, der Jugend Deutschlands Steine in den Weg zu legen, der sie zur Verwirklichung wahrer Volksgemeinschaft führen soll, ... , zu unverbrüchlicher Treue gegen das Vaterland. Wogegen Wir uns wenden ..., ist der gewollte und planmäßig geschürte Gegensatz, den man zwischen diesen Erziehungszielen und den religiösen aufreißt. Und darum rufen Wir dieser Jugend zu: Singt Eure Freiheitslieder, aber vergeßt über ihnen nicht die Freiheit der Kinder Gottes! ... Wer das Lied der Treue zum irdischen Vaterland singt, darf nicht in Untreue an seinem Gott, ... zum Überläufer und Verräter werden. Man redet zu euch viel von heldischer Größe, in bewußtem und unwahrem Gegensatz zur Demut und Geduld des Evangeliums. Warum verschweigt man euch, daß es auch ein Heldentum gibt im sittlichen Kampf?“

Schliebusch und seine Freunde hoffen, dass diese Botschaft aus Rom den Widerstand gegen das Regime stärkt, dass damit die Regierenden zu einer Änderung ihrer Politik bewegt werden könnten, glauben sie hingegen nicht.

In seiner Funktion in der Reichswirtschaftskammer lernt Schliebusch den Generalleutnant der Luftwaffe Otto Mooyer (1877-1945) kennen und arbeitet mit ihm oft in einer interministeriellen Arbeitsgruppe zusammen.

Generalleutnant Otto Mooyer

Mooyer ist Bevollmächtigter des Reichsluftfahrtministeriums (RLM) für das Luftfahrtindustriepersonal und Kommandeur der fliegertechnischen Vorschulen und in dieser Funktion verantwortlich für die gesamte technische Ausbildung, einschließlich der technischen Vorschulen und Waffentechnischen Schulen, sowie für die Lehrlingsausbildung[215] und dem Chef des Ausbildungswesen (Chef AW), dem General der Flieger Bernhard Kühl (1886-1946), unterstellt. Mooyer war 1896 in das 2. Hanseatische Infanterieregiment „Hamburg“ Nr.

[215] Hermann Göring ordnet 1937 an, dass der technische Nachwuchs der Luftfahrtindustrie und Luftwaffe nicht mehr vom Arbeitsamt gestellt werden darf, sondern in eigener Zuständigkeit auszubilden ist.

76 eingetreten und aus dem Ersten Weltkrieg als Major heimgekehrt. Die ersten einundvierzig Jahre seines Lebens hatte er im Kaiserreich gedient und steht - inzwischen im 64. Lebensjahr - dem NS-Regime ebenfalls distanziert gegenüber. Schliebusch und er haben trotz eines Altersunterschiedes von 15 Jahren mehrere Gemeinsamkeiten: Beide sind vormalige Infanteristen, die zur Luftwaffe wechselten, haben den Ersten Weltkrieg an der Front erlebt und wurden mit dem Eisernen Kreuz I. Klasse ausgezeichnet. Mooyer schätzt Schliebusch als aufrechten und sachkundigen Mann, und so wird dieser auf sein Betreiben hin am 23. September 1940 - der Zweite Weltkrieg ist bereits seit einem Jahr in Gange - als Leutnant der Reserve, seinem letzten Dienstgrad im Ersten Weltkrieg, zum Reichsluftfahrtministerium[216] eingezogen und Mooyers Gruppe Technische Ausbildung (TA) zugeteilt. Den Antrag auf Überstellung unterzeichnet Mooyer persönlich und begründet ihn wie folgt: „Da es sich bei den Werklehrlingen und insonderheit bei den Militärschülern der Fl. Techn. Vorschulen um hochwertigsten technischen Nachwuchs der Fliegertruppe handelt, muß die Luftwaffe auf die Gestaltung der Prüfung und ihre reibungslose Durchführung Einfluss nehmen. Es wird daher gebeten, den zuständigen Bearbeiter in der Reichswirtschaftskammer, Fr. Schliebusch, als Offizier z.V. (Anmerkung: = zur Verfügung) für die Dauer dieser Arbeiten in meine Dienststelle einzuberufen“. [217]

So zieht Schliebusch nach zwei Jahrzehnten ein drittes Mal die Uniform an. Die Entscheidung, erneut ins Militärische zu wechseln, fällt Schliebusch aus mehreren Gründen nicht leicht. Eher musisch-künstlerisch orientiert entspricht er nicht gerade dem Typus des klassischen Kämpfers. Nach dem Ende des ersten großen Krieges hatte er im Zivilleben Karriere gemacht, sich zunächst als Journalist und später als Chef einer Handwerkskammer und Abteilungsleiter in einem Reichsministerium bewährt.

Seine Kontakte zum Militär waren in Köln auf gelegentliche Kameradschaftstreffen seines Regiments, die obligatorische Teilnahme am Volkstrauertag fünf Wochen vor Ostern und ab 1934 dem

---

216 Das RLM wird am 27.04.1933 geschaffen; zunächst mit nur zwei Abteilungen (Militärisches Luftschutzamt; später Luftkommandoamt) und dem Staatssekretär für die Luftfahrt mit dem Allgemeinen Luftamt

217 Antrag „Bevollmächtigter des Reichsluftfahrtministeriums für das Luftfahrtindustriepersonal und Kommandeur der F. Techn. Vorschulen“ vom 26. August 1940

Heldengedenktag und sporadische Treffen mit alten Kameraden beschränkt. Wehrübungen hatte Schliebusch in den vergangenen zwei Jahrzehnten weder in Köln noch danach in Berlin geleistet.

Nun mit 48 Jahren tritt er auf einmal wieder mit seinen alten Leutnantsschulterstücken auf, die er in seiner Jugend schon getragen hat. Seine Vorgesetzten im Generalsrang sind durchweg etwa in seinem Alter, d. h. gehören zu den Geburtsjahrgängen zwischen 1890 und 1895, und jene auf der Obersten- und Oberstleutnantsebene könnten seine Söhne sein. Erst mit der Versetzung in das Oberkommando der Wehrmacht und seiner Beförderung zum Major und damit dem Aufstieg in die Stabsoffiziersebene versöhnt sich Schliebusch mit dem Wechsel. Die blaue Uniform seiner neuen, jungen Teilstreitkraft der Luftwaffe hingegen bleibt ihm fremd. Nur wenige Male ist er bisher in seinem Leben in einer Kuriermaschine geflogen, wenn er General Mooyer begleitete. Im Ersten Weltkrieg hatte er die Flieger, die meist zum Leiten des Artilleriefeuers über den Schützengräben auftauchten, noch mit dem Gewehr und einem besonderen Fliegerkorn als Zielvorrichtung bekämpft.

Doch diese fünfte Zäsur in Schliebuschs Leben ist die einzige Möglichkeit, den Nachstellungen und Anfeindungen der Partei zu entgehen. Da während der Dauer des Militärdienstes grundsätzlich die Parteimitgliedschaft - auch seine erzwungene - ruht, folgt für Schliebusch eine Zeit des Aufatmens, die ihm als „Erlösung“ vorkommt, denn nun ist er den häufig seitens der Partei durchgeführten Kontrollen auf politische Zuverlässigkeit entzogen. Altkanzler Helmut Schmidt hat dies später in ähnlicher Weise geschildert, als er auf die Frage eines Journalisten,[218] ob er in der Wehrmacht „tatsächlich so etwas wie ein Gefühl von Geborgenheit“ erlebt hätte, antwortete:

> „Ja. Jetzt konnte mich keiner mehr nach meiner arischen Abstammung fragen.“

---

[218] DER SPIEGEL“ - Nr. 24/2001, Interview vom 11.06.2001, S. 182 ff.

Bevollmächtigter
des Reichsluftfahrtministeriums
für das Luftfahrtindustriepersonal
und
Kommandeur der Fl. Techn. Vorschulen

Berlin SW 68, den 26. August 1940
Puttkamerstr. 16/18

2. SEP. 1940

Az. 20 a (Adj.)

L.P. 3 I B
Eing. 31. AUG. 1940
Nr. 39761

An
L.P. 3

Betr.: Einberufung des Ltn.d.R. a.D. Fritz S c h l i e b u s c h zum B.f.L.

Bezug: 1) D.R.d.L.u.Ob.d.L. - G.L./B.f.L.u.K.Fl.T.V. Nr. 374/40 (IV 1) vom 20.5.40.
2) Besprechung Major Fabarius - Major Schwartz.

Die Reichswirtschaftskammer ist durch die Bezugsverfügung mit der reichseinheitlichen Durchführung der Facharbeiterprüfungen der Werkslehrlinge der Luftfahrtindustrie, der Militärschüler der Fl.Techn.Vorschulen und der angelernten und umgeschulten Facharbeiter der Luftfahrtindustrie in Zusammenarbeit mit meiner Dienststelle durch den R.d.L.u.Ob.d.L. beauftragt worden.

Da es sich bei den Werkslehrlingen und insonderheit bei den Militärschülern der Fl.Techn.Vorschulen um hochwertigsten technischen Nachwuchs der Fliegertruppe handelt, muss die Luftwaffe auf die Gestaltung der Prüfung und ihre reibungslose Durchführung Einfluss nehmen. Es wird daher gebeten, den zuständigen Bearbeiter in der Reichswirtschaftskammer, Fr. S c h l i e b u s c h, als Offizier z.V. für die Dauer dieser Arbeiten in meine Dienststelle einzuberufen.

Die vom WBK. Berlin IX angeforderte Personalakte des Sch. wird beigefügt.

1 Anlage.

Meyer

Tgb. Seite 0.1331

Einberufung von Leutnant d. R. Fritz Schliebusch

Das Reichsluftfahrtministerium in Berlin im Jahre 1938

Bei dienstlichen Begegnungen mit Parteigenossen spürt Schliebusch, wie er - jetzt in Uniform - von diesen auf Augenhöhe wahrgenommen wird und entsprechend auftreten kann. Zuvor als ziviler Abteilungsleiter in der Reichswirtschaftskammer war dies nicht immer einfach; bisweilen konnte er sich nur mit der eingeworfenen Bemerkung „Ach wissen Sie, ich habe vier Jahre lang - wie unser Führer - als Infanterist die Hölle der Westfront erlebt, und weiß, wovon ich spreche" Respekt verschaffen.

Schliebusch bearbeitet in dem großen, erst vier Jahre zuvor fertiggestellten neuklassizistischen Gebäudekomplex in der Wilhelmstraße - Puttkamerstraße, heute der Sitz des Bundesfinanzministeriums (seit 1992: „Detlev-Rohwedder-Haus"), als Referent für die Facharbeiterprüfungen in der Luftfahrtindustrie, überwacht die Ausbildung der Lehrlinge, die Bereitstellung geeigneter Lehrkräfte und bearbeitet die Ausbildungsrichtlinien, die von den Flieger-Technik-Schulen in Lehrpläne umgesetzt werden.

Am 1. Januar 1941 wird Schliebusch zum Oberleutnant, nur drei Monate später, am 1. April, zum Hauptmann und im Frühjahr 1944 zum Major befördert.[219] Der Chef des Stabes beim Generalluft-

---

219 Dies sind die Beförderungsdaten aus Schliebuschs Personalakte. Die Angaben aus den Unterlagen der Deutschen Dienstelle vom 03.09.2010 weichen davon ab;

zeugmeister (Udet), Generalmajor Dipl.-Ing. August-Albert Ploch (1894-1967)[220] zeichnet am 18. April 1941 die Beurteilung von Generalmajor Mooyer vom 29. März für den Oberleutnant der Reserve Schliebusch „anständiger Charakter, geistig regsamer und tüchtiger Offizier, beliebter Kamerad, füllt seine Stellung gut aus, zur Beförderung zum nächsthöheren Dienstgrad geeignet" mit „einverstanden" ab. Schliebusch wird am 12. Januar 1944 zur Beförderung zum Major vorgeschlagen. Der Antrag ist von Oberst Becker, seinem Abteilungschef, unterschrieben: Dieser bescheinigt ihm eine gewissenhafte und verantwortungsbewusste Arbeit; Schliebusch „besitzt die erforderliche Selbständigkeit und Umsicht und ist daher für eine Beförderung zum Major voll geeignet". Das Beurteilungsformular sieht vor, zwischen dem Persönlichkeitswert und noch vor der Bewährung vor dem Feinde und den dienstlichen Leistungen auch zur nationalsozialistischen Haltung des Beurteilten Stellung zu nehmen. Und so klingt der Satz „Hptm. Sch. steht voll und ganz auf dem Boden der nationalsoz. Weltanschauung" wie eine nichtssagende Pflichtübung gegenüber dem Regime und ist - abgesehen davon, dass er gelogen ist - vermutlich zugleich eine Art „Persilschein" seines Vorgesetzten; denn ohne diese Feststellung hätte eine Beförderung kaum Aussicht auf Erfolg. Der Chef des zuständigen Wehrbezirkskommandos Berlin IX in der Berliner Ruhrstraße, Kapitän zur See Woern, stellt fest, dass „keine Umstände bekannt (sind), die dem Vorschlag entgegenstehen".

Er habe Schliebusch in den ersten Kriegsjahren kennengelernt, erinnert sich Adenauer: „Er kam in regelmäßigen zeitlichen Abständen in das Rheinland und pflegte dann bei mir eine Nacht zuzubringen, so daß sich die Gelegenheit zu ausführlichem Meinungsaustausch ergab. In diesen Gesprächen habe ich ihn als einen absoluten Gegner des Nationalsozialismus und des von diesem heraufbeschworenen Krieges kennengelernt."[221]

---

nach diesen wird er am 31.03.1941 zum Oberleutnant, nur zwei Monate später, am 31.05.1941 Hauptmann und bereits 1942 zum Major befördert.

220 Chef des Stabes des Generalluftzeugmeisters vom 01.08.1938 bis 30.09.1941; am 30.11.1942 aus dem aktiven Dienst verabschiedet.

221 Adenauer, Konrad, Briefe 1945-1947 (Dokument Nr. 128) vom 8.11.1945, S. 131. Siehe auch: Morsey, Rudolf, a.a.O., S. 650 f.

Durch die Informationsfülle im OKW, die Schliebusch - schriftlich in Form des gesamten Meldewesens erhält wie z. B. den Berichten der Wehrwirtschafts- und der Rüstungsstäbe, den komprimierten Lageberichten der Abwehr, den Rüstungsplanungen auf eigener und - wenngleich eingeschränkt - auch denen auf alliierter Seite, sowie durch den Meinungsaustausch mit Kameraden, Wirtschaftsführern und Diplomaten in Berlin - besitzt er ein sehr klares und vor allem ungeschminktes Bild der militärischen Gesamtlage. Adenauer schreibt dazu: „... er (= Schliebusch) setzte mich dadurch in die Lage, bei mit mir in Verbindung stehenden Persönlichkeiten die Zuversicht, daß der Nationalsozialismus zusammenbrechen werde, wachzuhalten und zu stärken."[222]

In diesen Jahren gehört Schliebusch neben dem Kunsthistoriker Dr. Josef Busley (1888-1969),[223] dem Bonner Zahnarzt Dr. Josef Vollmar und Josef Giesen, bis 1933 Gartenbaudirektor von Köln, zum engeren Bekanntenkreis in Adenauers „Rhöndorfer Exil". Das Vertrauensverhältnis zwischen beiden wird dadurch deutlich, dass Schliebusch als Vermittler für Adenauer einspringt, um eine sich für diesen über lange Jahre hinziehende, existenzbedrohende private Finanzkrise zu lösen.[224] So interveniert er am 18. Mai und am 3. August 1943 zu dessen Gunsten bei Hermann Josef Abs (1901-1994) in Berlin[225] und überbringt Abs in dessen Eigenschaft als Aufsichtsratsvorsitzendem der „Vereinigte Glanzstoff-Fabriken AG" und als für den Kölner Raum zuständigem Vorstandsmitglied der Deutschen Bank ein Schreiben Adenauers. Schliebusch kennt den Bankier Abs wahr-

---

222 Adenauer, Konrad, Briefe 1945-1947 (Dokument Nr. 128), S. 131 und Erinnerungen 1945-1953, S. 17

223 Er ist Assistent am Kunsthistorischen Institut in Bonn.

224 Siehe: Köhler, Henning, Adenauer, S. 251-264. Im Jahre 1928 kauft Adenauer 7000 US-Glanzstoff-Aktien. Zur Finanzierung des Gesamtpreises von 2,8 Millionen Reichsmark setzt er fast sein gesamtes Vermögen ein. Die danach immer noch vorhandene Finanzierungslücke von ca. einer Million Reichsmark wird durch einen Kredit der Deutschen Bank geschlossen. Als aber der Kurs im Zuge des Banken-Crash 1929 fällt, und die Deutsche Bank auf Rückzahlung drängt, deckt die Glanzstoff AG das Defizit leihweise ab. Über diese Modalitäten entbrennt ein Streit, der sich über viele Jahre hinzieht.

225 Siehe: Czichon, Eberhard, Deutsche Bank. Macht - Politik, S. 222 und 227. In der Abs-Biographie von Lothar Gall hingegen wird der Name Fritz Schliebusch nur in der Fußnote 10 auf Seite 463 erwähnt.

scheinlich nur flüchtig aus der gemeinsamen Zeit in der Hauptstadt.[226] Adenauer hingegen lernt Abs erst im August 1945 persönlich kennen.[227] Schliebusch berichtet Adenauer vom Ergebnis des Treffens und schreibt, Abs habe ihm „loyalste und schnelle Bearbeitung" zugesichert, aber zugleich darauf hingewiesen, es sei ihm völlig gleich", wer der Verfasser des Briefes sei.[228] Der komplexe Rechtsstreit wird erst nach dem Krieg bereinigt.[229]

Auf Antrag der Reichswirtschaftskammer vom 14. April erhält Hauptmann Schliebusch drei Monate Arbeitsurlaub und leistet diesen in seiner vormaligen zivilen Dienststelle vom 5. Mai bis zum 5. August 1942 ab.

Am 1. April 1942 wird Hauptmann Schliebusch im Zuge einer Umgliederung und Verkleinerung des Reichsluftfahrtministeriums in das Oberkommando der Wehrmacht (OKW) versetzt und dort dem Wehrwirtschaftsamt unter dem General der Infanterie Georg Thomas (1890-1946) zugeordnet. Er ist nicht unfroh darüber, weiß er doch, dass sein bisheriger Chef Mooyer, mit dem er vertrauensvoll zusammenarbeitet, ohnehin Ende Mai 1943 aus dem aktiven Dienst ausscheiden wird.[230] Die Aufgabe des Amtes besteht in der Deckung des Rohstoff- und Materialbedarfs für die Kriegführung.

---

226 Zwar arbeitet Abs als junger Mann von 1921 bis Anfang 1923 im Kölner Bankhaus Delbrück von der Heydt & Co. in Köln, doch eine Bekanntschaft zu Schliebusch bereits zu dieser Zeit kann ausgeschlossen werden. Seit 1929 ist Abs als Prokurist im Stammhaus der Privatbank Delbrück Schickler & Co. in Berlin und wird 1937/38 Vorstandsmitglied der Deutschen Bank. Schliebusch lebt von 1937 bis 1944 in Berlin.

227 Gall, Lothar, Der Bankier Hermann Josef Abs, S. 125

228 Brief Schliebuschs an Adenauer vom 3. August 1943; zitiert in: Gall, Lothar, a.a.O., Fußnote 10 S. 463. Gall schreibt jedoch unzutreffend, von Adenauers „Emissär, dem Bonner Handwerkskammersyndikus Friedrich Schliebusch". Zu diesem Zeitpunkt steht Schliebusch schon seit sechs Jahren nicht mehr an der Spitze der Handwerkskammer; überdies gibt es zu keinem Zeitpunkt in Bonn eine eigene Handwerkskammer (Brief der Handwerkskammer zu Köln an den Autor vom 16.03.2010).

229 Köhler vermutet dabei „im Hintergrund die ordnende Hand von Hermann J. Abs." (Siehe: Köhler, Henning, a.a.O., S. 264).

230 Vom 1.12.1942 bis Ende Mai 1943 ist Mooyer beim Luftgau-Kommando III in Berlin z.b.V. gestellt. Am 15. November 1945 scheidet er in einem britischen Kriegsgefangenenlager in Walsrode freiwillig aus dem Leben.

Johanna Schliebusch mit Sohn Klaus

General der Infanterie Georg Thomas

Anders als der Name es vermuten lässt, ist es aber nicht für die gesamte Wehrmacht zuständig. Vor allem die Luftwaffe unter Göring liegt außerhalb ihrer Kompetenz. Schliebusch ist Sachbearbeiter für Berichtswesen; zu seinen Aufgaben gehören z. B. die Prüfung der Kriegstagebücher nachgeordneter Dienststellen und die Auswertung der monatlichen wehrwirtschaftlichen Lageberichte.

Das Personal kommt aus allen drei Wehrmachtsteilen. Allerdings befindet sich die neue Dienststelle personell und vor allem strukturell im Umbruch. Zwar war auch sie in den Jahren zuvor mehrfach umgegliedert worden,[231] doch diesmal sind die Eingriffe grundsätzlicher Natur. Bisher bestand das Amt aus der wehrwirtschaftlichen (WW 1), der rüstungswirtschaftlichen (WRü 1) und der Rohstoffabteilung (WRo) sowie u.a. der Statistischen Abteilung (WSta) und einem Lehrstab für wehrwirtschaftliche Ausbildung (WLe).[232] Als im Februar 1942 Dr. Fritz Todt (1891-1942), der „Reichsminister für Bewaffnung und Munition“,[233] bei einem Flugzeugabsturz ums Leben kommt, übernimmt Minister Albert Speer (1905-1981) dessen Posten. Schnell bündelt Speer den Wirrwarr rivalisierender Organisationen der Kriegswirtschaft und versucht, die wirtschaftspolitischen Zuständigkeiten zu straffen. Daher war bereits am 7. Mai 1942, d. h. noch vor dem Amtsantritt von Schliebusch, das vormalige Wehrwirtschaft- und Rüstungsamt im OKW mit seinen wesentlichen Teilen und allen nachgeordneten Dienststellen dem Reichsminister für Bewaffnung und Munition unterstellt und zu einem neuen Rüstungsamt unter General Thomas umgebildet worden.

Doch ein halbes Jahr später wird Thomas „mit äußerst anerkennenden Worten“ verabschiedet[234] und übernimmt das im OKW verbliebene Wehrwirtschaftsamt (später umbenannt in „Feldwirtschaftsamt“). Aber nur wenige Monate später, im Januar 1943, bittet

---

231 Thomas übernimmt - noch als Oberst - 1935 die Amtsgruppe Wehrwirtschaftsstab im Oberkommando des Heeres (OKH); 1938 wird er Generalmajor, 1940 Generalleutnant und acht Monate später General der Infanterie.

232 WW 1: Oberst d. G. (Lw) Wilhelm Becker; WRü 1: FregK Meendsen-Bolken; WRo: OTL Dipl.- Wirtsch Becht und WLe: OTL Nagel.

233 ab 1943: Reichsministerium für Rüstung und Kriegsproduktion

234 Nachfolger als Chef des Rüstungsamtes wird der Generalleutnant Dr. h.c. Kurt Waeger (1893-1952; später General der Artillerie).

er um seine Ablösung.[235] Der lange währende Streit mit Hitler, mit der Partei, mit Göring und Speer, aber auch mit Widerständen in den eigenen Reihen, sowie die Erkenntnis, dass seine Bemühungen, zunächst den Krieg und später in dessen Verlauf die Ausdehnung desselben zu verhindern, nach einander auf ganzer Linie gescheitert sind, haben ihn offenbar zermürbt.

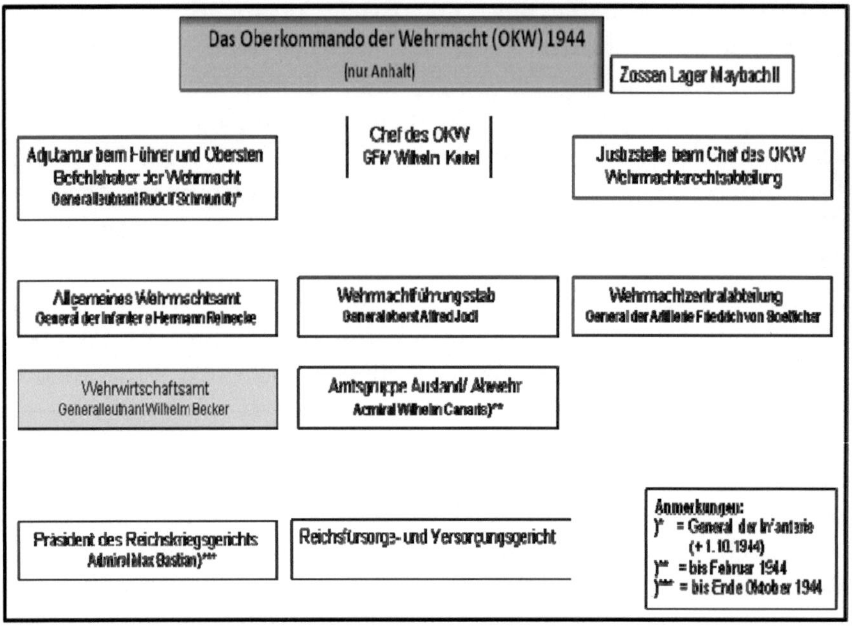

„Noch Ende 1943 sprach er (= Hitler) voller Hohn von einer Ausarbeitung des für die Wehrwirtschaft verantwortlichen Generals Georg Thomas, der das sowjetische Kriegspotential als außerordentlich bedeutend hingestellt hatte. Über diese Denkschrift regte sich Hitler immer noch auf, obwohl er schon bald nach ihrer Vorlage Thomas und dem OKW untersagt hatte, weitere Untersuchungen dieser Art anzustellen".[236]

---

[235] Nachfolger als Chef des Wehrwirtschaftsamtes (bzw. des Feldwirtschaftsamtes) wird der Luftwaffen-Generalleutnant Dipl.Ing. Wilhelm Becker (1897- 1964) und ab 1.11.1944 der General der Infanterie Otto Stapf (1890-1963).

[236] Speer, Albert, Erinnerungen, S. 315 f.

Schliebusch beschreibt General Thomas als einen „sehr gebildeten, kenntnisreichen, charaktervollen und darum notwendigerweise gegen Hitler und die Partei eingestellten Offizier“, mit dem er sich sehr offen aussprechen kann. Dieses Urteil über Thomas deckt sich mit jenem des österreichischen Politikers und Publizisten Edmund Glaise von Horstenau (1882-1946), der diesen bereits 1941 einen „der feinsten und wissensreichsten Offiziere der Armee, dabei von liebenswürdiger Bescheidenheit“ nannte.[237] Thomas gehört zum Widerstandskreis um Generaloberst Ludwig Beck. Schon 1937 hatte er davor gewarnt, einen Krieg nur aus militärischer Perspektive zu sehen und auf die Bedeutung ausreichender Ressourcen hingewiesen. In einem Aufsatz hatte Thomas bereits 1937 an die Reichstagsrede von Moltkes vom 14. Mai 1890 erinnert, in der die Warnung enthalten war: „Wehe dem, der Europa in Brand steckt, der zuerst die Lunte in das Pulverfass schleudert!"

In dieses Vertrauensverhältnis ist auch Schliebuschs Sekretärin, Rosmarie Schulz-Wulkow, geb. Richter (1918-1989), eingebunden. Im März 1936 beginnt sie kurz vor ihrem 18. Geburtstag zusammen mit ihrer Zwillingsschwester Erika (1918-2007)[238] als Sekretärin und Schreibkraft im Wehrwirtschafts- und Rüstungsamt im OKW. Am 1. Januar 1940 übernimmt sie die Leitung des Vorzimmers von General Thomas, dem Amtschef. Ende 1940 scheidet sie wegen ihrer Hochzeit aus, kehrt aber 1943, als ihr Mann als Soldat eingezogen wird, in ihre alte Dienststelle zurück und wird Sekretärin bei Major Schliebusch.

Die junge Frau stammt aus dem konservativ-liberal und religiös geprägten Berlin-Brandenburger Großbürgertum. Ihr Vater ist der Berliner Bankier Hermann Richter. Zusammen mit ihrer Zwillingsschwester wächst sie unter drei Brüdern auf und heiratet den Berliner Rechtsanwalt und vormaligen Landwirt[239] Dr. Albrecht Schulz-Wulkow. Als dieser 1943 als Soldat eingezogen und 1944 in Rumä-

---

237 Broucek, Peter, Ein General im Zwielicht - Erinnerungen Edmund Glaises von Horstenau, S. 469

238 Sie ist mit Herbert Mooyer (später Vorstand der Metallgesellschaft AG in Frankfurt) verheiratet. Ob dieser jedoch mit Generalleutnant Otto Mooyer verwandt ist, ist nicht bekannt.

239 Bevor er Jurist wird, verwaltet er nach dem Tod seines Vaters sein geerbtes Lehngut von 84 ha in Hathenow im Oderbruch.

nien als vermisst gemeldet wird, und zwei ihrer Brüder, die ebenfalls als Soldaten an der Front stehen, verwundet werden, verstärkt sich ihre Abneigung gegen das Regime und den Krieg, die ihre Lebensplanung zerstörten. Beide Familien, die Richters und die Schulz-Wulkows, sind zwar national eingestellt, lehnen aber die sozialistische Prägung und damit den Nationalsozialismus strikt ab. Sie leiten ihre soziale Verantwortung aus ihrer gesellschaftlichen Stellung ab und nehmen diese entsprechend wahr. Ihren Schwiegervater Dr. Richard Schulz-Wulkow (1860-1926), den vormals kaiserlichen Kavallerie-Offizier der Reserve beim 2. Leib-Husaren-Regiment „Königin Viktoria von Preußen" in Danzig-Langfuhr, der später mehrere Gutsbetriebe in den Provinzen Brandenburg und Posen bewirtschaftete, hat sie nicht kennengelernt, da er bereits mehr als eineinhalb Jahrzehnte vor ihrer Hochzeit gestorben war.

Rosmarie Schulz-Wulkow

Rosmarie Schulz-Wulkow gehört zu jener Kategorie von Deutschen, die Hitler zwar ablehnen, aber dennoch ihre Pflicht tun. Helmut Schmidt hat dieses Dilemma viele Jahre später wie folgt beschrieben: „Was mich beschäftigte, war die Schizophrenie des Ganzen: Man wusste, dass man einem absurden Regime dient - … -, aber gleichzeitig wollte man gegenüber dem Land seine Pflicht als Soldat erfüllen."

Frau Schulz-Wulkow fühlt sich in dem obersten militärischen Führungsstab als Vertrauensperson und ihrem Land stärker verpflichtet als dem Regime. Wie die meisten guten Sekretärinnen weiß sie viel und manches, das über den dienstlichen Rahmen hinausgeht - so ist sie z. B. auch darüber informiert, dass in der Berliner Wohnung der Familie Schliebusch illegal die „halbjüdische" Nichte Hildegard Walbaum wohnt, kaum ein Jahr älter als sie. Leicht könnte sie mit diesem Wissen Schliebusch und auch General Thomas an die Gestapo ausliefern, um sich persönlich Vorteile zu verschaffen. Doch sie tut es nicht: aus Loyalität gegenüber ihren Vorgesetzten, gegenüber ihrem Land und ihrem Gewissen. General Thomas bescheinigt ihr am 30.11.1940 in ihrem Zeugnis „in jeder Hinsicht zufriedenstellende" Leistungen und hebt besonders „ihre unbedingte Zuverlässigkeit und Verschwiegenheit" hervor.

Rosmarie Schulz-Wulkow schätzt den aufrechten Rheinländer Schliebusch, und dieser nennt die junge Frau bisweilen „Tochter Nummer 2". In den Jahren 1943/44 fertigt sie den gesamten Briefwechsel zwischen Schliebusch und Adenauer und dessen Familie an [240] und ist somit über Schliebuschs verbotene Kontakte im Rheinland, u. a. zum ehemaligen Kölner Oberbürgermeister, bestens und im Detail unterrichtet. Dies erklärt, dass sie sich kurz nach dem Krieg an Adenauer wendet, um diesen nach dem Verbleib ihres früheren Chefs zu befragen. Er ist der einzige, dessen Anschrift trotz der Wirren der letzten Kriegsmonate - mit oft durch Bomben erzwungenem Wohnungswechsel und Behelfsunterkünften - unverändert geblieben ist. Nach dem Zusammenbruch schlägt sich Rosmarie Schulz-Wulkow mit Soldaten des OKW bis nach Meiningen und von dort mit dem Fahrrad nach Hamburg durch. Später arbeitet sie dort beim Sonntagsblatt und danach als Vorstandssekretärin beim Bankhaus Heinrich Kirchholtes und der Degussa AG in Frankfurt am Main.

Schliebusch schreibt, seine Aufgabe im Amt habe in der Herausgabe einer geheimen Dienstzeitschrift („Wehrwirtschaftliche Nachrichten") bestanden; offenbar habe man ihn wegen seiner früheren Tätigkeit als Journalisten dazu ausgesucht. In einer Nebenfunktion ist er zugleich stellvertretender Verbindungsoffizier seines Amtes zum Chef der Heeresrüstung und dem Befehlshaber des Ersatzheeres,

---

[240] Dieser ist in der Stiftung Bundeskanzler-Adenauer-Haus nicht erhalten.

Generaloberst Friedrich Fromm (1888-1945). Die Arbeit im höchsten militärischen Führungsstab des Dritten Reiches vermehrt zugleich seine Informationsbreite und -tiefe über die Gesamtlage und beeinflusst dadurch seine Beurteilung hinsichtlich der ungünstigen Erfolgsaussichten des Krieges.

„Konnte ich schon bis dahin meine ernsthaften Beklemmungen wegen eines ungünstigen Ausgangs des Krieges nicht mehr unterdrücken, so wurde mir die Voraussicht eines verlorenen Krieges für Deutschland in meiner jetzigen Tätigkeit fast zu einer mathematisch beweisbaren Gewißheit.“ [241]

Schon um den Kreis der Eingeweihten und damit das Risiko so klein wie möglich zu halten, vermeidet Thomas natürlich, seine Bindungen zur Widerstandsbewegung gegenüber Schliebusch offenzulegen, zumal sein Einweihen in die Pläne keinerlei Nutzen gebracht hätte. Doch trotz der kurzen Zeit ihrer Zusammenarbeit vertrauen sie einander und wissen, auf welcher Seite sie stehen. Zwar bleibt Thomas zunächst noch als „General z.b.V.“ im OKW, um die Geschichte der deutschen Wehr- und Rüstungswirtschaft vom Ende des Ersten Weltkriegs bis 1943 niederzuschreiben, die er aus erster Hand erlebt und auch gestaltet hat. Dann aber lässt er sich in die Führerreserve versetzen.[242] Schliebusch ist betroffen, als er erfährt, dass sein Chef um seinen Abschied gebeten hat und strebt nun auch seine Versetzung an. Hinzukommt, dass Ende November 1943 seine Dienststelle durch Fliegerangriffe zerstört und danach - ohne Akten und Unterlagen - nach Frankfurt an der Oder ausgesiedelt wird. Nun kann Schliebusch nur noch selten ins Rheinland reisen und versucht dies, durch schriftlichen Kontakt auszugleichen.

---

241 Schliebusch, Fritz, a.a.O., S. 22

242 Am 11. Oktober 1944 wird er wegen belastender Dokumente verhaftet, wegen Hochverrats angeklagt, aus der Wehrmacht ausgestoßen und im KZ Flossenbürg inhaftiert. Ende April 1945 wird Thomas - zusammen mit 139 anderen prominenten Häftlingen - wie Pastor Niemöller und der Familie von Stauffenberg - durch die SS in die „Alpenfestung“ evakuiert, wo sie exekutiert werden sollen. Bevor sie diese erreichen, werden die Bewacher überredet, aufzugeben. Am 4. Mai erfolgt bei Niederdorf die endgültige Befreiung durch US-Truppen. Thomas wird zur Behandlung einer schweren Nervenentzündung in das ehemalige Offiziers-Erholungsheim nach Falkenstein im Taunus verlegt, wo er am 29.12.1946 stirbt.

In der Rückschau weist die letzte Lebensphase von Schliebusch und Thomas einige Gemeinsamkeiten auf. Beide lehnen das Hitler-Regime ab und wissen sich im Widerstand - wenngleich Schliebusch nicht zum aktiven Flügel zählt - verbunden. Sie werden aufgrund ihres Engagements gegen Hitler aus der Wehrmacht ausgestoßen und inhaftiert. Beide erleben zwar die Besetzung durch alliierte Truppen und damit das Kriegsende im Rheinland, sterben aber kurz danach an den Strapazen und Misshandlungen während der Gestapo-Haft. Inzwischen steht Deutschland im fünften Kriegsjahr. Im April 1944 wird Schliebuschs Versetzungswunsch von Generalleutnant Dipl. Ing. Wilhelm Becker, dem Nachfolger von General Thomas, genehmigt. Schliebusch kehrt ins Rheinland zurück. Er wird gemäß Verfügung (RdL und Ob. d. L. P RX Nr. 19/44) mit Wirkung vom 22. Januar 1944 zunächst der Rüstungsinspektion VI des Reichsministers für Rüstung und Kriegsproduktion in Münster unter Heeres-Generalmajor Kurt Erdmann (1866-1966) zugeordnet. Die Rüstungsinspektionen unterstehen seit dem 7. Mai 1942 nicht mehr dem OKW, sondern Rüstungsminister Speer. Dass Schliebusch jedoch bei dieser Dienststelle überhaupt eingesetzt wird, ist aus der Aktenlage nicht ersichtlich.

Ende April 1944, so schreibt Schliebusch, wird er, inzwischen zum Major befördert, als Leiter des Sachgebietes Luftwaffe zum Wehrbezirkskommando Bonn versetzt.

Der Stab des Kommandos hat seinen Sitz in der Bonner Ermekeil-Kaserne. Und damit hat sich für Schliebusch der Kreis seines soldatischen Lebens geschlossen: er kehrt in jene Kaserne zurück, in der er vor 32 Jahren gemustert worden war. Als ehemaliger Frontoffizier im Ersten Weltkrieg hat er zwar eine gewisse Abneigung gegen die Etappe, aber ein erneuter Fronteinsatz scheidet wegen seines fortgeschrittenen Alters aus, zumal er als „gelernter Infanterist" nicht über genügend fachspezifische Kenntnisse seiner neuen Teilstreitkraft Luftwaffe verfügt. Dafür kann er nun mit seiner Frau zurück in seine Heimat ziehen, zu seinen Angehörigen und Bekannten. Die beiden Söhne dienen ebenfalls in der Luftwaffe: Klaus, der Ältere ist mittlerweile 4 ½ Jahre Soldat und inzwischen Obergefreiter. Er war schon bei Kriegsausbruch 1939 eingezogen worden und hatte am Frankreich- und Russland-Feldzug teilgenommen. Wolfgang (*1926), ist mit seinen gerade einmal achtzehn Lebensjahren Flak-Helfer einer Großraum-Batterie[243] - ausgerüstet u. a. mit schweren Flugabwehr-Kanonen (= Flak) vom Kaliber 8,8 cm - in Staaken westlich von Berlin. Sofort nimmt Fritz Schliebusch nach seiner Rückversetzung an den Rhein wieder „Fühlung mit seinen alten Freunden" auf, mit denen er sich in der Gegnerschaft zu Hitler vereint weiß. Dazu zählen neben Josef Giesen und Zahnarzt Dr. Josef Vollmar auch der Direktor der städtischen Berufsschule[244] Karl Thoeren und der Direktor der Rheinischen Schamott- und Didierwerke in Bonn, Dr. Hermann Knuth.[245] In der Rückschau ist Schliebusch froh über diese Versetzung ins Rheinland, denn nur von hier aus konnte er die Flucht Adenauers organisieren; von Berlin oder gar von Frankfurt an der Oder wäre dies unmöglich gewesen.

Generalleutnant Kurt Freiherr Roeder von Diersburg

Mit Kriegsausbruch 1939 hatte der Heeres-Oberst Bruno Alfons Friese den Dienstposten des Bonner Wehrbezirkskommandeurs

---

243 Solche Flugabwehr-Einheiten mit bis zu 16 Geschützen pro Batterie kommen in den Grostädten zum Einsatz.

244 „Karl-Wetzlar-Berufsschule"; benannt nach Kommerzienrat Wetzlar (1847-1912) seit 1921 in Bonn

245 Schliebusch, Fritz, a.a.O., S. 11

von Oberst Hermann Fischer (1894-1968; später Generalleutnant)[246] übernommen. Eine der wichtigsten Aufgaben dieser Dienststelle ist die Sicherstellung des Personalersatzes der Wehrmacht, d. h. die Erfassung, Musterung und Einberufung der wehrpflichtigen Soldaten aus dem Bonner Raum. Stabsarzt Dr. Dedy ist der leitende Sanitätsoffizier im Kommando.

Der Stab des Wehrbezirkskommandos in der Bonner Ermekeil-Kaserne ist der Wehrersatzinspektion Köln[247] unter Generalleutnant Kurt Freiherr Roeder von Diersburg (1884-1974) als Inspekteur unterstellt. Diese wiederum ist dem Wehrkreis VI in Münster nachgeordnet. Beide Kommandobehörden gehören zum Befehlshaber des Ersatzheeres; dieser Posten wird Heinrich Himmler (1900-1945) am 21. Juli 1944 nach dem Attentat auf Hitler übertragen.

Bruno Friese wird im schleswig-holsteinischen Plön geboren, denn sein Vater Richard (1837-1929) dient - wahrscheinlich als Oberleutnant - in zwei Verwendungen als Offizier in Schleswig-Holstein: im Infanterieregiment 85[248] und in der Hauptkadettenanstalt in Plön. Danach wird er als Hauptmann nach Elsass-Lothringen versetzt und führt 1888 mit inzwischen 51 Jahren als Chef die 11. Kompanie des Infanterieregiments 136[249] unter Oberst Patrunky. Nach seinem Ausscheiden aus der Armee als Major wird Richard Friese zum Oberstleutnant a. D. befördert und als „Inspekteur der Königlich Preußischen Festungsgefängnisse" ins Rheinland versetzt. Dort besucht sein

---

[246] Fischer steht von 1936 bis 1939 an der Spitze des Bonner WBK; danach übernimmt er das Infanterieregiment 340 und wird 1940 mit dem Ritterkreuz ausgezeichnet. Am 27. August 1940 trägt er sich in das Goldene Buch der Stadt Bonn ein; der Eintrag wird 1946 entfernt.

[247] Zuständig für die Wehrbezirke Köln I - III, Bonn, Siegburg, Aachen, Jülich und Düren.

[248] Das Regiment wird 1866 aus Personal des 1. Westfälischen IR Nr. 13, dem 2. IR Nr. 15, dem 5. IR Nr. 53 und dem 6. IR Nr. 55 aufgestellt. Nach seiner Aufstellung ist es wie folgt stationiert: I. und II. Bataillon in Rendsburg und das Füsilierbataillon in Eckernförde. Wann genau Richard Friese zu diesem Regiment versetzt wird, ist unbekannt. In den Jahren 1866-1871 wird Friese noch nicht im Offizierkorps des Regiments geführt (Siehe: Stern, P., Die ersten fünf Jahre des Holsteinischen Infanterie-Regiments Nr. 85).

[249] Das Regiment wird 1887 gegründet und untersteht der 30. Infanteriedivision. Von 1887 bis 1906 ist es in Dieuze und von 1906 bis 1918 in Straßburg i. E. stationiert. Siehe: Conradi, Geschichte des 4. Lothringischen Infanterie-Regiments Nr. 136 S. 13 ff. und S. 19

Sohn Bruno - zeitgleich mit Konrad Adenauer, wenngleich aber sechs Klassen unter diesem - für kurze Zeit das Apostelgymnasium in Köln. Vermutlich 1893 wechselt er in die Kadettenanstalt[250] in Bensberg bei Köln und von dort in jene von Berlin-Lichterfelde, in der etwa 1000 Kadetten ausgebildet werden.

Im Jahre 1900 wird Bruno Friese achtzehnjährig zum Leutnant befördert und zum Infanterieregiment (IR) 136[251] ins elsasslothringische Dieuze versetzt; es ist das Regiment, in dem auch sein Vater gedient hat. Als Zugführer dient er bis September 1906 in der 3. Kompanie unter Hauptmann Mund. Zum Oberleutnant befördert übernimmt Friese für drei Jahre die Aufgabe eines Ausbilders und Hörsaaloffiziers an der Kadettenanstalt in Potsdam. 1909 kehrt er in sein altes Regiment 136 zurück, wird aber zwischenzeitlich von 1910 bis 1913 zusammen mit zwei anderen Oberleutnanten seines Regiments[252] an die preußische Kriegsakademie in Berlin-Dorotheenstadt zur Generalstabsausbildung kommandiert. Zu Frieses Lehrgangskameraden zählen unter anderen die späteren Generalfeldmarschälle Wilhelm Keitel, Günther von Kluge (1882-1944), Ewald von Kleist (1881-1954), und Georg von Küchler (1881-1968), sowie der spätere Generaloberst Hermann Hoth (1885-1971). Den späteren Generalfeldmarschall Albert Kesselring kennt Friese wahrscheinlich bereits aus der Vorkriegszeit in Elsass-.Lothringen.[253] Friese, zum Hauptmann befördert, kehrt danach zu seinem Regiment nach Straßburg zurück. Bei Ausbruch des Ersten Weltkriegs wird er zum Generalstab des Königlich Württembergischen XIII. Armeekorps unter General Max von Fabeck (1854-1916) versetzt. Das Korps kämpft zunächst an der Westfront, danach in Polen. Es folgen Generalstabsverwendungen beim XL. Reserve-Korps unter General Karl Litzmann (1850-1936), in der 14. Landwehrdivision (Juni 1915 bis Sept

250 Diese Einrichtungen dienen der schulischen Ausbildung der Offizieranwärter. Die Jungen werden als Kadetten zwischen dem 10. und 15. Lebensjahr aufgenommen und besuchen die Schule dann - entsprechend ihrem Eintrittsalter - frühestens ab der 5. Klasse (Sexta).

251 Frieses Regimentskommandeure sind die Obersten: von Twardowski (1898-1902), Wahnschaffe (1902-04), Hering (1904-06), von Rintelen (1906-09), Roeder (1909-12) und von Scherbening (1912-14).

252 Die Oberleutnante Murray (BtlAdjutant I. Bataillon) und Petri (12.Kompanie)

253 Kesselring ist im nur 50 km von Dieuze entfernten Metz beim 2. Bayerischen Fußartillerie-Regiment stationiert.

1916), in der 218. Infanteriedivision (1916-1918) und im Generalkommando 52, wo Friese 1918 zum Major befördert wird. Vom März 1919 bis Februar 1920 dient er im Hauptquartier des Großen Generalstabs. Im Sommer 1918 zum Major befördert, scheidet Friese - ausgezeichnet mit den Eisernen Kreuzen II. und I. Klasse und mehreren Hausorden[254] - 1920 aus der Armee aus. Danach arbeitet er als Einkäufer in der Textilbranche. Als ihm 1934 angeboten wird, als Major reaktiviert zu werden, greift er zu und wird in das Wehrkreiskommando VI im westfälischen Münster versetzt. Das Kommando wird von 1934 bis 1938 von Generalleutnant Günther von Kluge,[255] dem späteren Generalfeldmarschall, als Befehlshaber geführt, der zugleich Kommandeur der im Westfälischen stationierten 6. Division der Reichswehr ist. Wahrscheinlich ist es von Kluge, der seinen früheren Kameraden Friese rät, in die Wehrmacht[256] einzutreten.

Oberst Bruno Friese

Am 01. Oktober 1937 wird Friese zum Oberstleutnant und am 1. April 1941 zum Oberst befördert. Während seiner Zeit in

[254] U. a.: Ritterkreuz des Hauses Hohenzollern mit Schwertern (im Ersten Weltkrieg nur 8.291 mal verliehen) und das Österreichische Kriegsverdienstkreuz.

[255] Nach dem Attentat auf Hitler wird er im August 1944 wegen des Verdachts der Teilnahme seines Postens enthoben und begeht am 19. August Suizid mit einer Giftkapsel.

[256] Offizieller Name erst ab 1935

Münster lernt Friese Generalmajor Gerhard Glokke (1884-1944) kennen. Dieser wird bei der Erweiterung der Reichswehr am 1. Oktober 1934 zum „Kommandanten von Münster“ ernannt. Die Bezeichnung ist ein Tarnname, hinter dem sich der Kommandeur der im Aufbau befindlichen 16. Infanteriedivision verbirgt. Fünf Jahre später, 1939, wird Glokke Befehlshaber im Wehrbereich VI und nimmt diesen Dienstposten unter gleichzeitiger Beförderung zum General der Infanterie bis zu seinem plötzlichen Herztod am 5. Juni 1944 wahr; in dieser Funktion ist er der nächsthöhere Vorgesetzte Frieses. Als er von der Verhaftung seines Bonner Kameraden und dessen Inhaftierung in der Etzel-Kaserne erfährt, lässt er diesen durch ein Offizierskommando aus dem Arrest befreien - offenbar gerade noch rechtzeitig, bevor Friese wegen Wehrkraftzersetzung der Gestapo überstellt wird.

Fast vierzig Jahre hat Friese im Kaiserreich gedient, wird in dessen Geist und Haltung erzogen und durch dieses geprägt. Seine politische Orientierung lässt sich mit rechtkonservativ beschreiben. Daher bringt Friese - wie viele andere Offiziere - der neuen republikanischen Staatsform, die, erst in den Kinderschuhen steckend mit vielerlei Schwächen zu kämpfen hat, zwar Respekt, aber keine Zuneigung entgegen. Hitler und dessen Krieg hingegen lehnt er strikt ab. Seine Abneigung hat jedoch - anders als bei Schliebusch - keine religiösen Gründe. Friese ist kein tiefreligiöser Mensch. Schon als junger Leutnant pflegt er der Einfachheit halber die Soldaten für den sonntäglichen Kirchgang nach dem Rotationsprinzip in „katholisch, evangelisch und mosaisch“ einzuteilen. Doch obwohl er eine Aversion gegen die angeblichen „papsthörigen Ultramontanisten“ pflegt, versteckt er den Bonner Dechanten Johannes Hinsenkamp (1870-1949)[257] von der Münsterpfarre und bekannten Gegner des NS-Regimes, einige Tage vor der Gestapo im Keller seines Mietshauses in der Hindenburgstrasse 88. Der Tod seines älteren Sohnes Bruno Harro im Jahre 1940, der mit nur 22 Jahren als Soldat an der Westfront fällt, ist ein schwerer Schlag für die Familie. Er wird nach Bonn überführt und auf dem Nordfriedhof beigesetzt. Im August 1940 bittet Friese die Friedhofsverwaltung, hinter dem Ehrengrab seines Sohnes

[257] Hinsenkamp ist in den 1920er Jahren als Kaplan Geheimsekretär des Kölner Weihbischofs Dr. Joseph Hammels.

„eine kleine, unauffällige Bank“ aufstellen und ein eisernes Kreuz aus Begonien anpflanzen zu dürfen.[258] Der Vorgärtner Mensing erhält den Auftrag, Friese mitzuteilen, dass er sich mit diesem Wunsch an den dafür zuständigen Gräberoffizier der Bonner Standortverwaltung wenden müsse.

Wann Schliebusch und Friese sich kennenlernen, ist unbekannt. Möglich ist aber, dass Schliebusch zu seinem späteren Vorgesetzten Friese bereits während seiner häufigen Reisen von Berlin ins Rheinland zwischen 1941 und 1944 Verbindung aufgenommen hat. Die beiden Männer vertrauen sich gegenseitig und können offen miteinander sprechen. „Es ist schon tragisch mit unserem Führer, lieber Schliebusch. 1918, da stand er ganz unten in der militärischen Hierarchie. Da konnte er nicht erkennen, wann der Krieg nicht mehr zu gewinnen ist. Und jetzt, 26 Jahre später, steht er ganz oben an der Spitze und nun will er es nicht erkennen. Dieser ganze Scheiß, entschuldigen Sie bitte, von den Wunderwaffen! Das Vertrauen in Ihre Teilstreitkraft in allen Ehren, aber wir beide als gestandene Infanteristen wissen doch genau, dass man aus der Luft allein keinen Krieg gewinnen kann.“

Ob Friese in die Befreiungsaktion Adenauers eingeweiht ist, kann nicht belegt werden, doch es sprechen mehrere Indizien dafür. So hat er mit einiger Wahrscheinlichkeit die Fahrbefehle für Schliebuschs Dienst-PKW nach Köln-Hohenlind und in den Westerwald und auch jenen dritten für den Notfall mit dem fiktiven Fahrziel Berlin unterschrieben. Da der dienstliche Zweck dieser Fahrten nur schwer mit dem Auftrag des WBK in Einklang zu bringen ist, muss Schliebusch dem verantwortlichen Offizier, Friese, diesen zuvor erläutert haben. Auch die Gestellung des Kommandos, das im August 1944 zur Abholung Adenauers aus dem Lager auf den Kölner Messegelände aufmarschiert, kann nur mit Wissen Frieses erfolgt sein. Friese macht sich ab 1944 bei den örtlichen NS-Größen zunehmend unbeliebt. Während eines Gerichtsprozesses gegen einen Hochstapler äußert er sich abfällig über das Führerprinzip. Dies bringt ihm vermutlich eine Disziplinarstrafe und Strafarrest ein, den er in der Ossendorfer Etzel-Kaserne verbüßt. Nach einer Woche befreit ihn ein Offizierskommando, gestellt vom Stab des Wehrkreises in Münster,

258 Bericht des Gartenbauinspektor vom 15.08.1940

seiner alten Dienststelle. Doch der Schutzschirm der Wehrmacht und seiner alten, inzwischen in hohe Ränge aufgestiegenen Kameraden, unter dem er sich sicher glaubt, wird zunehmend undichter. Schliebusch und Friese verbindet die Abneigung gegen das NS-Regime. Im Herbst 1944 lehnt Friese schließlich das Angebot, unter gleichzeitiger Beförderung zum Generalmajor eine Volksgrenadierdivision im Raum Aachen[259] zu übernehmen, ab. Der Ablehnungsgrund ist nicht mehr rekonstruierbar. Im Freundes- und engen Kameradenkreis soll er diesen Entschluss damit begründet haben, dass er den Opfergang dieser unausgebildeten Soldaten vor seinem Gewissen nicht verantworten könne. Doch als offizieller Grund angegeben, hätte es ihn ohne Zweifel den Kopf gekostet. Auch sein Alter von inzwischen 62 Jahren reicht als Grund einer Ablehnung nicht aus. Daraufhin wird er mit Wirkung vom 30. September 1944 von seinem Posten abgelöst und in die Führerreserve des Wehrkreiskommandos VI versetzt. Diese außerordentlich milde Reaktion verdankt er möglicherweise dem Oberbefehlshaber der Heeresgruppe B, Generalfeldmarschall Walter Model. Wahrscheinlich hat der neun Jahre ältere Friese Model in den letzten beiden Jahren des Ersten Weltkrieges kennengelernt. Allerdings fällt auch der enge zeitliche Zusammenhang zwischen der Verhaftung von Schliebusch und der Amtsenthebung von Friese auf. Ob hier ein Zusammenhang besteht, ist nicht nachweisbar. Vielleicht ist letzterer zwar in Verdacht geraten, ohne dass man ihm aber die Beteiligung an der Befreiung Adenauers nachweisen kann. Friese bleibt nach seiner Versetzung in die Führerreserve in Bonn wohnen. Mit Oberst Walter Friese, dem Kommandeur des benachbarten Wehrbezirkskommandos Köln II, ist Bruno Friese nicht verwandt.

[259] Mit einiger Wahrscheinlichkeit handelt es sich um die 246. Volksgrenadierdivision, da diese genau zu diesem Zeitpunkt auf dem Truppenübungsplatz Milowitz bei Prag aufgestellt und danach in den Raum Aachen verlegt wird, wo sie zum Einsatz kommt. An Stelle von Friese übernimmt der lebens- und dienstjüngere Oberst Gerhard Wilck (1898-1985), der spätere Festungskommandant von Aachen.

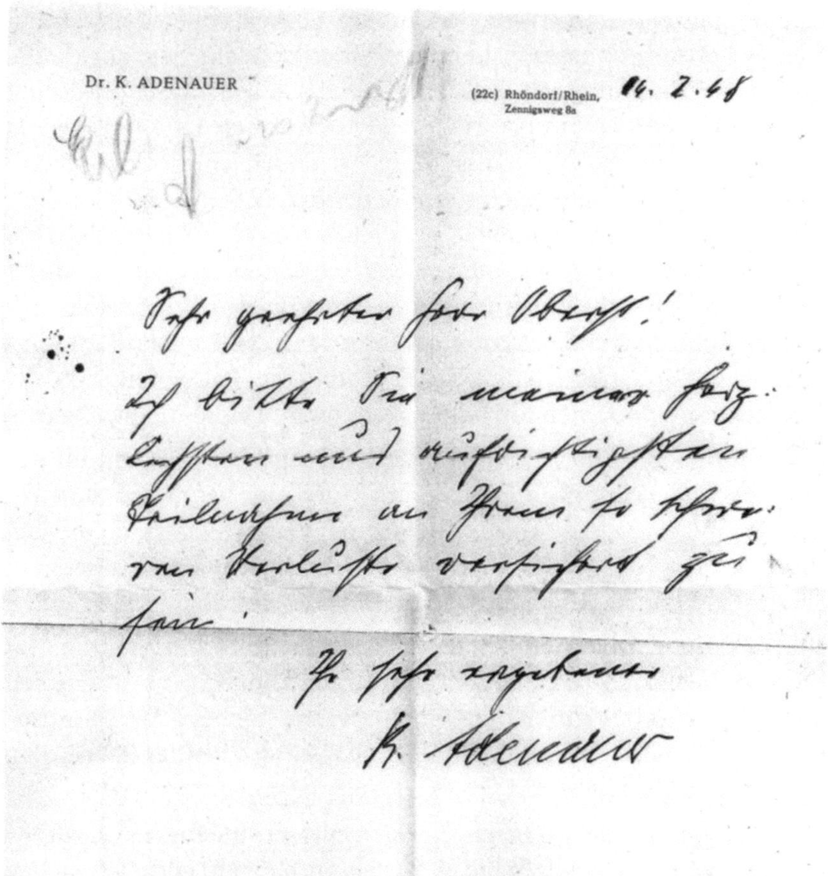

Dr. K. Adenauer (22c) Rhöndorf/Rhein, 14.2.48
Zennigsweg 8a

Sehr geehrter Herr Oberst!

Ich bitte Sie meiner herzlichsten und aufrichtigsten Teilnahme an Ihrem so schweren Verluste versichert zu sein.

Ihr sehr ergebener
K. Adenauer

Wann und aus welchem Anlass Friese und Adenauer sich in späteren Jahren, d. h. nach der kurzen gemeinsamen Schulzeit im Kölner Apostelgymnasium, begegnet sind, ist nicht bekannt. Jedoch nehmen sie zusammen an dem Trauergottesdienst für Schliebusch im Bonner Münster im Herbst 1945 teil. Auch müssen sie sich kennen, da es sonst nicht zu erklären ist, dass Adenauer Bruno Friese am 14. Februar 1948 handschriftlich zum Tode von dessen Frau Cora kondoliert und ihn bittet, „meiner herzlichsten und aufrichtigsten Teilnahme an Ihrem so schweren Verluste versichert zu sein". Vielleicht hat Schliebusch auf der gemeinsamen Fahrt in den Westerwald Adenauer berichtet, dass die Aktion auf dem Messegelände und im Krankenhaus in Hohenlind letztlich nur durch die Absegnung, die Rückendeckung und Unterstützung durch Oberst Friese möglich war.

Möglich ist auch, dass die Verbindung über Dechant Hinsenkamp zustande kommt, der wiederum Adenauer kennt und ihm vielleicht erzählt hatte, dass Friese ihn vor der Verfolgung durch die Gestapo geschützt hat. Nur knappe drei Wochen nach Cora Friese, am 3. März, stirbt auch Adenauers Frau Gussie; achtundzwanzigeinhalb Jahre waren Konrad Adenauer und sie verheiratet.

Schliebusch pflegt in all den Jahren familiäre und berufliche Kontakte zu Juden im Köln-Bonner Raum. Sicher: Als Ministrant hatte er viele Jahre während der Karfreitagsliturgie in der kleinen Kirche in Lannesdorf gebetet:

„Lasset uns auch beten für die treulosen Juden, dass Gott, unser Herr, wegnehme den Schleier von ihren Herzen, auf dass auch sie erkennen unsern Herrn Jesus Christus."[260]

Doch diese überheblich klingende Gebetsfloskel - im Rahmen der Litanei eher heruntergeleiert, denn bewusst gebetet - ist für ihn niemals Grund, gegenüber seinen jüdischen Mitbürgern irgendeine obskure, religiös verbrämte Feindschaft zu hegen. Schliebuschs Einstellung zum eigenen Glauben und anderen Religionen ist von der Toleranzidee Gotthold Ephraim Lessings (1729-1781) in dessen Ring-Parabel in „Nathan der Weise" und dem Gebot der Nächstenliebe geprägt. Und so ist er in mehrfacher Hinsicht zornig über die Ausschreitungen im Zuge der sog. „Reichskristallnacht" im November

[260] Papst Johannes XXIII. lässt am Karfreitag 1959 das Wort „perfidis" (treulos) weg. Im Zuge des 2. Vatikanischen Konzils wird eine Neufassung eingeführt.

1938. Im angeheirateten Zweig seiner Familie gibt es Juden, und beruflich hat er lange Jahre mit jüdischen Kollegen zusammengearbeitet. Besonders aber schämt er sich als alter Soldat mit einem ausgeprägten Gerechtigkeitssinn über die Untätigkeit von 50 bis 60 Kölner Schupo-Beamten, die in nächster Nähe der Ausschreitungen 1938 „herumlungerten“ und keine Hand dagegen rührten. In seinem Bericht schreibt er: „Im übrigen stand schon damals für mich … ausdrücklich fest, daß die Art von Judenpolitik, die Hitler trieb, der akute Anlaß zum Krieg sein müsse. Denn es war klar, daß sich Deutschland damit vor den Augen aller rechtlich Denkenden in der ganzen Welt in einer so unfaßbaren und unübersehbaren Weise ins Unrecht setzte, daß jeder Andersdenkende die Möglichkeit, diesem Deutschland mal wieder Anstand und ein Gefühl für Recht und Ordnung beizubringen, begrüßen mußte“.

Ob er um die Rolle der Konzentrationslager als Teile einer systematischen NS-Tötungsmaschinerie des europäischen Judentums weiß, geht aus Schliebuschs Zeilen nicht eindeutig hervor. Zwar fällt das Wort „Vernichtung“ nicht expressis verbis, doch im Zusammenhang mit der Schilderung seiner Hilfe für Dr. Walbaum - schreibt er im März 1945: „Dann kam für die meisten seiner Leidensgenossen das Ende: der Abtransport nach Polen, in den Tod.“[261]

Dies spricht dafür, dass Schliebusch spätestens seit seiner Verwendung im OKW weiß, welches Schicksal die in die Konzentrationslager deportierten Juden erwartet. Während Schliebuschs Eintreten für Adenauer eine einmalige und auch nur kurz dauernde Aktion ist, dauert die ununterbrochene Unterstützung für die Familie sieben lange Jahre. In dieser gesamten Zeit schwebt über der Familie Schliebusch unablässig das Damoklesschwert der Entdeckung und der damit verbundenen Bestrafung.

[261] Schliebusch, Fritz, a.a.O., S. 8

OBERKOMMANDO DER WEHRMACHT　　　　O.U., den 12. Januar 1944
Wehrwirtschaftsstab

Vorschlag zur Beförderung

Zuname: S c h l i e b u s c h　　　Vorname (Rufname): Fritz
Geburtsdatum: 19.3.92　　　Zivilberuf: Abt.Ltr. i.d.Reichswirtschaftskammer
W.B.K.: Berlin IX, Ruhrstr.12a
Jetziger Dienstgrad: Hauptmann d.R.z.V.
Letztes Patent (R.D.A.) als Hauptmann d.R.z.V. vom 1.1.40
Angaben zur Dienstlaufbahn: Eintritt: 1.4.12
Truppenteil: Jnf.Rgt.68
Beförderungen: 27.1.16 Leutnant d.R.
1.1.41 Oblt. d.R.z.V.
1.4.41 Hptm. d.R.z.V.
Ausgeschieden:
Dienstzeiten mit Daten seit 1.8.1939 (in welchen Stellen verwendet):
23.9.40 Luftf.Min./Abt.GL/Bfl. als Leutnant
6.8.42 OKW/W Stb bis heute
Jetzige Dienststellung (seit wann): 6.8.42
Stellengruppe der K.St.N.: B
Welche Uniform (Waffenfarbe) trägt der Offizier z.Zt.? gelb
Wird vorgeschlagen zur Beförderung zum: Major d.R.z.V.
Ist die ausserdienstliche Eignung im Sinne der Anlage 3 der Offz.-Erg.-Best. erbracht? ja

Beurteilung des Truppenkommandeurs bzw. Dienststellenleiters:

Hptm. d.R.z.V. Schliebusch ist seit dem 6.8.1942 als Sachbearbeiter für Berichtswesen und zur Prüfung der Kriegstagebücher nachgeordneter Dienststellen, sowie Auswertung der monatlichen wehrwirtschaftlichen Lageberichte eingesetzt. Er hat die ihm übertragenen Aufgaben gewissenhaft und verantwortungsbewußt gelöst. Er ist ein vorbildlicher Offizier, was äußere Haltung und Erscheinung, was Lebenshaltung und Pflichttreue anbetrifft. Er besitzt im vollen Maße die für eine gehobene Verwendung erforderliche Selbständigkeit und Umsicht und ist daher für eine Beförderung zum Major voll geeignet. Hptm.Sch. steht voll und ganz auf dem Boden der nationalsoz.Weltanschauung.

I. A.

12. Jan. 1944　　　[Unterschrift]
Datum　　　Unterschrift
- . -　　　Oberst und Abteilungschef

Dem Wehrbezirkskommando Berlin IX sind keine Umstände bekannt, die dem Vorschlag entgegenstehen.

28.Jan.1944　　　[Unterschrift]
Datum　　　Unterschrift
Kapitän zur See

Beförderungsvorschlag zum Major

Dr. Ernst Walbaum

Marta Gebhardt (1887-1980), die ältere Schwester von Schliebuschs Ehefrau Johanna, hatte 1916 den zum katholischen Glauben konvertierten jüdischen Bankkaufmann Dr. Ernst Walbaum (1886-1957) geheiratet. 1932 übernimmt dieser auf Vermittlung von Schliebusch die Leitung der als Aktiengesellschaft arbeitenden Bausparkasse in Köln. Als aber die Judenverfolgungen auch im Rheinland um sich greifen, ist die Sicherheit von Walbaums Familie nicht mehr zu gewährleisten. Schliebusch setzt sich für die Verlegung des Sitzes der Bausparkasse nach Berlin ein, die 1934 erfolgt. Er hofft, die Anonymität der Hauptstadt böte Walbaum Sicherheit. Zunächst gelingt dies auch, doch im September 1935 wird Walbaum - nach dem Reichsbürgergesetz vom 15. September 1935 gilt er als „Volljude" - zur Aufgabe seines Amtes gezwungen und ein Jahr später fristlos entlassen. Ende 1938 suchen sich die Walbaums eine kleine Notwohnung in Berlin-Niederschönhausen. Das Ehepaar Schliebusch beherbergt die vierköpfige Familie,[262] die ihrer wirtschaftlichen Existenz beraubt ist, während des ersten strengen Kriegswinters 1939/40, als deren Wohnung wegen des Mangels an Heizmaterial unbewohnbar ist, in ihrem Haus in der Fabeckstraße 42 in Berlin-Dahlem.

---

[262] Das Ehepaar Walbaum hat drei Kinder: eine Tochter und zwei Söhne; ein viertes Kind ist kurz nach der Geburt gestorben.

Hildegard Walbaum und Johanna Schliebusch. Tochter Hildegard Walbaum (1917-2009)[263] *bleibt bis Januar 1944 bei Familie Schliebusch.*

Ehepaar Schliebusch mit Hildegard Walbaum

263 Später verheiratet mit Werner Woschée.

Sohn Hanspaul (1919-1988) wird 1938 zur Wehrmacht eingezogen und bereits kurz nach Beginn des Polenfeldzuges am 12. September 1939 schwer verwundet. Er erleidet eine Plexuslähmung des rechten Armes und muss die Verwundung bis Ende 1940 in einem auf dem Gelände „Deutsches Sportforum“ eingerichteten Lazarett ausheilen. Krankenschwester Olga Rigele (* 1889-+), die leibliche Schwester von Reichsmarschall Hermann Göring, bemüht sich „hinter den Kulissen“ - so Bruder Bernd Walbaum (* 1926) -, dessen Schicksal so weit wie möglich zu erleichtern.

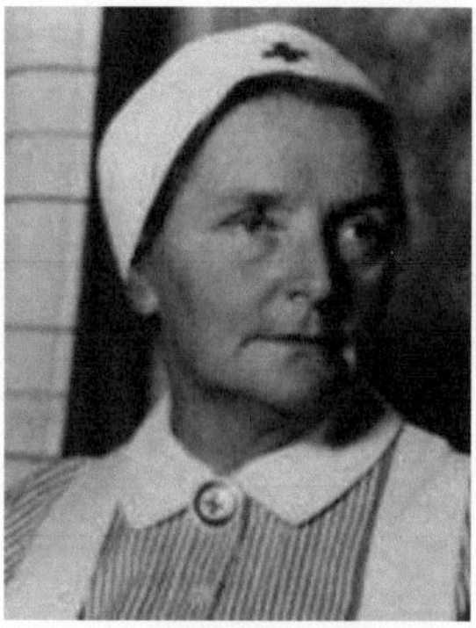

Olga Rigele

Schliebusch besucht seinen Neffen wiederholt im Lazarett und lernt bei dieser Gelegenheit die Schwester seines obersten Luftwaffen-Chefs kennen. 1941 ist Hanspaul Walbaum - ausgezeichnet mit dem Verwundetenabzeichen und dem Kriegsverdienstkreuz II. Klasse - zwar kriegsversehrt, aber soweit wiederhergestellt, dass er, vom NS-Regime der Rubrik „Mischling I. Klasse“ zugeordnet, an der Rheinisch Westfälischen Technischen Hochschule (RWTH) in Aachen Elektrotechnik studieren kann.[264] Nach dem Krieg lehrt er dieses Fach bis 1984 als Professor an der Fachhochschule Köln.

Von Mai 1940 bis Februar 1943 arbeitet Dr. Ernst Walbaum als Arbeiter in Berlin. Da er bei der Spinnstoff AG in Berlin-

264 Hitler verfügt zwar im Dezember 1940, dass „Mischlinge“, die wegen Tapferkeit ausgezeichnet wurden, studieren dürfen, doch die Partei umgeht diese Weisung, indem sie durchsetzt, dass die Wehrmacht keine Tapferkeitsauszeichnungen mehr an „Mischlinge“ verleiht.

Zehlendorf zu schwerster körperlicher Arbeit herangezogen wird, gelingt es Schliebusch mit Hilfe des mit ihm befreundeten Leiters des Zeiss-Ikon-Werks in der Rheinstraße 45/46 in Berlin-Friedenau, Walbaum im Lohnbüro, d. h. zu leichterer Arbeit, einzusetzen. Am 23. Februar, seinem Hochzeitstag, erhält Walbaum von seinem Vorgesetzten, obgleich eigentlich nicht erlaubt, ein paar Tage Urlaub und fährt zu seiner Cousine Maria Schlitzer nach Hamburg. Am selben Tag ruft Schliebusch diese an und teilt ihr nur kurz mit: „Ernst braucht nicht zurückzukommen!“ Grund dieser verschlüsselten Nachricht ist, dass am Tag der Abreise die gesamten jüdischen Zwangsarbeiter („Judenkolonne“) seiner Firma von der Gestapo verhaftet und abtransportiert worden waren.

Dr. Ernst Walbaum mit Cousine Maria Schlitzer 1956

Nur um Haaresbreite entgeht Walbaum dadurch der Deportation nach Ausschwitz. Doch noch ist die Gefahr für ihn nicht vorüber. Daher reist Schliebusch tags darauf nach Hamburg. Er macht

Walbaum klar, dass er keine andere Wahl hat als unterzutauchen. Nach einem Monat in Hamburg führt die monatelange Flucht Walbaums über mehrere Stationen u. a. nach Berlin und Magdeburg schließlich im Juli 1943 wieder an den Rhein zurück. Auch dabei hilft Schliebusch. Walbaums Frau bleibt mit Sohn Bernd in Berlin. Sie gibt gegenüber der Gestapo an, dass ihr Mann seit den Fliegerangriffen vom Februar vermisst wird. Im Januar 1944 ziehen sie zurück nach Köln. Sohn Bernd wohnt bei seiner Großmutter und Frau Walbaum bei einer älteren Schwester. Als diese Wohnungen bei einem Fliegerangriff zerstört werden, finden sie in Bonn beim Bruder der Großmutter eine vorübergehende Unterkunft. Erst nach dem Einmarsch der Amerikaner sehen sie den Vater wieder.

Dr. Ernst Walbaum (rechts) mit Tochter Hildegard und Sohn Bernd bei der Taufe des Enkels Raimund Woschée im April 1952

Mit Unterstützung von Schwager Schliebusch und der Familie Giesen findet Dr. Walbaum zunächst ab dem 17. Juli 1943 Unterschlupf auf deren weitläufigem Gartengrundstück, der Obstplantage „Marienhof“, in Urfeld bei Bonn.

Wehrnummer

Bonn 01/1/32/8

Polizeil. Meldebehörde BONN

Wehrbezirkskommando BONN

Ausmusterungsschein

Der Fabrikant Jakob Hermanns
(Beruf, Vor- und Familienname)

geb. am 4. 2. 1901 zu Bonn
(Tag, Monat, Jahr) (Ort)

Bonn Köln
(Gemeinde, Kreis usw., Regierungsbezirk, Land)

ist völlig untauglich zum Dienst in der Wehrmacht.
Er scheidet aus dem Wehrpflichtverhältnis aus.

Bonn, den 23. Juli 1942
(Musterungsort) (Tag, Monat, Jahr)

Die Kreispolizeibehörde

Dienststempel

(Unterschrift)

Der Wehrbezirkskommandeur

Dienststempel

(Unterschrift)

Oberst.

Zur Beachtung

1. Alle Eintragungen sind mit Tinte oder mit Hilfe der Schreibmaschine auszuführen.
2. Der Verlust dieses Scheines ist sofort dem zuständigen Wehrmeldeamt zu melden.
3. Fälschung und mißbräuchliche Benutzung dieses Scheines wird als Urkundenfälschung gerichtlich verfolgt.

Dann verschafft Maria Giesen ihm eine Anstellung in der Treibriemenfabrik des guten Bekannten Jakob Hermanns[265] in Wesseling; dieser ist wie Josef und Maria Giesen ein Gegner des Regimes. Als Leiter eines kriegswichtigen Betriebes wird Hermanns 1942 „unabkömmlich“ (u.k.) gestellt. Oberst Friese unterzeichnet den Wehrpass am 23. Juli 1942.

Um unnötige Risiken auszuschalten, klärt Giesen seinen Bekannten Hermanns nicht über dessen wahre Identität auf. Und so arbeitet Walbaum unerkannt unter dem Mädchennamen seiner Frau „Gebhardt“ in dessen Fabrik, einem Zulieferbetrieb des Hydrierwerks „Union Rheinische Braunkohlen Kraftstoff AG“ in Wesseling bis ein Bombenangriff am 18. Oktober 1944 das Wohn- und Geschäftshaus in der Bonner Maargasse 10 und die Verkaufsstelle in der Kesselgasse 19/21 völlig zerstört. Alle Warenvorräte, Werkzeuge und Maschinen fallen dem Angriff zum Opfer. Dennoch darf Walbaum bis zum 18. März 1945 bei Familie Hermanns wohnen, wird von dieser „ohne Lebensmittelkarten verköstigt“ und überlebt Krieg und Verfolgung.[266] Erst als die alliierten Truppen am Rhein stehen, erfährt Familie Hermanns den richtigen Namen Walbaum. In einem Schreiben an die alliierten Militärbehörden bestätigt Walbaum am 24. April 1945, dass ihm die Familie Hermanns in schwerer Zeit das Leben gerettet habe und setzt sich dafür ein, dass Hermanns beim Wiederaufbau seines Betriebes Unterstützung gewährt wird - z. B. durch Freigabe seines PKW für Fahrten im Umkreis von 90 km um Bonn.

Josef Giesen stellt Hermanns am 8. September 1945 eine ähnliche Bescheinigung aus, und Adenauer bestätigt diese als unabhängiger Zeuge im Juni 1946.

---

[265] Die Firma wird 1882 durch den Gerbermeister Heinrich Hermanns in Jülich gegründet und schnell als Hersteller erstklassigen Leders bekannt. Hauptabnehmer sind Landwirte. Die Firma expandiert und wird in „Treibriemenfabrik Heinrich Hermanns“ umbenannt. Nach der Zerstörung der Fabrikgebäude baut Hermanns eine größere und modernere Fabrik in der Bonner Dorotheenstraße 101. Im Jahre 1995 wird die Firma von Erich Krupp übernommen.

[266] Siehe: Over, Marianne, Chronik der Familie Giesen

Dr.jur. Ernst Walbaum
Bonn, Goethestr.42

24. April 1945

Herr Jakob Hermanns, Bonn, An der Esche 7, Inhaber der Treibriemenfabrik unter der handelsgerichtlich eingetragenen Firma Heinrich Hermanns in Bonn, hat mich, obwohl ich nach den Bestimmungen des Reichsbürgergesetzes von 193 Jude bin, ohne Rücksicht auf die für ihn damit verbundene Gefahr vom 18. 7. 1943 bis 18. 3. 1945 unangemeldet in seinem Hause beherbergt, ohne Lebensmittelkarten beköstigt und unter falschem Namen in seinem Betrieb beschäftigt.

Mir ist es aus eigener Wissenschaft bekannt, dass Herr Hermanns während der ganzen Zeit meines Aufenthaltes bei ihm die Anordnungen der NSDAP und ihrer Organe nach Kräften umgangen und sabotiert hat, und dass er bei jeder möglichen Gelegenheit auch andere Personen zu ähnlichen Handlungen ermunter hat.

Durch den Fliegerangriff auf Bonn am 18.10.1944 hat Herr Hermanns sein Wohn- und Geschäftshaus Maargasse 10 und seine Verkaufsstelle Kesselgasse 19/21 mit allen Warenvorräten, Maschinen und Werkzeugen und damit seine Existenz verloren.

Ich bitte daher, Herrn Hermanns den alsbaldigen Wiederaufbau seines Unternehmens zu ermöglichen und ihm bei der Beschaffung von Waren, Maschinen und Werkzeugen behilflich zu sein. Herrn Hermanns würde der Wiederaufbau seiner Existenz ganz besonders durch Freigabe seines Personenkraftwagens Ford-Eifel, Polizei-Kennzeichen IZ 183 495 mit Anhänger erleichtert, da er sich auf diese Weise persönlich bei seinen alten Lieferanten, die er fast sämtlich im Umkreis von 90 km von Bonn erreichen kann, bemühen würde.

Ernst Walbaum

Der Vorsitzende
der Christlich-Demokratischen Union
der Rheinprovinz

Mitglied des Zonenausschusses
für die britische Zone

Mitglied des Zonenbeirats

Bescheinigung.
-.-.-.-.-.-.-.-.-.-

Herr Gartenbaudirektor J.W. G i e s e n , Beigeordneter der Stadt Köln, Urfeld b/Köln, und Herr Dr. jur. Ernst W a l b a u m , Bonn, Goethestrasse 42, haben, der erstere unter dem 8.9.1945, der letztere unter dem 24.4.1945, dem Herrn H. H e r m a n n s aus Bonn, früher Maargasse, Bescheinigungen ausgestellt, über sein Verhalten der der nationalsozialistischen Zeit. Die darin gemachten Angaben kann ich als richtig bestätigen.

Rhöndorf/Rhein, den 12.6.1946.

Adenauer

(Adenauer)

Nach Kriegsende wird Walbaum von der britischen Militärregierung zum ersten Leiter der Sparkasse Bonn bestellt und führt diese für wenige Wochen. Der Geschäftsbericht der Bonner Sparkasse für das Jahr 1945 vom 19. März 1946 schreibt: „Mit der vorübergehenden Leitung der Sparkasse wurde nach Wiederaufnahme des Geschäftsbetriebes der jetzige 1. Vorstandsbeamte der hiesigen Reichsbankstelle, Direktor Dr. Walbaum, betraut. Nach dessen Übertritt zur Reichsbank liegt die Sparkassenleitung ab 19.6.1945 in den Händen von Sparkassendirektor von Chamier-Gliesen als 1. Direktor“.

Mitte Juni 1945 erfolgt die Ernennung zum Reichsbankdirektor, im Januar 1947 wechselt Walbaum als Direktor zur Reichsbankstelle der britischen Zone in Hamburg und im Juli 1948 kehrt er zur Landeszentralbank Nordrhein-Westfalen an den Rhein zurück. Walbaum und Hermanns bleiben bis zu Walbaums Tod in Freundschaft verbunden. In der im September 1957 an Jakob Hermanns übersandten Todesanzeige für ihren verstorbenen Ehemann fügt Frau Walbaum handschriftlich hinzu: „Zur Erinnerung an Ihren Hausburschen, Buchhalter, Berater und Freund".

Vom Risiko her betrachtet ist die Hilfe Schliebuschs für die Familie Walbaum ohne Zweifel höher einzustufen als jene für Adenauer, nicht zuletzt deshalb, weil sie Jahre dauert und damit zugleich die Gefahr des Entdecktwerdens durch die Gestapo oder Denunzianten beträchtlich ansteigt. Sie beginnt lange vor dem Krieg, was bedeutet, dass Schliebusch in diesem Falle nicht mit dem Faktor Zeit, sprich: einer schnellen Niederlage des Regimes, rechnen kann und dies auch nicht tut. Er schreibt dazu, dass die selbstlose Unterstützung, die er der Familie Walbaum gegenüber leistete, „nur in größter Heimlichkeit ausführbar (war), wenn nicht der Helfer mit seinem Schützling den Weg in die Schutzhaft oder ins Konzentrationslager antreten wollte".[267]

Das Beispiel Walbaum zeigt zugleich, dass die gesamte Familie Schliebusch - Ehefrau Johanna und seine beiden Söhne Klaus und Wolfgang - die Entscheidung des Familienoberhauptes zum individuellen Widerstand gegen das NS-Regime auch im Wissen um die Konsequenzen im Falle einer Entdeckung mitträgt und kompromisslos unterstützt. Einen ebenfalls von der ganzen Familie getragenen Widerstand zeigen auch die Familien Giesen und Vollmar. Im Übrigen stehen auch Schliebuschs Schwester Ada und deren Ehemann Paul Minnich auf der Seite der Familie Schliebusch und gewähren Dr. Ernst Walbaum in ihrem Wohnort, der kleinen Stadt Adenau in der Hocheifel, Zuflucht, als dieser sich im August 1944 für einige Tage den Nachforschungen der Gestapo - vermutlich im Zuge der Verhaftungswelle nach dem Attentat auf Hitler - entziehen muss.

Möglicherweise, wenngleich nicht belegt, lernt Schliebusch bei seiner früheren journalistischen Arbeit in den zwanziger Jahren auch das fast gleichaltrige Ehepaar Louise Straus-Ernst (1893-1944) und ihren Mann, den Maler Max Ernst (1891-1976),[268] kennen, die bis zu

---

267 Schliebusch, Fritz, a.a.O., S. 8

268 Der in Brühl bei Köln geborene Max Ernst, einer der Väter der modernen Kunst in Deutschland (u.a. des Dadaismus) und Leutnant der Reserve wie Schliebusch,

ihrer Scheidung und dem Umzug von Ernst nach Paris im Jahre 1922 zunächst am Kaiser-Wilhelm- Ring und später in Köln-Sülz wohnen. Dass dem von seinem Kunstgeschmack her eher konservativ orientierten Schliebusch allerdings die auf Provokation ausgelegten Collagen, Bilder und Objekte der Ausstellung „Dada Vorfrühling“ von Max Ernst (alias „Dadamax“) und Alfred Grünwald (alias Theodor Baargeld“) im April 1920 im Lichthof des Brauhauses Winter in der Schildergasse gefallen, sofern er sie überhaupt besucht, erscheint fraglich. Auf seine schmunzelnde Zustimmung hingegen dürfte die Aufforderung der beiden Künstler gestoßen sein, die etwa 170 Werke, die den Betrachtern nicht zusagen, in Form des späteren Happenings, eigenhändig mit einem Beil zu zerstören.[269]

Louise Straus-Ernst

Die exzentrische Künstlerin und Kunsthistorikerin ist die Tochter eines jüdischen Kölner Hutfabrikanten und arbeitet wie Schliebusch zeitweise als Journalistin ebenfalls für die Kölnische Zeitung. Sie unterhält gute Kontakte zum Büro des Kölner Oberbürgermeisters Adenauer, für den sie nach Aussagen ihres Sohnes einige

---

meldet sich bei Kriegsausbruch 1914 freiwillig zur Artillerie, wird in die Feldartillerie-Kaserne im linksrheinischen Niehl in Kölns Norden (vermutlich zum 3. Rheinischen Feld-Artillerie-Regiment Nr. 83) eingezogen und kämpft danach an der Westfront. Später kommt er zum 36. Ostpreußischen Regiment und wird im Frühjahr 1918 zum Leutnant befördert.

[269] Die Ausstelllung war durch die Staatsanwaltschaft kurz geschlossen, dann aber wieder geöffnet worden.

Reden verfasst haben soll. Als Adenauer 1933 abgesetzt wird, verlässt sie Köln und emigriert wie ihr früherer Ehemann ebenfalls nach Paris. 1944 wird sie im KZ Auschwitz ermordet.

7. Haft

Der September 1944 neigt sich langsam dem Ende zu, als bei einer Personenkontrolle im Lager auf dem Messegelände festgestellt wird, dass der Häftling Dr. Konrad Adenauer fehlt. Zander als Lagerältester wird eilends herbeizitiert. Er hat jeden Tag seit dem Verschwinden Adenauers mit diesem Moment gerechnet und hat immer und immer wieder seine Argumentation wiederholt. „Der Häftling Adenauer hatte einen Herzanfall. Zwei Ärzte haben mir dringend geraten, zuzustimmen. Er wurde dann sofort ins Krankenhaus nach Hohenlind gebracht. Mehr weiß ich auch nicht." Der Gestapo-Mann tobt. „Seit wann kommen kranke Häftlinge in eine Klinik, Zander? Hast du das einmal in deiner bisherigen Haftzeit erlebt?" Zander weiß, was für ihn auf dem Spiel steht und versucht sich herauszureden. „Was kann ich als kleiner Kapo ausrichten, wenn zwei Ärzte, davon einer vom Militär, mir die Anweisung geben, dass der Häftling sofort in ein Krankenhaus muss. Ich bin davon ausgegangen, dass die Gestapo darüber informiert war und die Überstellung genehmigt hat.": „Halt uns nicht für dumm, Zander! Deine Märchen kannst du deiner Großmutter erzählen. Du hättest uns sofort die Flucht Adenauers melden müssen. Für dich wird die Sache noch ein Nachspiel haben!" Tatsächlich wird Zander wenige Wochen später, am 15. Januar 1945, in das Konzentrationslager Buchenwald verlegt. Nun wird die Fahndung der Kölner Gestapo-Zentrale übergeben. Dr. Max Hoffmann, der Kölner Gestapo-Chef, beauftragt den cholerischen Gestapo-Kommissar Kurt Bethke (1903-1972), den Chef des Sonderkommandos in der Haftanstalt Brauweiler, sofort nach Adenauer zu suchen.

Gestapo-Kommissar Bethke

Der erste Ansatzpunkt ist zunächst das St. Elisabeth-Krankenhaus. Und so ist Schwester Palmatia sehr erstaunt, als sie am Morgen des 23. Septembers einen Anruf der Gestapo-Zentrale aus Köln erhält. „Ich verstehe Ihre Frage nach Herrn Dr. Adenauer nicht. Er ist nicht mehr hier, sondern wurde schon vor Tagen abgeholt und sollte soweit ich es verstanden habe, nach Berlin gebracht werden". Bethke tobt. „Dieser Adenauer ist abgehauen, einfach so getürmt. Ich bin anscheinend nur von Idioten umgeben, dass sogar ein seniler, abgehalfterter Oberbürgermeister so mir nichts dir nichts aus einem unserer Lager türmen kann!" Bethke setzt zwei seiner Beamten in Marsch. "Holt mir den Kerl sofort zurück, aber lebendig und direkt hierher nach Brauweiler und nicht mehr in dieses lasche Lager." Doch die beiden Gehilfen kommen nach drei Stunden unverrichteter Dinge aus Hohenlind zurück. „Wir haben alle verhört, Chef", melden sie Bethke. „Es sieht so aus, dass Adenauer vermutlich am 9. September von einem Wehrmachtsoffizier abgeholt wurde, der ihn nach Berlin bringen wollte." Keine Frage: Adenauer ist geflohen. Nachdem sein erneuter Wutanfall verrauscht ist, zündet sich Bethke eine Zigarette an. „Na gut", meint er, „wenn das so ist, dann werden wir uns mal die ganze nette Fahndung sparen und gleich einen Gang höher schalten. Seine Hochwohlgeboren wird sich noch wundern! Schafft mir als erstes sofort seine Frau her! Wir haben schon ganz andere klein gekriegt! Einem Bethke tanzt man nicht auf dem Kopf herum! Und diesen Wehrmachtsfatzke mit ihrem überheblichen Getue habe ich nie getraut. Auch diesen Verbrecher werden wir kriegen!"

Schliebusch hatte im Wissen um die rigorosen Methoden der Geheimen Staatspolizei zwar einkalkuliert, dass Adenauers Familie eine Schwachstelle seines Planes darstellt, doch gehofft, die Gestapo würde kurz vor dem Zusammenbruch eher bemüht sein, die eigene Haut zu retten, als noch intensiv nach entschwundenen Häftlingen zu suchen. Er weiß zudem, dass es unmöglich ist, die ganze Familie Adenauer - seine Frau und die drei minderjährigen Kinder - in Sicherheit zu bringen. Selbst dann blieben noch die drei erwachsenen Söhne gefährdet, die als Soldaten an der Front stehen.

Der perfide Plan Bethkes geht auf: Am Sonntag, dem 24. September 1944, gegen 05.00 Uhr morgens klingelt Bethke persönlich Sturm an der Haustür des Adenauerschen Hauses im Zennigsweg in Rhöndorf.[270] „Gussie" Adenauer schreckt aus dem Schlaf. Sie weiß, was das bedeutet. „Frau Auguste Adenauer - Sie sind verhaftet!" Nur wenige Minuten bleiben ihr, um sich von den Kindern zu verabschieden. Die beiden Mädchen, die neunzehnjährige Lotte und die sechzehnjährige Libet waren bei dem Lärm sofort aufgewacht. Der dreizehnjährige Georg, der Jüngste, hingegen blinzelt seine ihn umarmende Mutter nur schlaftrunken an. Adenauers Ehefrau wird zur Geisel. Sie hat keine Wahl, und es gibt keinen Ausweg. Stundenlang wird sie zunächst in Honnef bei der Polizei verhört und dann nach Köln in das Gestapo-Hauptquartier, das EL-DE-Haus in der Elisenstraße, überstellt. Gussie Adenauer ist eine starke, tapfere und vor allem tief gläubige Frau, die den Schergen der Gestapo furchtlos gegenübertritt. Lange bleibt sie standhaft und bei ihrer Aussage, sie wisse nichts über das Verschwinden ihres Mannes, etwaige Helfer bei der Flucht und auch nichts über seinen jetzigen Aufenthaltsort. In der Gemeinschaftszelle im Keller wird sie von kriminellen Mitgefangenen und Prostituierten drangsaliert und durch die Wachmannschaft bisweilen schikaniert. Am Abend des 28. Septembers, vier Tage nach ihrer Verhaftung, heulen wieder einmal die Sirenen: Luftalarm. Kurze Zeit später ist das monotone Brummen der Bomber zu hören. Erst

[270] Im Frühjahr 1935 zieht Adenauer mit seiner Familie nach Rhöndorf. Dort wohnen sie zunächst in der Löwenburger Straße zur Miete, Dann kaufen sie nicht weit davon am Zennigsweg 8 ein Grundstück, auf dem sie bauen und kurz vor Weihnachten 1937 einziehen.

dann darf Gussie als letzte in den Luftschutzkeller.[271] Als Kommissar Bethke schließlich droht, ihre Töchter ebenfalls hierherbringen zu lassen, gibt sie nach einem weiteren dreistündigen nächtlichen Verhör das Versteck ihres Mannes und auch den Namen des Fluchthelfers Schliebusch preis.[272] Sie kann nur zwischen dem Leben ihres Mannes und dem ihrer Kinder wählen, und sie entscheidet sich für die Kinder. Niemand kann und darf ihr daraus einen Vorwurf machen, auch ihr Mann tut es später nicht. Nach dem Krieg wird Bethke, ihr Häscher, in einem Prozess aussagen, die Frau habe ihm leid getan.[273] Bei dem Verhör hingegen ist von diesem angeblichen Mitleid nichts zu spüren.

In den frühen Morgenstunden des 25. Septembers umstellt ein Kommando der Gestapo das Versteck in der abgelegenen Nistermühle. Zwischen 4 und 5 Uhr in der Frühe wird die Familie Roedig unsanft durch starkes Klopfen geweckt. Als Herr Roedig die Haustür öffnet, stehen mehrere Gestapo-Beamte vor ihm. „Wo ist Doktor Adenauer?“ „Tut mir leid, aber bei uns wohnt kein Doktor Adenauer!“ antwortet Roedig. Der Hausherr lässt sich von dem unerwarteten Besuch keineswegs einschüchtern. „Meine Herren, Sie sprechen mit einem Major der Reserve und ich ersuche Sie, dies bei Ihrem Auftreten zu berücksichtigen!“ Roedig hatte im Ersten Weltkrieg in einem Infanterieregiment gedient; im Zweiten Weltkrieg war er mit 57 Jahren wegen seines Alters nicht mehr einberufen worden. In den vergangenen zwei Wochen haben Roedig und Adenauer wiederholt diese Situation durchgesprochen und Pläne geschmiedet. Doch sie wissen auch, dass in einem solchen Augenblick eine weitere Flucht nicht mehr möglich ist. Zwar ist Adenauer bereits nach dem ersten Klopfen der Staatspolizei aus einem unruhigen Schlaf hochgeschreckt und in

---

271 Nach ihrer Freilassung ist ihr linker Arm geschient und verbunden. Siehe: Weiss, Franz-Rudolph von, a.a.O., Teil 1 S. 59 und Teil 2. Als am 5. Oktober 1944 der nächste schwere Luftangriff auf Köln erfolgt, ist Frau Adenauer bereits aus der Haft entlassen. Am 10. Mai 1945 besucht Adenauer mit seiner Frau die Haftanstalt Brauweiler.

272 Gussie Adenauer kommt über ihren „Verrat“ nicht hinweg, leidet unter Depressionen und stirbt schließlich am 3. März 1948.

273 Am 11.8.1948 erklärt Adenauer an Eidesstatt, ihm gegenüber hätte sich Bethke „in dienstlicher Hinsicht scharf, aber korrekt verhalten“. Bethke wird 1948 in einem Spruchkammerverfahren in Hamburg-Bergedorf zu 2 Jahren Gefängnis verurteilt, allerdings nur wegen seiner Mitgliedschaft in der Gestapo. Seine Verbrechen in Brauweiler hingegen bleiben ungesühnt.

aller Eile auf den Speicher ausgewichen, wo er sich im Kamin versteckt. Doch die Suche nach ihm dauert nicht lange. Er wird entdeckt und verhaftet - es ist seine dritte Verhaftung. Mit der ihm eigenen Souveränität bittet Adenauer die Polizisten, mit ihm noch eine Tasse Kaffee zu trinken, da er „es nicht gewöhnt sein, ohne Frühstück aus dem Haus zu gehen“. Diese Art des geschmeidigen Umgangs mit ihm feindlich gesinnten Machthabern - in Würde vor ihnen zu bestehen, ohne sie frontal herauszufordern - hat Adenauer schon wiederholt erfolgreich praktiziert: gegenüber den meuternden Soldatenräten ebenso wie mit den britischen Besatzungstruppen nach dem Ersten Weltkrieg.

Den Bohnenkaffee hatte Frau Roedig eigentlich zur Feier der heutigen Silberhochzeit des Ehepaares Adenauer organisiert, und nun wird er zu einer Art Henkersmahlzeit serviert.[274] Die Gestapo-Beamten bringen Adenauer mit einem PKW ins Gestapo-Gefängnis nach Brauweiler. Es ist eine sehr traurige Familienfeier, denn das Silberpaar sitzt, ohne dass beide es zunächst wissen und miteinander Kontakt haben, im selben Gefängnis. Fast auf dem Tag genau fünf Jahre später wird Adenauer zum ersten deutschen Regierungschef eines freien Deutschlands gewählt; Gussie Adenauer wird diesen Tag aber nicht mehr erleben.

Wenige Stunden nach Adenauer wird auch Schliebusch in seinem Dienstzimmer in Bonn von einem dreiköpfigen Kommando eines Feldgendarmerie-Trupps unter Führung eines Oberleutnants im Beisein von Oberst Friese, dem Kommandeur des Wehrbezirkskommandos, und eines Gestapo-Beamten festgenommen. Friese betont, dass es sich nur um eine Verwechslung handeln könne und verwahrt sich gegen die Anwesenheit des Gestapo-Mannes, jedoch ohne Erfolg. Barsch fährt der Gestapo-Mann den Oberst an: „Ich verbitte mir diese Kritik an der Ausführung eines Führer-Befehls, anderenfalls sind Sie der Nächste, den wir abholen, Herr Oberst!“ Seit dem Attentat auf Hitler ist die Zeit, da die Wehrmacht noch auf Augenhöhe mit den verschiedenen Formationen des NS-Staates, wie SA, SS und Ges-

---

[274] Bonacker, Maria am 17.01.1976.

tapo, sprechen konnte, endgültig vorbei.[275] Auch als Schliebusch den Streifenführer nach dem Grund der Verhaftung fragt, wird ihm nur lapidar geantwortet, er habe sich „staatsfeindlicher Handlungen" schuldig gemacht. Die Streife will Schliebusch zunächst in eine Arrestzelle der Etzel-Kaserne in Köln-Ossendorf bringen, doch der Gestapo-Beamte besteht darauf, ihn direkt in die Gestapo-Zentrale nach Köln zu überstellen und setzt sich durch. Schliebusch ist unsicher. Zwar hatte er bewusst in der Zwischenzeit jeglichen Kontakt zu Adenauer vermieden, doch er ahnt, dass sein Plan gescheitert ist. Vielleicht will man ihn aber auch nur zu seinem früheren Chef, General Thomas, befragen. Schon bei seiner ersten Vernehmung in Köln bekommt er Gewissheit und erfährt, dass auch Adenauer verhaftet und im Gewahrsam der Gestapo ist. „Wir hatten kein Glück. Es war nur eine Befreiung auf Zeit", denkt er enttäuscht. In den vergangenen zwei Wochen sind die alliierten Truppen nur unwesentlich weiter in Richtung auf den Rhein vorgestoßen. Sein Sohn Klaus und Heinz Giesen werden Anfang Oktober verhaftet. Fritz Schliebusch wird erst später nach Brauweiler überführt; genaue Zeitangaben von Schliebusch selbst fehlen dazu. Weymar hingegen beschreibt diesen Tag und stützt sich dabei auf den Bericht des Hauptwachtmeister Dahmen, einem der Bewacher Adenauers in Brauweiler. Danach wäre Adenauer eines Tages „ziemlich erregt von seinem Spaziergang im Gefängnishof" zurückgekommen.

„Sobald wir in seiner Zelle allein waren, berichtete er: >Ich habe soeben Major Schliebusch gesehen … Können Sie mir eine Gelegenheit verschaffen, Herr Dahmen, einmal ungestört mit dem Major zu sprechen?< Ich versprach, mein möglichstes zu tun".[276]

Dahmen weist Schliebusch die Zelle gegenüber der von Adenauer zu. „Von da an wurden die Besuche häufiger, und an manchen Abenden verbrachten die beiden Stunden in geflüsterten Gesprächen miteinander."[277]

---

275 Franz-Rudolph von Weiss schreibt am 29.01.1945: „Der Vorrang der braunen vor der feldgrauen Uniform ist seit Oktober unbestritten". Siehe: Weiss, Franz-Rudolph von, a.a.O. (Dokument Nr. 10), S. . 60.

276 Weymar, Paul, a.a.O., S. 248 ff.

277 Ebenda

Max Adenauer

In Schliebuschs Bericht hingegen gibt es keine Aussage - weder bestätigend noch dementierend - zu dieser angeblich gemeinsamen Zeit mit Adenauer in Brauweiler.

Adenauer wird trotz seiner Flucht acht Wochen später, am 26. November 1944, aus der Haft der Gestapo entlassen. Sein Sohn Max (1910-2004), der seit 1943 Leutnant bei der Abwehr in der Abteilung III Gegenspionage - Frontaufklärung III West Dienst tut, hatte ihn am 26. Oktober 1944 besucht und durch Kontakte in Berlin u. a. zur Gestapo-Zentrale und den Hinweis, „es würde die Wehrkraft der Truppe beeinträchtigen, wenn die Eltern von Frontsoldaten durch die Gestapo inhaftiert würden", die Entlassung seines Vaters erwirken können. Bei der Gestapo in Berlin hätte sein Sohn überdies, so Adenauer Jahre später in einem Interview, festgestellt, dass die Akten des Vaters bei einem Fliegerangriff in einem Panzerschrank im Keller vergessen worden wären. Drei Tage nach seiner Entlassung schreibt er in einem Brief an seinen Sohn Max, dass „die Schliebuschs" noch im Gefängnis sind.[278] Danach taucht der Name seines Retters in der Korrespondenz Adenauers erst wieder am 14. September 1945 auf.[279] „Das „Interesse der Gestapo an ihm sei nicht groß gewesen", meinte

[278] Morsey, Rudolf, a.a.O. (Dokument Nr. 448), S. 428

[279] Adenauer, Konrad, Briefe 1945 - 1947 (Dokument Nr. 95), S. 101

Adenauer abwiegelnd in einem Interview nach dem Krieg.[280] Dass ihn seine Popularität wirklich schützt, erscheint aber eher fraglich, denn an anderer Stelle schreibt Adenauer genau das Gegenteil: Er wäre sicher gewesen, dass die Gestapo ihn habe ermorden wollen.

„Erst viel später erfährt er (= Adenauer), daß er in den letzten Kriegswochen nur um Haaresbreite der Liquidierung entgangen ist. Pferdemenges berichtet ihm 1960, daß kurz vor dem Abrücken der Gestapo aus Köln nochmals Listen der Leute aufgestellt wurden, die vor dem Rückzug zu erledigen seien. Zwischen Gauleiter Grohé und Gauleiter Terboven, dem Oberpräsidenten der Rheinprovinz, habe es deswegen eine Auseinandersetzung gegeben. Grohé wollte, daß Adenauer am Leben blieb. Der Essener Gauleiter habe sich aber durchgesetzt. Der schnelle Rückzug der Gestapo aus Köln, meint Adenauer 1960, habe ihm das Leben gerettet".[281]

Tatsächlich stellen sich hier folgende Fragen:

1. Weshalb bleiben Schliebusch und sein Sohn, die Fluchthelfer, in Haft, während Adenauer, der „Haupttäter", freigelassen wird?
2. Welcher Straftat wegen wird Schliebusch verhaftet?
3. Was passiert mit Schliebusch nach dessen Verhaftung?
4. Wann findet das Kriegsgerichtsverfahren gegen ihn statt und
5. wie lautet dessen Urteil?

Adenauer kommt wahrscheinlich nur deshalb frei, weil sich sein Sohn für ihn einsetzt, und es vielleicht doch jenen erwähnten internen, unbekannten Helfer gibt, der hinter den Parteikulissen agiert. Vielleicht ist es auch die Absicht der Gestapo, Adenauer nur dadurch einzuschüchtern, in dem die Freunde, Helfer und Unterstützer seines Umfeldes hart verfolgt werden. Auf diese Weise wird zugleich auch er isoliert und kaltgestellt.

Betrachten wir die Flucht Adenauers aus der Sicht der heutigen Rechtsprechung, so ist hinsichtlich der Strafzumessung folgendes

---

280 Konrad Adenauer Stiftung Online Aus meinem Leben - Rundfunkinterviews - 22 Verhaftung 1944

281 Siehe: Adenauer, Konrad, Erinnerungen, Bd. 1, S. 38 und Schwarz, Hans-Peter, a.a.O., S. 421

festzustellen: Für den Inhaftierten ist eine Flucht aus der Haft nicht strafbar. Geahndet werden nur die im Zusammenhang damit begangenen Straftaten wie z. B. Körperverletzung von Wachpersonal oder Sachbeschädigung. Wird die Flucht aber von außerhalb organisiert, greift § 120 des Strafgesetzbuches (Gefangenenbefreiung). Für den Helfer fällt dabei strafverschärfend in die Waagschale, wenn dieser - wie im Falle Schliebusch - ein Amtsträger ist. Zwar galten damals andere Grundsätze, aber es kann vermutet werden, dass Schliebuschs Tat aus Sicht des Regimes schwerer wog als die des inhaftierten Adenauers, zumal die Befreiung ohne jegliche Gewaltanwendung oder andere periphere Straftaten ablief. Während man Adenauer also nur vorwerfen kann, er habe sich dem Strafvollzug entziehen wollen, kann bei Schliebusch - wie später noch detailliert dargestellt wird - argumentiert werden, Adenauer hätte aus eigener Kraft und ohne Schliebuschs Hilfe nicht erfolgreich fliehen können. Überdies sei Schliebusch als Offizier - anders als Adenauer - durch einen Treueeid an Hitler gebunden und habe diesen verletzt.

Zur zweiten Frage, wegen welcher Straftat Schliebusch verhaftet wird, nimmt er selbst in seinem Bericht Stellung und nennt als Grund die Beihilfe an der Flucht des ehemaligen Kölner Oberbürgermeisters, was vor dem Hintergrund der Verhaftung von Frau Adenauer und ihres entflohenen Ehemannes plausibel und glaubhaft ist. Bei Klaus Schliebusch und Heinz Giesen richtet sich deren Strafe für ihre Beihilfe nach der Strafdrohung für den Täter, sprich Fritz Schliebusch. Allerdings ranken sich um den Haftgrund für Schliebusch in der biographischen Literatur widersprüchliche Versionen, die aber aus zwei nur sekundären Quellen gespeist werden: der Adenauer-Biographie von Paul Weymar und einem Brief Adenauers; sie sollen kurz dargestellt werden:

Als sich Hauptwachtmeister Dahmen - so berichtet Weymar - auf Bitten Adenauers bei der Gefängnisleitung nach Schliebusch erkundigt, habe man ihm mitgeteilt, dieser wäre „unter der Beschuldigung festgenommen (worden), Adenauer zur Flucht verholfen zu haben".[282] Hier also lautet der Vorwurf noch Gefangenenbefreiung.

[282] Weymar, Paul, a.a.O., S. 248 ff.

Später[283] aber wird „Beihilfe zur Fahnenflucht“ seines Sohnes daraus. Der Widerspruch bleibt ungelöst.

Nur wenige Seiten weiter stellt Dahmen dann eine andere Version dar, wonach Vater Schliebusch die geplante Fahnenflucht seines Sohnes Klaus gebilligt habe und deswegen in Haft sei. Eines Tages sei Schliebuschs Sohn ebenfalls in Brauweiler eingeliefert worden. Obwohl Adenauer und Schliebusch oft stundenlang mit einander gesprochen hätten, erfährt Adenauer die Nachricht davon seltsamerweise nicht von Fritz Schliebusch, sondern vom Aufseher Dahmen.

„Eines Tages aber wurde Schliebuschs Sohn, ein junger Soldat, in Brauweiler eingeliefert. Ich erkundigte mich im Büro und erfuhr eine schreckliche Geschichte. Der junge Mann, der als Soldat an der Front im Westen stand, hatte während des Urlaubs seinen Vater im Gefängnis besucht. Der Major lag damals noch nicht in meinem Revier. Vater und Sohn hatten sich nur drei Minuten lang im Besuchszimmer und in Gegenwart eines Beamten sprechen dürfen. Als der junge Schliebusch, noch unter dem frischen Eindruck dieser Begegnung, an der Straßenbahn-Haltestelle vor dem Gefängnis wartete, sprach ihn ein Mädchen an. Sie erzählte ihm, ihr Bruder säße in Brauweiler, man hätte ihr die Sprecherlaubnis versagt, und sie bat ihn um Rat, was sie tun könne, um zu ihrem Bruder vorzudringen. Sie war ein hübsches, blondes Ding, sie schien tief bekümmert. Das gemeinsame Leid schuf schnell eine Brücke zwischen den jungen Leuten. Angeblich wohnte sie in Bonn, genau wie er, und als sie am Rheinufer-Bahnhof in Bonn ausstiegen, hatten sie sich gegenseitig ihr Herz ausgeschüttet. Er hatte ihr erzählt, daß sein Vater eingesperrt worden sei und daß er nun auch nicht mehr daran dächte, wieder an die Front zu gegen:>Ich will versuchen, in die Schweiz zu kommen. Mein Vater ist damit einverstanden<, hatte er ihr anvertraut. Am nächsten Tag wurde der junge Schliebusch verhaftet. Das Mädchen war eine Agentin des Sicherheitsdienstes, deren Aufgabe es war, die Angehörigen der in Brauweiler Internierten auszuhorchen. … Adenauer war zutiefst erschrocken, als ich ihm die Geschichte erzählte. >Sie müssen Major Schliebusch sofort warnen<, sagte er, >damit er bei seiner Vernehmung keine Dummheiten macht<. Ich bat ihn mir diese Aufgabe abzunehmen, da er Schliebusch doch seit langem per-

283 Ebenda

sönlich kenne. Das Gespräch der beiden habe ich teilweise mitangehört. … Schliebusch aber war verzweifelt. Als Offizier wußte er, welche Strafe auf Fahnenflucht stand. … Wochenlang hörten wir dann nichts mehr; weder Major Schliebusch noch sein Sohn wurden vernommen. …Stundenlang unterhielt er sich (=Schliebusch) mit Adenauer und entwickelte dabei phantastische Vermutungen, was mit seinem Sohn und ihm weiter geschehen würde. Mit unermüdlicher Geduld hörte ihn Adenauer an und gab ihm dann wohldurchdachte Ratschläge. Über seine eigene Lage sprach Adenauer nie".[284]

Der Bericht Dahmens, den Weymar hier wiedergibt, weist weitere Ungereimtheiten auf: Obwohl Adenauer und Schliebusch gemeinsam etwa einen Monat lang, von Mitte Oktober bis zu Adenauers Entlassung in der letzten Novemberwoche, zeitgleich in Brauweiler inhaftiert sind und sich beide ständig getroffen haben sollen, da sie in gegenüberliegenden Zellen - Adenauer in der Einzelzelle Nr. 57 - untergebracht sind, erwähnt Adenauer, was ungewöhnlich ist, diese Treffen in keinem seiner zahlreichen Briefe. Sollte Schliebusch tatsächlich seinem Bewacher Dahmen gegenüber mit diesen - recht naiv klingenden - Worten seine Hilfe für Adenauer begründet haben, kann dies nur als eine Form bitteren Humors verstanden werden. Die Begründung für die angeblich geplante Fahnenflucht von Klaus Schliebusch beschreibt Dahmen in der Biographie Weymars.

Adenauer schildert ähnliche Gründe: danach hat Fritz Schliebusch die Pläne seines Sohnes allerdings nicht nur - wie Weymar schreibt - gebilligt, sondern sogar versucht, diesen zu befreien. „Er wurde dann in diesem (Anmerkung: Gefängnis) zurückgehalten, weil er den Versuch gemacht hatte, seinen bei der Wehrmacht dienenden Sohn aus den Händen einer Gestapoagentin, die diesen beschuldigt hatte, desertieren zu wollen, zu befreien."[285]

Beide Schilderungen basieren auf den Erzählungen Dritter und sind überdies weder plausibel noch glaubwürdig. Da auch Fritz Schliebusch in seinem Bericht mit keinem Wort eine geplante Fahnenflucht seines Sohnes erwähnt, kann davon ausgegangen werden, dass beide Berichte unzutreffend sind. Als Grund für eine Flucht von Klaus Schliebusch in die Schweiz nennt Dahmen die Verhaftung sei-

---

[284] Ebenda

[285] Adenauer, Konrad, Briefe 1945 - 1947 (Dokument Nr. 128), S. 131

nes Vaters. Doch welcher Zweck sollte damit erreicht werden. Die Alliierten rücken immer näher, das Ende des Krieges ist greifbar. Auch die Befreiung Adenauers basiert auf dieser Annahme. Klaus Schliebusch, der sich ohne zu zögern bereit erklärt hatte, seinem Vater bei dieser riskanten Aktion zu helfen, will angeblich in dieser sich für ihn positiv entwickelnden Lage, in der täglich die Hoffnung auf ein baldiges Endes des Regimes größer wird, auf einmal ins Ausland fliehen und den Vater im Gefängnis allein lassen? Dies passt nicht in sein Charakterbild, das von Tapfer- und nicht von Feigheit geprägt ist. Fahnenflucht brächte ihm keinerlei Vorteile - im Gegenteil: sie wäre wegen der hohen Strafandrohung ein unkalkulierbares, fast tödliches Risiko.

Dass Klaus Schliebusch einer völlig fremden Frau, so sympathisch und attraktiv sie ihm auf den ersten Blick auch erscheinen mag, in recht naiver Weise gleich beim ersten Treffen von seinen Fluchtplänen und der Unterstützung durch seinen Vater erzählt, ist in hohem Maße unwahrscheinlich. Auch der gewählte Fluchtort, die Schweiz, verwundert. Sich in der Eifel zu verstecken und sich dann den angreifenden alliierten Truppen zu stellen, erscheint weit sinnvoller als eine ungewisse, risikovolle Reise über mehrere hundert Kilometer quer zu den vorrückenden Alliierten mit einem überdies gefälschten Marschbefehl in der Tasche zu unternehmen. Wie soll - ist zu der Version Adenauers zu fragen - Fritz Schliebusch versucht haben, seinen Sohn aus den Händen jener geheimnisvollen Gestapo-Agentin zu befreien, wenn er selbst bereits seit dem 25. September hinter Gittern sitzt?

Zu der von Adenauer und Dahmen kolportierten Fahnenflucht-Version ist festzustellen: Hierbei handelt es sich um eine Militärstraftat, die in die alleinige Zuständigkeit der Wehrmacht fällt. Fahnenflucht wird im Kriege gemäß Abschnitt III des Militärstrafgesetzbuches (MStGB - §§ 64-80) mit Todesstrafe oder langjährigem Zuchthaus geahndet. Überdies zählt die Kriegssonderstrafrechtsverordnung (KSSVO) vom 26.08.1939 „Unerlaubte Entfernung" (= zeitlich befristete Abwesenheit) und „Fahnenflucht" (= Fernbleiben auf Dauer) zu den „Sondertatbeständen". Diese strafverschärfende Norm gestattet den Militärgerichten eine nahezu unbeschränkte Anwendung der Todesstrafe.

Klaus Schliebusch mit seiner Großmutter mütterlicherseits, Frau Gebhardt

Die Fragen 3 und 4, d. h. nach der Abfolge der Ereignisse nachdem Schliebusch verhaftet ist, sowie nach der Rechtsgrundlage, einem Kriegsgerichtsverfahren und dem verhängten Urteil, werden durch seine schriftlichen Aussagen nur zum Teil erhellt.

„Die Gestapo hat über unseren Fall an das SS-Sicherungshauptamt in Berlin berichtet und dieses seinerseits an das OKW. Den völlig gebrochenen Dr. Adenauer hat man am 26.11. wieder entlassen. Mit uns drei Offizieren[286] hat man es ähnlich ge-

---

[286] Hier irrt Schliebusch in seinem Bericht vom 12.03.1945: Sein Sohn Klaus war Obergefreiter und Heinz Giesen ungedient. Vielleicht gibt er auch bewusst gegen-

macht wie mit den Angeschuldigten vom 20. Juli: durch Verfügung vom OKW vom 17.11. wurden wir wegen schweren Verstoßes gegen die Pflichten eines nationalsozialistischen Offizieres unter Aberkennung der Vorgesetzteneignung und unter Ausschluß weiterer Verwendung in der Wehrmacht aus dem Offizierskorps entlassen. … Die Gestapo hat dann unsere Haft einstweilen bis auf weiteres verlängert“.

Unbeantwortet bleibt, wo und wie lange Schliebusch unmittelbar nach seiner Verhaftung arrestiert und wann genau er in die Haftanstalt Brauweiler überstellt wird. Seine Feststellung, es hätte kein Kriegsgerichtsverfahren gegen sie gegeben, wird dadurch erhärtet, dass die Personalakte von Fritz Schliebusch[287] im Bundesarchiv keinerlei Gerichtsakten, Hinweise oder Dokumente enthält, die auf ein Gerichtsverfahren und ein Urteil im Herbst 1944 hinweisen. Nach dieser Aktenlage müsste Schliebuschs Degradierung aufgehoben und er rehabilitiert werden.

In manchen Adenauer-Biographien - wie z. B. bei Weymar - wird der Eindruck erweckt, mit der Überweisung in das Caritas-Krankenhaus Hohenlind wäre Adenauer auch de jure aus der Gestapo-Haft entlassen worden und sein eigenmächtiges Verlassen der Klinik daher nicht als Flucht einzustufen, sondern nur als eine Art selbstverfügter „Reha-Maßnahme“. Auch die Weymar-Biographie nährt diesen Ansatz, denn es kommt darin wieder jener Hauptwachtmeister Dahmen zu Wort, der Schliebuschs Haltung zu der Flucht wie folgt wörtlich wiedergibt: „Zu meinem Erstaunen war der Major weder ängstlich noch verbittert. Er sprach mit Hochachtung und Sympathie von Adenauer, und er erklärte mir rundheraus, in der gleichen Situation würde er wieder so handeln. Auch die Folgen seiner Tat nahm er sehr leicht. >Was können sie mir schon tun<, sagte er. >Ein rechtsgültiger Haftbefehl gegen Adenauer lag nicht vor. Der Mann war krank, und da war es einfach Menschenpflicht, ihm einen gesünderen Aufenthalt zu besorgen. Das habe ich getan und nichts anderes<“.[288]

über den US-Truppen deren Dienstgrad höher an, um - falls sie zusammen in Kriegsgefangenschaft gehen - mit ihnen zusammenbleiben zu können.

[287] Kodierung Pers 6/ 194258; sie umfassen nur Beurteilungen und Beförderungsvorschläge im Zeitraum zwischen 1940 und dem 27. März 1944.

[288] Weymar, Paul, a.a.O., S. 249

Sollte diese Aussage tatsächlich ernst und nicht - wie man ebenfalls interpretieren könnte - ironisch gemeint sein, wird Schliebusch fälschlich und vorsätzlich hier als reichlich naiv dargestellt. Sowohl aus der Erfahrung im Verwandten- und Bekanntenkreis als auch nun aus eigenem Erleben kennt er die Praktiken der Gestapo zu genau, um zu wissen, dass es seit Jahren keines rechtsgültigen Haftbefehls mehr bedarf, um eine missliebige Person einzusperren. Auch die Gestapo-Leitung in Köln geht bei dem Aufenthalt Adenauers in der Klinik eindeutig nur von Haftunterbrechung und nicht von Haftverschonung aus. Dies wird dadurch belegt, dass sie, als die Abwesenheit Adenauers entdeckt wird, nach diesem fahnden lässt und ihn nach der Festnahme sofort wieder inhaftiert. Generalkonsul von Weiss schreibt am 27. September 1944: „Es wurde eifrig nach ihm gefahndet".[289] Den Widerspruch seiner eigenen Aussagen aber, weshalb die Gestapo nach einem Manne, den sie angeblich kurz zuvor „auf freien Fuß gesetzt" hat, nur zwei Wochen später ohne neue Sachlage fahndet, lässt von Weiss ungelöst.

Die tatsächliche Freilassung Adenauers erfolgt erst zwei Monate später, allerdings aufgrund einer neuen Sachlage und der Intervention eines Adenauer-Sohnes in der Gestapo-Zentrale in Berlin. Diese erneute lange Haftdauer ist überdies ein weiterer Beleg dafür, dass die Gestapo Adenauer dauerhaft ausschalten will, denn sonst hätte man ihn schon unmittelbar nach seiner Festnahme in der Nistermühle auf freien Fuß setzen können.

Da Fritz und Klaus Schliebusch zum Zeitpunkt des Geschehens Soldat sind, unterliegen sie der Militärjustiz. Der Luftwaffenmajor Schliebusch gehört in seiner Verwendung beim Wehrbezirkskommando in Bonn zum Ersatzheer. Dieses ist seit dem 20. Juli 1944 dem Reichsführer SS Himmler unterstellt. Zuständiger Gerichtsherr ist danach der Befehlshaber des Wehrbereiches VI Münster, seit Juni 1944 der General der Infanterie Franz Mattenklott (1884-1954). Bei Verdacht auf ein schwerwiegendes Dienstvergehen muss Schliebusch durch die Feldgendarmerie verhaftet und in eine militärische Arrestanstalt überwiesen werden. Zwar erfolgt die Verhaftung - da sie auf einem Militärgelände stattfindet - auch durch eine Militärstreife, doch

---

[289] Weiss, Franz-Rudolph von, a.a.O. (Dokument Nr. 8), S. 56

bereits in Anwesenheit der Gestapo. Diese überführt ihn unmittelbar danach in ihren eigenen Vollzug nach Köln.

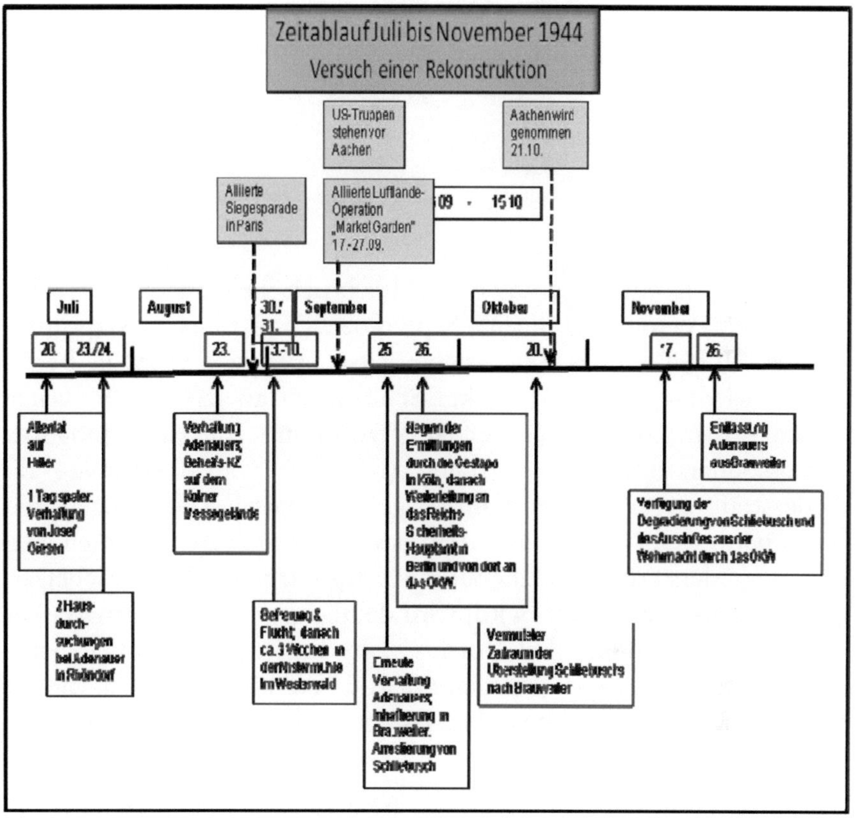

General Franz Mattenklott

Die Ermittlungen gegen Schliebusch beginnen unmittelbar nach seiner Verhaftung am 25. September. Die Kölner Gestapo meldet den Vorfall an das Reichssicherheitshauptamt (RSHA) in Berlin. Dieses wiederum leitet die Akte Schliebusch an das OKW weiter. Bedenkt man, dass nach der 5. Verordnung zur Ergänzung der Kriegssonderstrafrechtsverordnung (KSSVO) vom 05.05.1944 die Todesstrafe sogar bei nur fahrlässigen strafbaren Handlungen verhängt wird, wenn durch diese >ein besonders schwerer Nachteil oder eine besonders ernste Gefahr für die Kriegführung oder die Sicherheit des Reiches verschuldet< wird, wird deutlich, welches Strafmaß - wie im vorliegenden Fall - bei Vorsatz zum Tragen kommt. Die Argumentation der Gestapo gegenüber dem OKW könnte damals wie der folgende fiktive, näherungsweise rekonstruierte Text ausgesehen haben:

„Schliebusch hat unter Ausnutzung seines militärischen Ranges und mittels Vorlage eines von ihm selbst gefälschten schriftlichen Befehls, welche einer Amtsanmaßung gleichzusetzen ist, eine von den zuständigen Behörden in Köln rechtmäßig verhaftete Person aus dem Gewahrsam befreit und für die Flucht ein Dienstfahrzeug nebst dem dazugehörigen Treibstoff widerrechtlich benutzt. Er hat damit seinen Treueeid auf den Führer gebrochen, Staatseigentum zweckentfremdet, die Kampfkraft geschwächt, das Ansehen der Wehrmacht beschädigt und die Sicherheit des Reiches gefährdet. In das perfide Komplott hat er unter Ausnutzung seiner Vertrauensstellung als Stabsoffizier zwei weitere Personen hineingezogen und diese zu schweren Dienstvergehen verleitet. Damit hat er seine Pflichten als Vorgesetzter und die Manneszucht und Disziplin der Streitkräfte auf das Gröbste verletzt. An der Schuldfähigkeit des Angeklagten bestehen keinerlei Zweifel. Der ehemalige Kölner Oberbürgermeister Adenauer gilt als überzeugter Gegner des Regimes und stellt damit eine Gefahr für die Sicherheit des Reiches dar. Dies war Schliebusch zweifelsohne bekannt, also hat er in ohnehin schweren Kriegszeiten einem Feind des Reiches geholfen. Erschwerend kommt hinzu, dass der Betroffene nicht ohne fremde, sprich: Schliebuschs Hilfe hätte fliehen können. Der gewährte Krankenhausaufenthalt zählt nicht als Haftunterbrechung oder gar -entlassung, sondern ist als eine besondere Haftform zur Wiederherstellung der Gesundheit einzustufen und damit integraler Bestandteil staatlicher Verwahrung. Eine Person daraus zu befreien, ist daher gleichbedeutend mit der Befreiung aus einer Haftanstalt. Insgesamt ist dies ein Bündel schwerstwiegender Dienstvergehen, bei denen strafverschärfend hinzukommt, dass sie von einem Stabsoffizier und im Krieg, d .h. in einer für das Reich ohnehin prekären Lage begangen werden. Der Angeklagte hat sich offen gegen den Führer und seine Befehle aufgelehnt. Dies kommt Kriegsverrat gleich. Gerade in diesen Tagen des Julis 1944 haben wir gesehen, welche Auswirkung es haben kann, wenn selbst Offiziere ihre dem Führer und dem Vaterland geschuldete Pflicht sträflichst verletzen. Diesen Anfängen muss mit aller Härte gewehrt werden. Dies sind wir auch jenen schuldig, die getreu ihre Pflicht gegenüber Volk und Reich erfüllen. Das Reichssicherheitshauptamt schlägt daher in Übereinstimmung mit dem Reichsführer SS als Befehlshaber des Ersatzheeres vor, Schliebusch zu degradieren, als wehrunwürdig aus der Wehrmacht auszustoßen und ihn bis zu einem späteren Prozess, in dem über das endgültige Strafmaß entschieden werden wird, der zivilen Gerichtsbarkeit zu überstellen".

Das OKW erledigt den Fall am 17. November 1944 im Sinne der Gestapo unter Umgehung der Zwischenvorgesetzten wie dem Befehlshaber im Wehrkreis Münster mit einer einfachen Verfügung, quasi auf dem sog. „kleinen Dienstweg" zwischen der Rechtsabteilung beim Chef des Oberkommandos der Wehrmacht unter dem Generaloberstabsrichter Dr. Rudolf Lehmann (1890-1955) und dem Reichssicherheitshauptamt in der Berliner Prinz-Albrecht-Straße. Auch das

Reichskriegsgericht als höchstes Militärgericht, ist offenbar nicht eingeschaltet.

Diese Handhabung zeigt, dass 1944 von einer Unabhängigkeit und Rechtsstaatlichkeit der Wehrmachtsjustiz nichts mehr übrig geblieben ist. Da es weder ein Verfahren noch ein Urteil gibt, gibt es auch weder eine Verteidigung, noch die Möglichkeit, dass seine bisherigen Leistungen in einem Strafmaß berücksichtigt werden. Immerhin ist Schliebusch - rechnet man die Jahre im Ersten und Zweiten Weltkrieg zusammen - acht Jahre ein tadelloser Soldat gewesen. Aus dem Ersten Weltkrieg war er hochdekoriert zurückgekehrt. Die „Kriegs-Beurteilung" des Wehrwirtschaftsstabes im OKW vom 25. Mai 1943 bescheinigt Hauptmann Schliebusch, er habe seinen Dienstposten „gut ausgefüllt. Er sei ein „gerader, offener Charakter, guter Kamerad" mit einer „tadellosen Haltung". Unter der Rubrik „Starke Seiten" ist „selbständiges Denken und Handeln" aufgeführt. Das zusammenfassende Urteil lautet „überdurchschnittlich".

Ohne Gerichtsverfahren, ohne Anhörung und Verteidigung und ohne formales Urteil werden Fritz Schliebusch und sein Sohn „wegen schweren Verstoßes gegen die Pflichten eines nationalsozialistischen Offiziers unter Aberkennung der Vorgesetzteneignung und unter Ausschluss weiterer Verwendung in der Wehrmacht" degradiert und aus der Armee ausgestoßen; letzteres bedeutet, dass sie „wehrunwürdig" geworden sind. Begünstigt wird diese Rechtsbeugung dadurch, dass Himmler in Personalunion sowohl Befehlshaber des Ersatzheeres und damit Schliebuschs oberster „militärischer" Vorgesetzter, als auch Chef des Reichssicherheitshauptamtes, der obersten Gestapo-Behörde ist. Es ist wohl einer der bittersten Momente in seinem Leben. Der hochdekorierte Frontoffizier des Ersten Weltkriegs verliert seine Ehre, seinen Dienstgrad, und wird auf unbestimmte Zeit dem zivilen Strafvollzug der Gestapo übergeben. Nun ist er recht- und schutzlos. Die Wehrmacht hat sich hier in beschämender Weise offenbar widerspruchslos dem Druck der Gestapo gebeugt, einem Offizier ihre Fürsorge- und Kameradschaftspflicht und seinen Anspruch auf ein faires Kriegsgerichtsverfahren verweigert. Hätte Schliebusch vor einem Kriegsgericht des für ihn zuständigen Wehrkreises VI gestanden, hätte er vor dem Hintergrund der damaligen Rechtsprechung zwar auch mit einer hohen Strafe rechnen müssen, aber sein Dienstgrad und seine Kriegsauszeichnungen hätten ihm wenigstens einen gewissen Schutz vor Demütigung und Quälerei gewährt.

Es besteht somit kein Zweifel: Schliebusch wird nicht wegen einer militärischen, sondern einer politischen Straftat, der aktiven Beihilfe zur Befreiung Adenauers, inhaftiert. Ersterer Fall hätte in ausschließlicher Zuständigkeit der Militärjustiz gelegen. Die Gestapo hätte sich nicht darum gekümmert und wäre auch nicht aktiv geworden. Doch da die Beihilfe zur Entführung eine aus damaliger Rechtsauffassung „politische Straftat" ist, wird sie durch die Gestapo verfolgt. Somit ist die Schilderung von Weymar, die Verhaftung von Schliebusch wäre aufgrund des Verdachtes auf Beihilfe zu einer geplanten Fahnenflucht seines Sohnes Klaus erfolgt, unzutreffend. Offenbar dient sie dazu, die Motivation für das Opfer familiären Gründen zuzuordnen und nicht der Hilfe für Adenauer. Ob dies mit Absicht erfolgte oder aus Fahrlässigkeit, bleibt dahingestellt. Wäre Schliebusch allein wegen der Beihilfe zur Fahnenflucht seines Sohnes verurteilt worden, würden sich sein Einsatz und sein Opfer, die er für Adenauer gebracht hatte, beträchtlich verringern, denn dann wäre er letztlich für seinen Sohn und nicht für Adenauer gestorben. Liegt darin der Grund, dass Adenauer später in seinen Briefen und mittels der von ihm autorisierten Biographie versuchte, Schliebuschs Anteil an seiner Rettung zu relativieren? Wurde deshalb die seltsam klingende Version vom Plan einer angeblichen Fahnenflucht seines Sohnes erfunden? Interessant ist in diesem Zusammenhang auch, dass Dahmen und damit der Biograph Weymar die Person Adenauers während der Haft als in sich ruhend und standfest beschreibt, wohingegen Schliebusch - wie erwähnt - von einem „völlig gebrochenen Adenauer" spricht. Dies deutet auf eine gewisse biographische Schönfärberei zu Gunsten Adenauers hin.

Das dreistöckige Zellengebäude in Brauweiler, in dem Schliebusch zunächst inhaftiert ist, hat 149 Einzelzellen. Dieses und das „Bewahrhaus", das ursprünglich als Irrenanstalt diente,[290] sind von einer viereinhalb Meter hohen Mauer umgeben; seit April 1934 wird das Gefängnis, das sich seit 1933 zur größten Haftanstalt des Rheinlandes entwickelt hat, von dem SA-Führer Albert Bosse geleitet. Die räumliche Enge ist unerträglich. Die meisten Zellen sind 3,75 x 2,10

290 Beide Gebäude werden 1972 abgerissen.

m groß und mit mindestens drei Personen belegt, die auf verdreckten, stinkigen Strohsäcken auf dem Boden schlafen müssen. Es sind aber weniger diese schlimmen Haftbedingungen, die zermürben, hatte Schliebusch doch in den Schützengräben des Ersten Weltkrieges, wenngleich damals als junger Mann, vier lange Jahre ähnlich schwere Belastungen erlebt und überstanden. Erniedrigend und psychisch wie physisch schwächend sind vor allem die täglichen Demütigungen durch das Wachpersonal der Gestapo, die mit brutalen, sadistischen Misshandlungen während der stundenlangen Verhöre einhergehen. Hygiene und medizinische Versorgung fehlen und erhöhen die Anfälligkeit gegenüber Krankheiten. Durch das hellhörige Gebäude schallen die Schreie misshandelter Gefangener und demoralisieren auch jene, die diese Folter nur akustisch miterleben. Einige von ihnen nehmen sich das Leben, und andere, wie Adenauers Frau Gussie, versuchen es. Dr. Kurt Korsing (1906-1981), der Inhaber eines 1908 gegründeten Betriebes für Schweißtechnik und einer Werkstatt für Autogenwerkzeuge in Köln - 1945 als Hitler-Gegner ebenfalls inhaftiert - schildert nach dem Krieg als Augenzeuge die letzten vier Lebensmonate von Fritz und Klaus Schliebusch zunächst bis Ende Januar 1945 in Brauweiler und vom 1. Februar an im Gefängnis Klingelpütz, wo sie durch das Sonderkommando des Gestapo-Kommissars Bethke „wahnsinnig gequält“ wurden.[291] Adenauer schreibt 1945: „Die Behandlung der Häftlinge war niederträchtig. ….Die Nächte waren entsetzlich; da das Gefängnis ein Betonbau war, hörte ich das Stöhnen und Schreien der gequälten Menschen ohne ihnen irgendwie helfen zu können.“[292]

Auch in seinen mündlichen Erinnerungen schildert er später diese Zeit: „Der (= Gestapo-Kommisar) brachte mich in meine Zelle und bat mich, mir nicht das Leben zu nehmen, weil er sonst nur Unannehmlichkeiten zu erwarten hätte. Auf meine Frage, wie es zu dieser Besorgnis käme, meinte er, ich sei immerhin siebzig Jahre, hätte von der Zukunft nichts zu erwarten, und so läge der Gedanke doch nahe. Ich erwiderte ihm, er könne ruhig sein, ich würde es nicht tun. In dem Gefängnis waren insgesamt 60-70 Männer jeden Alters. Wäh-

[291] Erklärung Korsings vom 12.04.1948 - siehe: Rudolf Morsey, a.a.O., S. 667

[292] Abgedruckt in: Adenauer, Konrad, Dokumente aus vier Epochen deutscher Geschichte Rhöndorf 1977 Nr. 59, S. 76 f.

rend ich dort war, wurden von ihnen 28 getötet - 27 durch den Strang und einer durch Erschießen".[293]

Luftaufnahme der Haftanstalt Brauweiler (1924) Abteikirche des Benediktinerklosters (oben Mitte); der schräge Bau rechts davon ist das Zellengebäude, darunter das „Bewahrungshaus" (Bildarchiv des Vereins für Geschichte e.V. Pulheim)

Das Weihnachtsfest 1944 ist noch bedrückender als es Kriegsweihnachten ohnehin sind. Schliebusch erinnert sich an den Satz von Thomas von Aquin „Tapfer werden jene genannt, die der Traurigkeit widerstehen". Er widersteht. Es ist das sechste Weihnachtsfest, das er in einem Krieg begeht: Die ersten fünf waren im Ersten Weltkrieg an der Front im Westen, das sechste nun verbringt er zwar in der Heimat, aber im Gefängnis. Die Gedanken an seine Familie und die Hoffnung auf die Befreiung durch die Alliierten geben ihm Kraft zum Weiterleben. Vielen Insassen des Gefängnisses hatte bisher die Hoffnung auf ein schnelles Eintreffen der Alliierten Mut gegeben. Doch Mitte Dezember treten die Wärter auf einmal mit neuer Härte und neuen Schikanen hervor. Schnell macht eine Nachricht die Runde, die den Mut sinken lässt: Die Wehrmacht ist in den

293 Konrad Adenauer Stiftung Online Aus meinem Leben - Rundfunkinterviews - 22 Verhaftung 1944

Ardennen zu einer großen Überraschungsoffensive angetreten. Auch Geheimwaffen sollen zum Einsatz kommen. Angeblich stehen Amerikaner und Briten kurz vor ihrer Niederlage. Und so bringt der Anbruch des Jahres 1945, der eigentlich ihr Schicksal zum Besseren wenden soll, ihnen die Erkenntnis, nun endgültig verloren zu haben. Ihr Glaube an die Zukunft ohne Leid und Furcht zerbricht im Auf und Ab täglich neuer Gerüchte. Niemand vermag mehr, zwischen Tatsache und Propaganda zu unterscheiden. Der deutsche Überraschungscoup scheint anfangs zu gelingen. Sollte - begünstigt von einem verhangenen Himmel, der die alliierte Luftmacht am Boden hält - die Wehrmacht ihren blitzartigen Vorstoß von 1940 wiederholen können? Doch dann nähert sich die Tankanzeige in den deutschen Panzern der Nullmarke, der Himmel klart auf, und die alliierten Jagdbomber machen wieder Jagd auf die kaum geschützten deutschen Kolonnen, die sich über die engen, gewundenen Bergstraßen der Ardennen quälen. Und so verläuft Mitte Januar 1945 die Front wieder dort, wo die Offensive vier Wochen zuvor begonnen hatte. Doch die Information vom Zusammenbruch des letzten deutschen Angriffs versinkt in dem Strudel sich widersprechender Nachrichten. Vater und Sohn Schliebusch sehen sich während der Haft nur wenige Male; streng achtet die Gestapo darauf, dass sie keine Verbindung untereinander haben.

Die Flugzeuggeräusche und Bombenangriffe sind für die Inhaftierten zwiespältig. Zum einen verkünden diese Signale, dass die Alliierten weiter angreifen, dass sie doch nicht besiegt sind. Doch bei jedem Fliegeralarm, Sirenengeheul und der blechernen Stimme des Flak-Senders „Primadonna“ - „Achtung! Achtung! Anflug starker feindlicher Bomberverbände auf Nordpol Otto-9“ -, dem Codewort für Köln und Umgebung, liegt Todesangst über dem Gefängnis. Da seit einiger Zeit nur noch die Wachmannschaft bei Alarm in den Luftschutzkeller rennt, die Gefangenen aber in ihren Zellen bleiben müssen, sind sie hilflos dem Bombenhagel ausgeliefert. Der erste schwere Bombenangriff der alliierten Luftstreitkräfte auf Köln während der Haftzeit erfolgt am 28. September.[294]

---

294 Danach folgen weitere Angriffe: am 5., 14., 18., 28., 30. und 31. Oktober, sowie am 1. November 1944.

Zusätzlich zieht die strenge Winterkälte durch die unbeheizten Zellen und fordert täglich Opfer. Ein Häftling, Meteorologe von Beruf, versucht der Klammheit, die in allen Poren steckt, mit Galgenhumor Herr zu werden:„Köln sei nach der Statistik wenigstens die winterwärmste von acht deutschen Großstädten“, meint er sarkastisch. Am 31. Januar 1945 ist ein besonders bedrückender Tag für den inhaftierten Fritz und seine Ehefrau Johanna Schliebusch: vor fünfundzwanzig Jahren haben sie sich das Jawort gegeben. Doch sie können diesen Tag nicht feiern, und ob sie sich noch einmal werden sehen können, ist höchst ungewiss. St. Pantaleon, ihre Hochzeitskirche, ist nur knappe zwei Kilometer vom Gefängnis Klingelpütz entfernt. Die zahllosen Bombenangriffe der Kriegsjahre haben am Dach, den Außenmauern und an der Inneneinrichtung des Gotteshauses schwere Schäden angerichtet.

Als sich die US-Artillerie am 1. März auf Köln einzuschießen beginnt, verstärkt die Gestapo-Führung ihre Anstrengungen, um noch mehr Gefangene aus dem völlig überbelegten Gefängnis[295] in Konzentrationslager ins Reichsinnere zu verlegen. Der Gefechtslärm ist nun Tag und Nacht auch in den Zellen zu hören. Wieder keimt Hoffnung auf. Doch am nächsten Abend müssen sie ein weiteres Mal um ihr Leben bangen, als alliierte Bomber ihre tödlichen Lasten über der Stadt abwerfen; es wird der letzte von 262 Bombenangriffen auf Köln, aber auch der verheerendste sein.[296] Die letzten noch funktionsfähigen Reste der städtischen Infrastruktur - Verkehrsmittel, sowie Wasser-, Elektrizitäts- und Gasversorgung - erhalten den Todesstoß. Die Rheinbrücken sind - bis auf eine - bereits seit Oktober 1944 nacheinander zerstört worden. Am 4. März 1945 erreichen die ersten amerikanischen Einheiten den Kölner Stadtrand.[297] Es kann nur noch Stunden dauern, bis die Gefangenen befreit sind. Zwar sind die Ges-

[295] Es wird 1835-38 erbaut. Im Dritten Reich ist es die zentrale Hinrichtungsstätte im Rheinland. Ende Dezember 1944 beträgt die Belegungsstärke noch 675 Personen, darunter 144 Gestapo-Gefangene und 248 männliche und weibliche Jugendliche. 1969 abgerissen, ist es heute ein Park.

[296] Gem. Internet-Portal „Rheinische Geschichte“ werden in Köln 40 % aller Gebäude der Gesamtstadt zerstört, die Innenstadtbebauung zu 90 %. Rund 20.000 Menschen werden bei den Luftangriffen getötet. Die Stadt Köln allein hat rund 7 % aller Luftkriegstoten des Deutschen Reiches zu beklagen.

[297] Einen Tag später, am 5. März, errichtet die 104. Infanterie-Division unter Generalmajor Maj. Gen. Terry de la Mesa Allen ihren Gefechtsstand in Brauweiler.

tapo-Leute sehr nervös, doch halten sie verbissen an ihrem Auftrag fest und wollen auf jeden Fall verhindern, dass ihre Opfer befreit werden. Daher entscheiden sie sich für deren Abtransport nach Osten und legen ihn auf den 5. März um 22.30 Uhr fest. Zu dieser Zeit steht als letzte intakte Rheinbrücke nur noch die Hohenzollernbrücke für den Weg aus Köln auf das rechtsrheinische Gebiet nach Osten offen; wenige Stunden später wird sie hinter den letzten deutschen Truppen von Pionieren der Waffen-SS gesprengt.

Als die LKW des Räumungskommandos mit abgedunkelten Scheinwerfern in den Hof fahren und die Gefangenen zusammengetrieben werden, weiß Schliebusch, dass er nun handeln muss. Gespannt hält er nach seinem Sohn Ausschau und hat in dem hektischen Durcheinander, der Dunkelheit und der gleichmachenden Häftlingskleidung und -frisur großes Glück, ihn zu erspähen. „Wenn wir jetzt nicht verschwinden, haben wir keine Chance mehr", flüstert er ihm zu. Es gelingt ihnen, trotz der erlittenen Folter und der dadurch verbundenen körperlichen Beeinträchtigungen in der Dunkelheit und im Durcheinander der Verlegung von mehr als 500 Gefangenen zu entkommen.

Niemand hat ihre Flucht bemerkt, aber dennoch schweben sie in Lebensgefahr. Zwar werden sie nicht verfolgt, aber sie dürfen auf keinen Fall einem der immer noch aktiven Streifenkommandos von SS, Polizei und Wehrmacht in die Hände laufen, die nach Deserteuren und Plünderern suchen. Am 20. Februar 1945 hatte der Chef des Oberkommandos der Wehrmacht Sonderstandgerichte „zur Bekämpfung von Auflösungserscheinungen" in der Truppe eingerichtet, die Todesurteile auf der Stelle verhängen und vollstrecken lassen können. In ihrer Sträflingskleidung, ohne Waffe und ohne Soldbuch, ohne Urlaubschein und ohne Marschbefehl würde man mit ihnen kurzen Prozess machen. Aber auch gegenüber den vordringenden alliierten Soldaten ist Vorsicht geboten, könnten diese sie doch für Partisanen oder Spione halten. Und so stehen sie recht- und schutzlos zwischen den Fronten.

Die gesprengte Hohenzollernbrücke in Köln 1945 (rechts ein Teil des geschädigten Domes)

Köln ist zur Geisterstadt geworden, fast menschenleer. Nach Schätzungen verbleiben nur etwa 22.000 Menschen in dem riesigen linksrheinischen Trümmerfeld, wo sie in Bunkern und Häuserruinen leben.[298] Die Durchhalteparolen der Partei haben nichts bewirkt, zumal die meisten Parteifunktionäre als erste geflohen sind. Nach insgesamt 262 Bombenangriffen liegt die Innenstadt zu 90% in Schutt und Asche. Von den ehemals 150 Kirchen der Stadt sind 91 restlos und 52 weitere teilweise zerstört. Die Nacht und die Ruinenlandschaft bieten den Schliebuschs Schutz. Mühsam halten sie sich auf den Beinen. Die Nacht ist bitter kalt. Sie schleppen sich aus der zerbombten Kölner Innenstadt nach Süden - vorsichtig, von Hunger, Durst und Kälte gepeinigt und unter starken Schmerzen - über Trümmerberge, tiefe Bombentrichter und notdürftig ausgehobene, aber verlassene Schützengräben. Selbst Schliebusch fällt es schwer, sich in der Stadt, in der er mehrere Jahre gewohnt hatte, zu orientieren, denn das trümmerübersäte Straßennetz ist kaum noch zu erkennen, und die meisten markanten Gebäude und Kirchen, die vormals als Anhaltspunkte dienten, sind zerstört. Ihr Ziel ist die 20 km entfernte, kleine links-

298 Bereits Ende Juni 1945 werden wieder 240.000 Einwohner gezählt.

rheinische Gemeinde Urfeld südostwärts von Wesseling, wo sie hoffen, sich bei der Familie Giesen verstecken zu können. Der Gedanke, der Freiheit und dem Ende ihres Martyriums nahe zu sein, und die Familie wiederzusehen, treibt sie vorwärts. Nur keine Fehler machen in diesen letzten Stunden, hämmern sich die Beiden immer wieder ein. Die beiden Schliebuschs wissen nicht, ob und wo deutsche Truppen sich verschanzt haben. Nur keiner Streife in die Hände fallen, nur nicht auffallen, denn dies wäre der sichere Tod. Zwar scheint die Stadt über weite Strecken menschenleer, weil Abertausende geflohen sind, doch viele Menschen harren in dem Chaos aus, haben sich aus Angst und zum Schutz in den Kellern verkrochen. Und so erregen zwei Männer, die in dieser Nacht durch die Trümmer schleichen, schnell Verdacht. Höchste Vorsicht ist geboten, und sie kommen daher nur langsam voran. Aber es gelingt ihnen, noch einmal all ihre Kräfte zu mobilisieren.

Als am 5. März um 4 Uhr früh die Truppen der 3. US-Panzerdivision („Spearhead") unter Generalmajor Maurice Rose (1899-1945) mit dem 32. und 33. Armored Regiment (Panzerregiment) und dem 36. Armored Infantry Regiment (Panzergrenadier-Regiment) aus nordwestlicher Richtung und die Soldaten der 104. US-Infanterie-Division aus Westen auf die Innenstadt vorrücken, und die Granaten der gesamten Divisionsartillerie[299] in den Vorstädten explodieren, haben Schliebusch und sein Sohn sich schon fast bis Wesseling durchgeschlagen. In Köln wird durch schwache Nachhuten der 9. Panzer-Division, der 3. Panzergrenadier-Division und der 363. Volksgrenadier-Division nur noch vereinzelt Widerstand geleistet, und bisweilen flackern Scharmützel auf. Gegen 14.00 Uhr kommt es am Dom sogar zu einem kurzen Feuergefecht zwischen zwei amerikanischen Sherman- Panzern und einem deutschen vom Typ „Panther" des 33. Panzerregiments.[300] Zu diesem Zeitpunkt wäre ein erfolgrei-

[299] Die Artillerie der 3. US-Armored Division besteht aus folgenden Bataillonen: 54th Armored Field Artillery, 67th Armored Field Artillery, 391st Armored Field Artillery und 991th Field Artillery. Die 3. Division wird am 17. März zur Auffrischung von der 104. Infanteriedivision abgelöst.

[300] Die Aussagen über die Intensität der Kämpfe sind widersprüchlich. Der Historiker Hermann Rheindorf schreibt im „Kölner Stadt-Anzeiger" vom 11.April 2008, ihm lägen Beweise vor, dass dieser Kampf nachgestellt worden wäre. Der Kom-

ches, d. h. unentdecktes Durchqueren der Stadt für die Schliebuschs nicht mehr möglich gewesen. Unterwegs finden sie noch irgendwo eine Decke und einen Uniformmantel, um sich wenigstens etwas vor der Nachtkälte zu schützen.

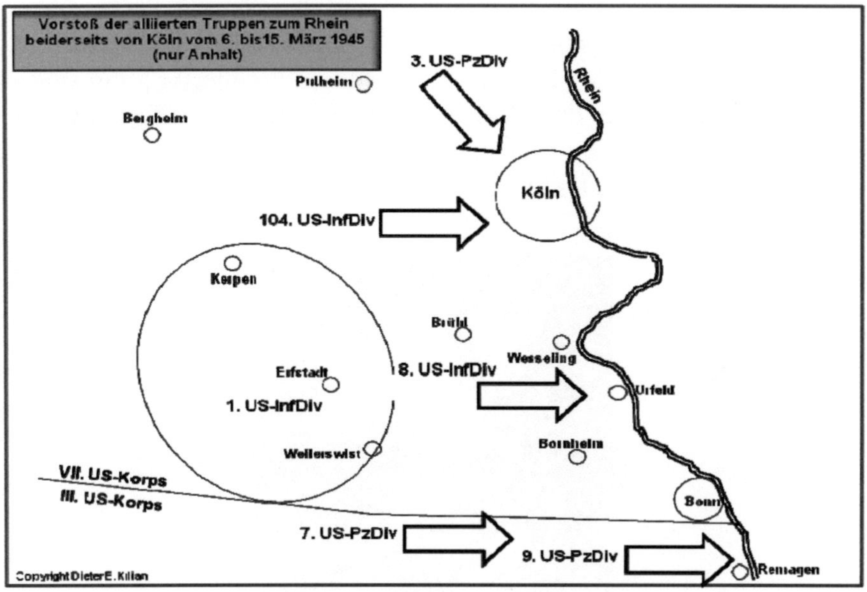

Gegen 07.30 Uhr des 6. März, schleppen sie sich - am Ende ihrer Kräfte - erschöpft, von Hunger und Durst gequält und halb erfroren auf die weitläufige Obstplantage des Marienhofes in Urfeld.

Ehefrau Johanna Schliebusch hat seit einigen Wochen dort ein Ausweichquartier bei Frau Giesen gefunden, nachdem ihre Bonner Wohnung bei einem Fliegerangriff ausgebrannt ist. Im Gegensatz zur großen Nachbarstadt Köln ist Bonn lange von alliierten Luftangriffen weitgehend verschont geblieben. Doch dann erfolgt am Vormittag des 18. Oktobers 1944[301] gegen 11.00 Uhr der erste große Bomben-

---

mandeur der 9. Panzerdivision, Generalleutnant Harald Freiherr von Elverfeldt (1900-1945), fällt am 6. März bei Straßenkämpfen in Köln.

301 Der Angriff zuvor, am 12. August 1943, galt vor allem dem in Wesseling, nördlich von Bonn gelegenen Hydrierwerk.

angriff der Royal Air Force. Die 129 im englischen Norfolk gestarteten Lancaster-Bomber werfen in nur sechs Minuten je 5 Tonnen an Spreng- und Brandbomben über der Stadt ab. Wegen eines Fehlers der alliierten Leitstation wird zwar nur ein Teil der tödlichen Last von 645 Tonnen zielgenau abgeworfen, doch es reicht, um die Bonner Altstadt nahezu völlig in Rauch, Flammen, Schutt und Asche versinken zu lassen. Frau Schliebusch hat Glück und überlebt das Inferno. Sie ist allein in ihrer Wohnung. Ihr Mann und ihr ältester Sohn sind in Haft, der jüngere bei der Flak. Bei diesem ersten Angriff werden 313 Menschen getötet. Die nächsten Angriffe folgen in dichter Folge am 21., 24., 28. und 29. Dezember 1944.

Johanna Schliebusch
im Jahre 1940 in Berlin-Dahlem

Johanna Schliebusch bricht in Tränen aus, als die beiden zerlumpten Gestalten vor ihr stehen, denn sie erkennt ihre beiden Männer, die mit kahlgeschorenen Haaren, abgemagert, schmutzig und unrasiert und in zerschlissenen, dünnen Anstaltslumpen vor ihr stehen, nicht sofort. Die Freude über das unverhoffte Wiedersehen ist groß. Für kurze Zeit sind sie zwar in Freiheit, doch körperlich durch die Strapazen der Haft sehr geschwächt. Der vormals stattliche Schliebusch ist nur noch ein ausgemergelter Schatten, und auch bei seinem Sohn ist der gesundheitliche Vorsprung der Jugend und dessen Widerstandskraft aufgezehrt. So gut es geht versucht Frau Giesen, die beiden Männer gesundheitlich zu stabilisieren. Doch in diesen Tagen herrschen überall Hunger und Not, und eine ärztliche Versorgung, geschweige denn Medikamente, gibt es nicht. Zunehmend klagen beide über starke Kopf- und Gliederschmerzen. Sie fühlen sich matt, doch dies sehen sie als natürliche Folge der vorangegangenen Strapazen an. In Urfeld treffen sie auch Heinz Giesen wieder, der am 18. Januar 1945 wegen Krankheit aus dem Gestapo-Gefängnis in Bonn entlassen worden war. Auch er hat sich noch nicht von der Haftzeit erholt.

Marienhof der Familie Giesen in Urfeld

Achtundvierzig Stunden später, am 8. März, rücken die ersten amerikanischen Truppen - es sind Soldaten der 8. US-Infanterie-Division („Pathfinder" oder wegen ihres Ärmelabzeichens auch „Golden Arrow" - Goldener Pfeil genannt),[302] die zum VII. US-Korps unter Lt.-Gen. J. Lawton Collins (1896-1987) gehören - in Urfeld ein. Krieg, Verfolgung und Flucht sind zwar zu Ende, doch deren Folgen noch lange nicht. Am Vormittag des 9. März fahren zwei offenen Jeeps (truck ¼ ton) mit abgeklappter Frontscheibe, links und

302 Die Division verfügt über drei Kampfregimenter: 13. InfRgt, 28. InfRgt und 121. InfRgt.

rechts begleitet durch vier abgesessene Soldaten mit Gewehr im Anschlag, langsam auf das weitläufige, von Bäumen bewachsene Grundstück vor. Ein auf Lafette montiertes Maschinengewehr des Typs Browning M1919A6 mit dem Kaliber .30 (7,62 x 63 mm) auf dem zweiten Jeep gibt den sich vorsichtig dem Herrenhaus nähernden Soldaten zusätzlichen Feuerschutz. Zwar hängt ein weißes Betttuch von einem der Fenstersimse herunter, aber offenbar vermuten die Soldaten Widerstand oder gar einen Hinterhalt. Und so blicken sie misstrauisch auf die Frauen, Kinder und wenigen Männer, die aus dem Haupthaus und den Nebengebäuden, teilweise mit erhobenen Händen, heraustreten und sich um Frau Giesen versammeln. Schliebusch ist der älteste der Männer. Er wendet sich an den ranghöchsten Soldaten und sagt ihm, er sei ein deutscher Major und möchte seinen Bataillonskommandeur sprechen. Doch dieser wirft nur einen kurzen Blick auf den ausgemergelten Mann, der in einem alten, zerrissenen Mantel und schlotternden Hosen vor ihm steht und schüttelt ungläubig den Kopf. „No uniform, no Major! Alles Nazi!“ sagte er barsch. Oft hatte sich Schliebusch in den letzten Monaten diesen Augenblick der Befreiung ausgemalt.[303] Doch nun, da er greifbar ist, trägt er eher die Züge von Niederlage und Schmach. Feindseligkeit steht wie eine unsichtbare und unüberbrückbare Mauer zwischen ihnen. Über Funk nimmt der Soldat Verbindung mit einem Vorgesetzten auf, und nach einer halben Stunde treffen zwei 2 ½ t - Militär-LKW der Reihe GMC CCKW auf dem Hof ein. Während zwei Soldaten die Personen bewachen, dringen die anderen in die Häuser ein und durchsuchen sie. Mehrmals kehren Soldaten bepackt mit beschlagnahmten Wertgegenständen, darunter Teppichen und Uhren, zurück und verladen sie auf dem zweiten LKW. Nach etwa einer Stunde ist die Haussuchung beendet. „You are prisoners of war, go on!“ fährt einer der Soldaten die Handvoll Männer an. Dann müssen diese, darunter Vater und Sohn Schliebusch, auf die Ladefläche des anderen LKW klettern. Es fällt ihnen schwer, und sie müssen sich gegenseitig stützen. Frau Schliebusch ist erleichtert. Nun weiß sie ihren Mann und ihren ältesten Sohn in Sicherheit. Die Verfolgung durch die Gestapo hat ein Ende. Zugleich aber fühlt sie auch eine gewisse Beklemmung, ob der

---

303 Werner Bornheim stellt am 8. Mai 1945, dem Tag des Waffenstillstands fest: „Niemand freut sich.“
(Siehe: Bornheim, Werner, a.a.O. Teil 2).

rüden Behandlung. Eigentlich hat sie sich die Befreiung und den Neuanfang anders vorgestellt, ein wenig zu idealistisch vielleicht. Johanna und Fritz Schliebusch lächeln sich aufmunternd zu, ein letztes Mal. Ein Soldat mit Gewehr klettert auf den LKW als Bewacher. Dann setzt sich das Fahrzeug in Bewegung. Als der Militär-Lastkraftwagen das Grundstück verlassen hat, umarmen sich die beiden Frauen. „Wir haben es geschafft, jetzt wird alles gut!“ Doch dieser Wunsch wird sich nur zum Teil erfüllen. Maria Giesen muss genauso lange um ihren Mann bangen wie Johanna Schliebusch, denn Josef Giesen kehrt erst Ende August 1945 nach Hause zurück. Er ist seit acht Monaten im Raum Berlin inhaftiert, und dort ist der Krieg noch nicht vorüber. Zwar überlebt er die Haftzeit, doch die sowjetischen Truppen lassen sich lange Zeit mit der Freilassung und überprüfen die Inhaftierten zuvor sehr penibel auf ihre NS-Vergangenheit. Für Frau Schliebusch hingegen ist es ein Abschied für immer. Sie wird ihren Mann und ihren ältesten Sohn nicht mehr wiedersehen.

Die LKW-Plane bietet den ausgezehrten Männern wenigstens Schutz vor dem eisigen Fahrtwind - der Frühling lässt noch auf sich warten. Sie werden zunächst nach Brühl zum Gefechtsstand des 13. US-Infanterieregiments gebracht, von dort aber sofort nach Weilerswist zum Command Post (Gefechtsstand) der 1. US-Infanteriedivision unter Generalmajor Clift Andrus (1880-1968) weitergeleitet. Unter Bewachung verbringen sie dort die nächsten drei Tage und die - noch bitterkalten - Nächte in einem kleinen Behelfslager im Freien, werden sporadisch verpflegt und mehrfach einzeln von Soldaten des amerikanischen Nachrichtendienstes (CIC) verhört, zu dessen Aufgaben u. a. die Fahndung nach Kriegsverbrechern und hochrangigen Mitgliedern des Dritten Reiches gehört.

Der deutschstämmige US-Captain Erhard Dabringhaus (1917-1997) aus Roseville in Michigan gehört - wie es das „Big Red One“, sein Ärmelabzeichen am linken Oberarm ausweist - zur 1. US-Infanteriedivision; wo er im Divisionsstab das 1. CIC-Detachment[304] führt. Das Abzeichen mit den 4 Streifen auf dem unteren linken Uniformärmel („Overseas service stripes“) zeigt an, daß Dabringhaus

[304] Das „Counter-Intelligence Corps“ (CIC) ist ein militärischer Nachrichtendienst der US-Armee im Zweiten Weltkrieg. Zu seinen Aufgaben gehört u. a. auch die Spionageabwehr.

mittlerweile seit einem Jahr, d. h. seit Beginn der Invasion in der Normandie im Juni 1944, im Einsatz auf dem europäischen Kriegsschauplatz ist. Der achtundzwanzigjährige Hauptmann[305] stammt ursprünglich aus Essen. Sein Vater Gustav (1890-1972) hatte dort bei Krupp gearbeitet und sich in der Gewerkschaftsarbeit engagiert. 1927 war er für zwei Jahre ohne seine Familie zu seiner Schwester nach Chicago gegangen und hatte dort in einer Fabrik das für die Auswanderung notwendige Geld verdient. Zwei Jahre später, 1929, holte er seine Frau Berta Schulz-Dabringhaus und seine beiden Söhne, den fünfzehnjährigen Gustav (1914-1982) und den zwölfjährigen Erhard, nach. Seine Eltern erhofften sich dort ein besseres Leben, und sie schafften es, sich ihren „amerikanische Traum" zu verwirklichen: später kauft der Vater eine Fabrik in Birmingham/ Michigan und betreibt sie lange Jahre erfolgreich mit seinem ältesten Sohn.

Nun ist Erhard in das zerstörte Deutschland zurückgekehrt; seine Geburtsstadt Essen liegt nur eine knappe Autostunde entfernt, aber hier in der Kölner Gegend war er als Junge nie zuvor gewesen. Dabringhaus befragt Schliebusch eingehend, aber geduldig. Der routinierte Offizier erkennt schnell, dass dieser ausgemergelte, kranke Mann, der vor ihm sitzt, Schlimmes erlebt hat, ohne Zweifel die Wahrheit sagt und daher nicht zu jener Personengruppe gehört, nach der er vor allem fahndet. Und Schliebusch schöpft Vertrauen zu diesem sympathischen jungen Mann, der vom Alter her sein Sohn sein könnte. Die Zigarette, die ihm Dabringhaus anbietet - es ist die erste seit Monaten -, schlägt ihm allerdings sofort auf den Magen. Der Captain lässt Schliebusch später eine Art Lebenslauf („Eingehender Bericht über meine Tätigkeit im Dritten Reich") niederschreiben. Zwar braucht der erschöpfte Schliebusch einen ganzen Tag, um die 13-seitige Darstellung mit zitteriger Handschrift zu Papier zu bringen,

---

305 Dr. Dabringhaus stirbt 1987 im Alter von 80 Jahren in Sarasota/Florida.1984 veröffentlicht er ein Buch mit dem Titel "Klaus Barbie - The Shocking Story of How the U.S. Used This Nazi War Criminal as an Intelligence Agent", in dem er seine kurze Zeit als „case officer" (Führungsoffizier) des deutschen Kriegsverbrechers Klaus Barbie (1913-1991) beschreibt. Das CIC versichert sich nach dem Zweiten Weltkrieg in der Anfangsphase des Kalten Krieges mehrere Jahre lang der Dienste Barbies. Der sadistische Mann ist im Krieg u. a. Gestapo-Chef in Lyon und wird wegen seiner Grausamkeiten „Schlächter von Lyon" genannt. 1983 von Bolivien nach Frankreich ausgeliefert, wird er dort zu lebenslanger Haft verurteilt, während der er stirbt.

aber ihr Stil verrät den vormaligen Journalisten. Als Adresse gibt er an „zur Zeit Urfeld, Marienhof". Nach Fertigstellung liest der Captain die Niederschrift, stellt einige ergänzende Fragen und händigt Schliebusch eine Bescheinigung mit dem Urteil „bona fide civilian" aus. Bei dem Schriftstück handelt es sich um ein Dokument, das wegen des Fehlens anderer Beweismittel, die Schliebusch zur Untermauerung seiner Darstellung in der derzeitigen Lage natürlich nicht aufbringen kann, „in gutem Glauben" und somit als Ersatzlösung ausgestellt wird. Doch trotz der „bona fide-Bescheinigung" kommen sie nicht frei, sondern bleiben als „civilian" (Zivilist) eingestuft in amerikanischem Gewahrsam und werden in Bergheim in einem kleinen provisorischen Behelfslager[306] untergebracht.

Und so ist das Wiedersehen mit Familie und Freunden, sowie die Freude über das Ende des Leids nur kurz. Vielleicht wäre Hohenlind für die Schliebuschs die Rettung gewesen. Das Krankenhaus ist immer noch ein Lazarett, diesmal für alliierte Truppen. Ob die Schliebuschs allerdings dort behandelt worden wären, erscheint fraglich. Sicher hätten Professor Uhlenbruck und Dr. Müller helfen können; sie haben beide den Krieg überlebt, doch in diesen Zeiten sind auch ihre Möglichkeiten eng begrenzt. Da das Krankenhaus Hohenlind zugleich eine der beiden öffentlichen Verpflegungsstellen in Köln ist, hätten sie dort vielleicht eine warme Mahlzeit am Tag erhalten. Doch wie sollen sie als Kriegsgefangene die gut zwanzig Kilometer nach Hohenlind kommen? Die Lazarette der alliierten Truppen sind mit den Verwundeten der noch beiderseits des Rheins andauernden schweren Kämpfe gefüllt. Flucht scheidet aus. Und selbst wenn sie gelänge, wäre sie ohne Passierschein zu gefährlich. Wohin auch? Sie machte nur Sinn, wenn durch sie ärztliche Behandlung garantiert würde. Ihre physischen Kräfte reichen nicht mehr. Apathie macht sich breit.

Immer und immer wieder grübelt Fritz Schliebusch und wälzt seine Entscheidung an jenem 9. September in Gedanken hin und her. War sie falsch, war sie richtig? Zweifel plagen ihn. Damals hätte er das

---

306 Ein offizielles Kriegsgefangenenlager der US-Truppen gibt es nach Auskunft des Stadtarchivs von Bergheim dort zu keinem Zeitpunkt. In der Folgezeit werden mit steigender Zahl an Kriegsgefangenen durch die Alliierten Auffanglager z. B. in den Rheinwiesen und in Bessenich bei Zülpich eingerichtet. Doch auch dort hätte Schliebusch keine bessere ärztliche Versorgung zur Verfügung gestanden.

Schicksal noch wenden können. Hätte er seine Überzeugung verraten, wenn er Adenauer nicht geholfen hätte? Hätte er dies vor seinem Gewissen verantworten können? Doch er hatte sich anders entschieden, für Adenauer und letztlich gegen seine Familie. Ist Adenauer noch am Leben? Was aus diesem geworden ist, weiß Schliebusch nicht und erfährt es auch nicht mehr. Zwar hatte er noch dessen Freilassung erlebt, aber inzwischen sind vier Monate vergangen, eine lange, risikoreiche Zeit in der Endphase eines Krieges und der Unkalkulierbarkeit einer der Niederlage nahen, sich aufbäumenden Diktatur. Der Zustand von Vater und Sohn Schliebusch verschlechtert sich zusehends. Überall auf dem Körper sind linsengroße rote Flecke zu sehen. Sie werden immer häufiger von heftigen, langanhaltenden Fieberstößen gequält. Einen Arzt gibt es in dem kleinen, improvisierten Kriegsgefangenenlager in Bergheim nicht. Doch nachdem beide kaum noch ansprechbar sind, werden sie durch die US-Truppen in das 1871 gegründctc „Maria-Hilf-Krankenhaus" in Bergheim eingeliefert. Die Klinik ist mit verwundeten alliierten Soldaten überbelegt, Diagnose und Therapie sind daher nur oberflächlich, niemand genießt eine Vorzugsbehandlung und die ehemaligen Kriegsgegner ohnehin nicht. Zu dieser Zeit gelten alle deutschen Gefangene - auch Schliebusch - als Feinde, denen mit Misstrauen und Härte zu begegnen ist. Von der späteren Interpretation als Akt der Befreiung ist damals auf beiden Seiten keine Rede: für die Deutschen bedeutet es Niederlage und für die alliierten Truppen Sieg. In diesem Sinne schreibt Adenauer am 27. Mai 1945, „die >Befreiung< hat sich anders vollzogen als ich ursprünglich angenommen hatte, trotzdem ich keineswegs optimistisch war".[307]

Diese Einschätzung wird auch vom Kölner Erzbischof geteilt: „Die Amerikaner und die Engländer kamen nicht, um uns zu befreien, sondern sie haben sich erst allmählich davon überzeugen müssen, daß nicht alle Deutschen Nazis gewesen sind … ."[308]

Eineinhalb Jahre später, am 18. Januar 1947, fällt Adenauers Urteil noch düsterer aus: „Die >Befreiung< ist eine grausame und harte Enttäuschung. Wenn nicht ein Wunder geschieht, geht das deutsche Volk zu Grunde, langsam aber sicher!"

---

[307] Adenauer, Konrad, Briefe über Deutschland, S. 14 f.

[308] Frings, Josef Kardinal, a.a.O., S. 45

Captain Erhard Dabringhaus am 2. Juni 1945

Insofern hat Schliebusch mit Captain Dabringhaus als seinem Vernehmungsoffizier großes Glück, zählt er doch zu den alliierten Soldaten, die - zumindest was Schliebusch betrifft - ihm ohne Vorurteile begegnen. Krieg verroht, und auch an den amerikanischen Truppen gehen die erbitterten Kampfhandlungen der letzten Monate, einige Gräueltaten deutscher Verbände an Alliierten nicht spurlos vorüber. Überdies heizen zahlreiche Hetzartikel in der amerikanischen Truppenzeitung „Stars and Stripes" die negative Stimmung zusätzlich an.[309] Die teilweise flächendeckenden Plünderungen alliierter Truppen im Rheinland können weder durch die örtlichen Kommandeure noch durch irgendwelche Verbots- und Schutzschilder verhindert und gestoppt werden; sie machen selbst vor der Immunität konsularischer Einrichtungen von neutralen Staaten wie der Schweiz nicht Halt.[310] Auch Adenauer schildert am 5. April 1945 gegenüber Lieutenant Colonel John K. Patterson, dem amerikanischen Stadtkommandanten von Köln, „klar das Verhalten der amerikanischen Soldateska". Plünderungen belegt er durch Beispiele aus Honnef und Königswinter, ferner beklagt er die Verweigerung von Serum an die Bevölkerung und Vergewaltigungen.[311]

Allerdings gibt es - neben Dabringhaus und Schliebusch - auch andere positive Beispiele, in denen Menschlichkeit über den Hass siegt. So schildert Generalkonsul von Weiss ein Zusammentreffen zwischen dem Kommandeur der 3. Fallschirmjägerdivision, Generalleutnant Richard Schimpf (1897-1971), und amerikanischen Offizieren, das Mitte März 1945 in Bad Godesberg einer kameradschaftlichen Atmosphäre abläuft, obwohl sich Schimpfs Division und die 9. US- Infanteriedivision in der Normandie erbitterte Kämpfe geliefert hatten.[312]

Am 10. März übergibt Generalmajor Richard von Bothmer (1890-1945), der nur einen Monat zuvor den Posten als Kampfkommandant von Bonn übernommen hat, die Stadt den vorrückenden

---

309 Siehe: Weiss, Franz-Rudolph von, a.a.O., S. 155 ff.

310 Ebenda, S. 78 ff., 101, 115, 126 ff und 140. Der Schweizer Generalkonsul Dr. von Weiss beschreibt eine Vielzahl von Übergriffen, die trotz der Zusage alliierter Vorgesetzter ungeahnt bleiben.

311 Bornheim, Werner, Der rheinische Phönix (Teil1) S. 52. Patterson nimmt seine Tätigkeit am 9. März 1945 auf.

312 Weiss, Franz-Rudolph von, a.a.O., S. 67. Dipl.Ing. Richard Schimpf wird 1957 als Generalmajor der Bundesluftwaffe reaktiviert und befehligt bis 1962 den Wehrbereich III in Düsseldorf. Am 26. Februar 1958 ziehen in seiner Anwesenheit das schwere Pionierbataillon 718 der Territorialverteidigung (TV) der Bundeswehr unter Oberstleutnant Henning und das sPiBtl 719 unter Oberstleutnant Weise in die Lüttich-Kaserne in Köln-Longrich ein - nach 13 Jahren wird die Rheinmetropole wieder Garnisonsstadt. 1958 wird das Btl 718 nach Schleswig verlegt und 1971 in schweres Pionierbataillon 620 umbenannt. Das sPiBtl 719 verbleibt in Köln, wird 1970 umgegliedert und in leichtes PiBtl15 umbenannt; 1981 jedoch wird dieser letzte Kölner Pionierverband aufgelöst.

US-Truppen der 7. US-Panzerdivision unter Generalmajor Robert W. Hasbrouck (1896-1985). Bothmer ist ein jüngerer Kamerad des inzwischen abgesetzten Bonner Wehrbereichskommandeurs Friese. Beide kennen sich aus gemeinsamer Zeit im lothringischen Dieuze, wo sie vor dem Ersten Weltkrieg, wenngleich in unterschiedlichen Regimentern gedient haben: Der lebensältere Friese im IR 136 und von Bothmer im IR 138. Als er wegen der von Hitler nicht erlaubten Übergabe der Stadt und Gehorsamsverweigerung durch die Gestapo verhaftet werden soll, greift Bothmer zu seiner Dienstwaffe und nimmt sich das Leben.

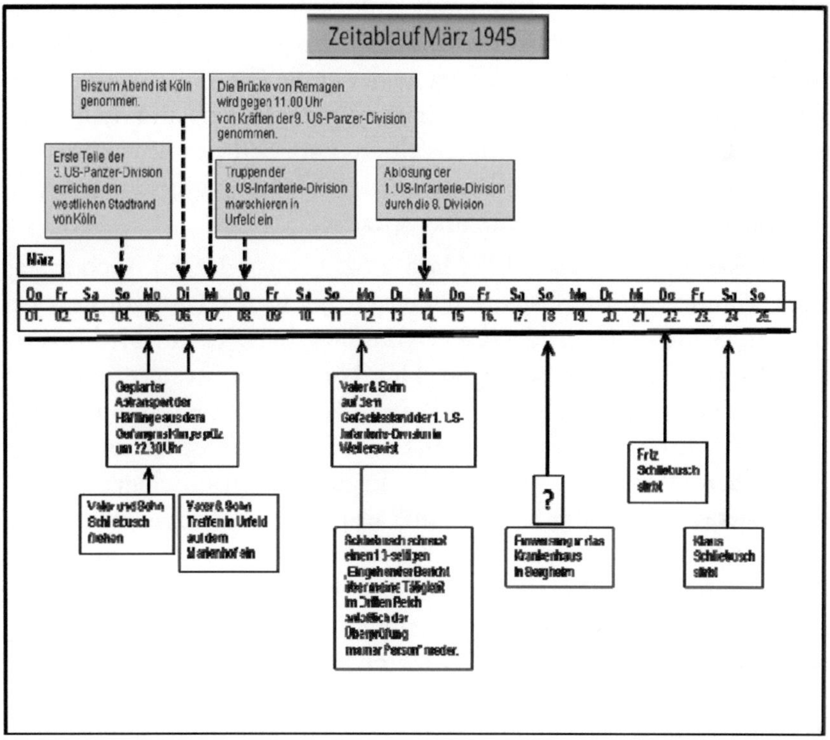

Am 14. März wird die 1. Infanterie-Division abgelöst. Von dieser übernimmt die 8. Infanterie-Division unter Brigadegeneral Bry-

ant E. Moore (1894-1951)[313] den Rheinabschnitt nördlich von Wesseling bis zum Südrand von Bonn; sie hatte ihn zuvor bereits in der ersten Märzwoche genommen und war danach für einige Tage zur Auffrischung herausgelöst worden. Captain Dabringhaus, der sich als Ansprechpartner noch für die beiden Schliebuschs verwenden könnte, ist mit seiner 1. Infanterie-Division bereits weitergezogen, denn noch ist der Krieg nicht zu Ende: Am 15. März richtet sie ihren Gefechtsstand in Unkel ein und überquert danach auf einer Pontonbrücke den Rhein, nachdem die Ludendorff-Brücke bei Remagen am 17. März 1945 eingestürzt war. Am 21. März befindet sich ihr Divisionsgefechtsstand bereits im rechtsrheinischen Ittenbach bei Königswinter. Für ihn ist die kurze Begegnung mit Schliebusch nur eine Episode, eine von ungezählten Vernehmungen. Im Juli 1945 wird Dabringhaus zum Major befördert. 1952 scheidet er als Oberstleutnant (Lieutenant Colonel) aus. Seine Verbindung zu Deutschland reißt aber nicht ab, denn nach seiner Militärzeit studiert und promoviert er und lehrt später als College-Professor an der Wayne State University in Michigan deutsche Geschichte und Sprache.

Am Montag, dem 19. März 1945, es ist der 53. Geburtstag seines Vaters - stirbt Klaus Schliebusch im vierundzwanzigsten Lebensjahr. Seinen letzten, den 23. Geburtstag hatte er am 11. November 1944 im Gefängnis begangen. Der Tod seines ältesten Sohnes ist ein solch schwerer Schlag für den Vater, dass dessen Kraft zum Überleben erlischt. Er fühlt sich für dessen Tod verantwortlich und macht sich schwere Vorwürfe, seinen Sohn in die Aktion hineingezogen zu haben. Als er vor einem halben Jahr, an jenem Herbstnachmittag des 9. Septembers, mit seinem Sohn Klaus und Heinz Giesen in seinem Dienstzimmer in Bonn saß, hatte er das Schicksal seines Sohnes noch in der Hand, hätte es zum Guten ändern und sein künftiges Leben völlig anders gestalten können. Doch er hatte sich anders entschieden und steht nun vor dem Scherbenhaufen seiner Entscheidung. Und so erliegt Vater Fritz Schliebusch nur drei Tage später, am Donnerstag, dem 22. März 1945, dem Hungertyphus - „fern von seinen Lieben“ wie die Todesanzeige schreibt. Die Seuche, der beide zum Opfer fal-

313 Moore, zuvor “Assistant Commander” der 104th Division, übernimmt das Kommando über die 8. Infanteriedivision erst am 25.Februar 1945 von Generalmajor W. G. Weaver.

len, wütet seit Jahrhunderten - zumeist in Kriegszeiten - immer dann, wenn Hunger und Fleckfieber sich verbünden.[314] Angesteckt hatten sich beide Männer offenbar erst während der letzten Tage in Haft. Die unbehandelte Infektionskrankheit verstärkt sich durch die Mangelernährung und die katastrophalen Haftbedingungen des letzten halben Jahres und führt unweigerlich zum Tod. Ihr Sterben steht somit in einem direkten Zusammenhang mit der Gestapo-Haft und die wiederum mit der Befreiung Adenauers. Nicht einmal angesichts des nahen Kriegsendes, welches die Rettung vor Verfolgung bedeutet, können sie ihre letzten Reserven mobilisieren. Und so bringen ihnen die alliierten Truppen, deren Erscheinen sie seit Monaten herbeigesehnt haben, weder Freiheit noch Leben. Es ist ein unspektakulärer und in jenen Tagen fast alltäglicher, anonymer Tod. Ihm haftet auf den ersten Blick nichts Heroisches oder Märtyrerhaftes wie z. B. bei den hingerichteten Angehörigen des Widerstandes an, was sicherlich auch dazu beiträgt, dass er schnell in Vergessenheit fällt. Ob sie bei rechtzeitiger und sorgfältiger ärztlicher Behandlung - durch amerikanische oder deutsche Ärzte - hätten gerettet werden können, kann nicht beurteilt werden, doch unausweichlich war ihr wohl Tod nicht. Die Kranken hätten isoliert und dann mit einem hohen Aufwand auch an Hygiene gepflegt werden müssen. Dafür fehlten Zeit und Kräfte, vielleicht auch der Wille.

In der Adenauer-Biographie von Weymar werden die letzten Tage anders geschildert: „>Zu einer Verurteilung des Majors und seines Sohnes, die wir alle befürchtet hatten, ist es allerdings nicht mehr gekommen<, schloß Hauptwachtmeister Dahmen seinen Bericht. >Sie wurden nach Köln ins Gefängnis Klingelpütz gebracht und Anfang März waren eines Tages, ganz überraschend, die Amerikaner dort. In dem Chaos, das der Einmarsch im Gefängnis hervorrief, gelang es Vater und Sohn zu fliehen.< …

Beide hatten keine Papiere, … . Deshalb sind sie tagelang zwischen den Fronten umhergeirrt, haben in Scheunen genächtigt, und ab und an, wenn der Hunger sie trieb, sind sie zu einem kurzen Besuch bei Bekannten aufgetaucht. Zuletzt waren sie bei Gartenbaudi-

---

314 Im Sterbebucheintrag Nr. 70/1946 des Standesamtes Bergheim/Erft ist vermerkt: „In amerikanischer Kriegsgefangenschaft verstorben"(gem. Auskunft der Deutschen Dienststelle Berlin vom 03.09.10).

rektor Giesen in Urfeld. Damals waren beide schon krank. Sie hatten sich im Gefängnis mit Flecktyphus angesteckt. Giesen versorgte sie mit allem Nötigen und riet ihnen dringend, ein Lazarett aufzusuchen. Sie konnten sich nicht dazu entschließen. Wenige Tage später wurden sie von den Amerikanern in ein Krankenhaus nach Bergheim gebracht. Dort sind beide gestorben<.“[315]

Der in Ich-Form wiedergegebene Bericht des Hauptwachtmeisters enthält drei Punkte, die sich auch mit dem Bericht von Schliebusch decken: die Flucht aus dem Gefängnis, den Aufenthalt in Urfeld und den Kontakt mit US-Truppen. Die anderen Einzelheiten hingegen erscheinen fraglich. Zum einen ist unklar, von wem Dahmen diese Informationen erhalten hat. Dass er sich Jahre später um das Schicksal zweier seiner früheren Gefangenen gekümmert haben will, ist nicht sehr glaubhaft. Vielleicht wurden ihm diese Worte von Weymar auch in den Mund gelegt. Nach Dahmens Schilderung nutzt Schliebusch den Einmarsch der Amerikaner ins Gefängnis, um zu fliehen. Genau dies aber ist der Augenblick, den Schliebusch seit Monaten sehnlichst herbeigewünscht hatte, und nun soll er nur deswegen vor seinen Befreiern geflohen sein, weil er keinen Ausweis hat? Eine seltsame Begründung, ist doch sein Status als Gefangener auch ohne Papiere eindeutig genug. Soldaten der 3. US-Panzer-Division befreien - wie deren Chronik schreibt - am 8. März 1945 „ 85 miserable human beings, some of them so weak that they were unable to move, and others who had been hiding in the inner recesses of the building, were all that remained of an original 800".[316] Offenbar ist es den Gestapo-Bewachern noch rechtzeitig gelungen, eine größere Anzahl von Gefangenen über den Rhein nach Osten zu bringen. Allerdings soll die Gestapo kurz vor dem Eintreffen der Amerikaner noch 90 politische Häftlinge aufhängt haben, die sie offenbar nicht mehr abtransportieren kann oder will.[317] Dies belegt, dass Schliebuschs Entscheidung an jenem 5. März zu fliehen, richtig war. Dass sie sich zu diesem Zeitpunkt bereits mit dem tödlichen Virus angesteckt haben, können sie nicht wissen.

---

315 Weymar, Paul, a.a.O., S. 253

316 Übersetzung: „erbarmungswürdige menschliche Kreaturen, von denen einige zu schwach waren, um sich zu bewegen, und andere, die sich im Inneren des Gebäudes versteckt hatten, waren die Übriggebliebenen von vormals 800“.

317 Weiss, Franz-Rudolph von, a.a.O. (Dokument Nr. 11), S. 122

In der letzten Märzwoche werden Sohn und Vater Schliebusch im Abstand von nur drei Tagen auf dem kleinen Friedhof in Bergheim an der Erft, westlich von Köln, in aller Stille beigesetzt. Es sind zwei einsame Begräbnisse - nur ein Geistlicher begleitet sie auf ihrem letzten Weg. Kein Familienmitglied und auch keiner seiner Freunde und Bekannten erweist ihnen die letzte Ehre. Zwar hatte Fritz Schliebusch bei der Einlieferung seine Behelfsadresse in Urfeld angegeben, aber als er gestorben ist, macht sich niemand in der Verwaltung des Krankenhauses die Mühe, seine Ehefrau vom Tod ihres Mannes und ihres Sohnes zu verständigen; vielleicht ist es in dieser Zeit des Zusammenbruchs auch zu aufwändig oder sogar unmöglich. Überdies ist das Mitleid abgestumpft und der Tod in dieser Zeit zu allgegenwärtig, um als besonderer Anlass angesehen zu werden. Fast jeder hat in diesem Krieg jemanden verloren.

8. Epilog

Am Abend des 10. Aprils 1945 - drei Wochen nach dem Tod Schliebuschs - trifft sich Dr. Adenauer im Garten des Krankenhauses Hohenlind mit dem Kölner Kunsthistoriker Prof. Dr. Werner Bornheim (1915-1991; genannt Schilling); es kann als sicher gelten, dass er an diesem Ort an seine Flucht vor genau sieben Monaten und damit auch an seinen Helfer Schliebusch denkt. Zu diesem Zeitpunkt weiß er noch nichts von Schliebuschs Ableben.

Im Juni 1945 zieht Frau Schliebusch von Urfeld zu Verwandten nach Bonn. Auch dies ist noch eine provisorische Bleibe, aber wenigstens gibt es keine Bombennächte mehr. Seit sie ihre beiden Männer in der Obhut amerikanischer Truppen weiß, sind die quälenden Sorgen von ihr gewichen, hat sie doch schon schlimmere Stunden in den letzten Jahren erlebt, Stunden lähmender Angst und peinigender Ungewissheit. Doch nun, da der Krieg endlich vorüber ist, blickt sie mutig und voller Gottvertrauen nach vorn und hofft auf eine baldige und gesunde Rückkehr ihrer drei Männer, denn auch ihr jüngster Sohn Wolfgang ist mit seinen neunzehn Jahren noch nicht aus der Kriegsgefangenschaft zurückgekehrt. Doch Ende Juni kehrt dieser wohlbehalten aus amerikanischer Kriegsgefangenschaft nach Bonn zurück, in die er als Flak-Helfer an der Elbe geraten war. Die Mutter deutet die Heimkehr ihres Jüngsten als gutes Zeichen. Nun werden sicherlich auch der Ehemann und der älteste Sohn bald wieder zu Hause sein, glaubt sie. Doch Wochen vergehen ohne irgendeine Nachricht über den Verbleib von Fritz und Klaus. Aber dies ist nicht ungewöhnlich in jener Zeit, es ist ein Schicksal, das sie mit Millionen anderer Frauen teilt. Auch die Familie Adenauer weiß lange nichts von ihren Söhnen Konrad, Max und Paul. In den Wirren des Zusammenbruchs ist das Halten persönlicher Verbindungen fast unmöglich, und wenn, nur mit beträchtlichem Zeitverzug und oft mit unsicherem Wahrheitsgehalt.

Im Spätsommer 1945 besucht eine Angestellte des Krankenhauses in Bergheim Verwandte in Bonn, die per Zufall in der Nachbarschaft des teilzerstörten Hauses in der Goethestraße wohnen, wo Frau Schliebusch - seit zwei Monaten wieder in ihre vormaligen Wohnung zurückgekehrt - lebt. Als beiläufig der Name Schliebusch fällt, erinnert sich die Angestellte plötzlich an Vater und Sohn, die vor Monaten als todkranke Patienten durch die US-Truppen in das Bergheimer Krankenhaus eingeliefert worden waren. Am selben Tag trifft Marta Walbaum, Johanna Schliebuschs älterer Schwester, die sich unter abenteuerlichen Umständen von Berlin ins Rheinland durchgeschlagen hat, in Bonn ein. Nach eineinhalb Jahren sehen sich die Schwestern gesund wieder - eigentlich ein Anlass zu besonderer Freude. Doch am Abend dieses Tages erfahren Johanna und Wolfgang Schliebusch durch ihre Nachbarn die bittere Nachricht, dass der Ehemann und Vater Fritz und ihr Sohn und Bruder Klaus bereits seit fünf Monaten nicht mehr am Leben sind. Die doppelte Todesnachricht ist ein unfassbarer Schock, war doch ihrer aller Rettung greifbar nahe gewesen. Für Johanna Schliebusch bricht eine Welt zusammen. Ihr Glaube hilft ihr weiterzuleben, doch sie wird sich bis zu ihrem Tod fünfzehn Jahre später nicht mehr von diesem Schicksalsschlag erholen. Sohn Wolfgang informiert die Verwandtschaft, die Freunde und Bekannten und kümmert sich um den Termin für den nachzuholenden Trauergottesdienst. Die Beisetzung auf dem Südfriedhof in Köln erfolgt später im engsten Familienkreis, nachdem die Umbettung von Bergheim nach Köln genehmigt worden ist. Der ursprüngliche Wunsch von Johanna Schliebusch, ihren Mann und ihren Sohn in Bonn beisetzen zu lassen, wird durch die Behörden aus unbekannten Gründen nicht genehmigt.

Auch Adenauer erfährt erst jetzt davon. Noch in einem Brief an einen Rechtsanwalt Christian Franke vom 28. Juli 1945[318] hatte er geschrieben, er könne über Major Schliebusch „keine genaue Auskunft geben;" auch seine Ehefrau in Bonn wisse nichts. Er berichtet jedoch von Schliebuschs Flucht, der Gefangennahme durch die Amerikaner und einer Lungenentzündung, von der Schliebusch aber genesen sei. Erst im Spätsommer erhält dann auch Adenauer die Todesnachricht, aber immer noch ohne genaue Hintergründe: So teilt er am 14. September 1945 in einem Brief an Frau Rosmarie Schulz-Wulkow, Schliebuschs vormalige Sekretärin im OKW, auf deren Anfrage vom 3. September mit, dass „Major Schliebusch und sein Sohn tot sind". Zu den Umständen ihres Sterbens stellt er fest, sie wären der Gestapo zwar „glücklich entkommen", dann aber, als Amerikaner die beiden schwerkranken Männer in ein Krankenhaus bringen wollten, „unterwegs in deutschen Beschuß" geraten und getötet worden.[319] Adenauer drückt seine Trauer über den Verlust aus und fügt hinzu: „Ich hätte mich so gefreut, mit ihm zusammenarbeiten zu können".

Durch den hinzugefügten Satz, Schliebusch habe ihn bei seiner Flucht aus dem Krankenhaus unter „persönlicher Gefährdung" nur unterstützt, mindert Adenauer Schliebuschs Leistung und Anteil allerdings beträchtlich, und er ist überdies wenig überzeugend. Zum einen wäre die Flucht aus dem Krankenhaus ohne Planung und Hilfe von außen, d. h. neben der von anderen vor allem jener von Schliebusch, nicht gelungen. Zum anderen ist die Formulierung „Gefährdung" falsch; sie müsste lauten „unter persönlichem Einsatz und höchstem Opfer". Bis heute allerdings ist das genaue Todesdatum von Fritz und Klaus Schliebusch unbekannt. Nach der Traueranzeige stirbt Klaus Schliebusch als erster - am 19. März -, und „nur drei Tage nach seinem ältesten Sohn" auch der Vater am 22. März 1945. Nach den Angaben auf ihrem gemeinsamen Grabstein hingegen starb Klaus am 23. März und Vater Fritz am 25. März 1945.

---

318 Adenauer, Konrad, Briefe 1945-1947 (Dokument Nr. 48), S. 65

319 Adenauer, Konrad, Briefe 1945-1947 (Dokument Nr. 95), S. 101

Zum frommen Gedenken
an
Fritz Schliebusch
Abteilungs-Leiter der Reichswirtschaftskammer
geboren 19. März 1892 zu Lannesdorf,
gestorben 22. März 1945 zu Bergheim a. d. Erft.

Sein Leben war Arbeit und Liebe für die Seinen und stete Hilfsbereitschaft für jeden Hilfsbedürftigen. In Selbstaufopferung für seine Freunde erlitt er nach qualvoller Haft und der durch schwere Krankheit getrübten Freude eines kurzen Wiedersehens mit seiner über alles geliebten Frau den Tod fern von seinen Lieben als Folge der ausgestandenen Leiden nur drei Tage nach seinem ältesten Sohn Klaus, der die Gefangenschaft mit ihm teilen mußte.

Sein großes Können und sein liebenswürdiger lauterer Charakter sichern ihm ein bleibendes Andenken bei allen, die ihm nahetreten durften.

Seine Frau Hanna, geb. Gebhardt, und sein Sohn Wolfgang bitten um ein Gebet für den lieben Verstorbenen, damit er

ruhe in Frieden.

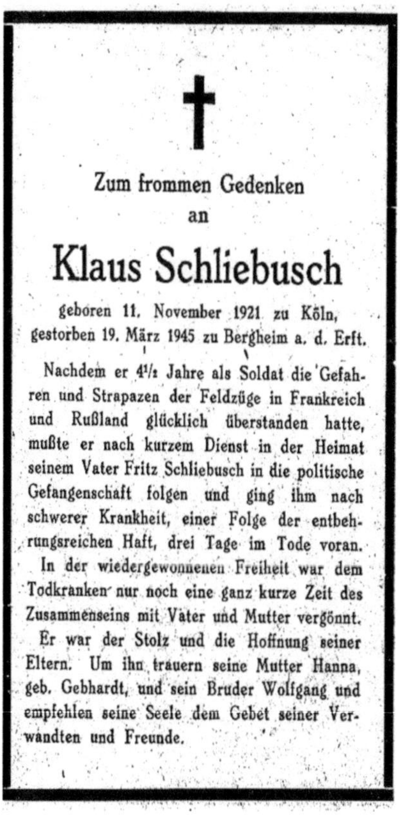

Zum frommen Gedenken
an
Klaus Schliebusch
geboren 11. November 1921 zu Köln,
gestorben 19. März 1945 zu Bergheim a. d. Erft.

Nachdem er 4½ Jahre als Soldat die Gefahren und Strapazen der Feldzüge in Frankreich und Rußland glücklich überstanden hatte, mußte er nach kurzem Dienst in der Heimat seinem Vater Fritz Schliebusch in die politische Gefangenschaft folgen und ging ihm nach schwerer Krankheit, einer Folge der entbehrungsreichen Haft, drei Tage im Tode voran.

In der wiedergewonnenen Freiheit war dem Todkranken nur noch eine ganz kurze Zeit des Zusammenseins mit Vater und Mutter vergönnt.

Er war der Stolz und die Hoffnung seiner Eltern. Um ihn trauern seine Mutter Hanna, geb. Gebhardt, und sein Bruder Wolfgang und empfehlen seine Seele dem Gebet seiner Verwandten und Freunde.

Adenauers Teilnahme an der Beisetzung von Schliebusch wäre, so er rechtzeitig davon erfahren hätte, in den Wirren der letzten Kriegstage allerdings unmöglich gewesen. Selbst eineinhalb Jahre später, im September 1946, kann er nicht zur Trauerfeier für seinen verstorbenen Schulfreund Ildefons Herwegen, dem Abt des Klosters Maria Laach, fahren, weil er von den Alliierten keinen Passierschein bekommt.[320]

Am Morgen des 6. Oktobers 1945, einem Samstag, ist Adenauer mit seiner Frau Gussie zu Gast im Hause von Dr. Josef und Fine Vollmar in Bonn. Die beiden Ehepaare frühstücken gemeinsam und gehen dann zum Bonner Münster, wo sie am Aussegnungsgottesdienst, den Exequien, für Fritz und Klaus Schliebusch teilnehmen,

320 Adenauer, Konrad, Briefe 1945-1947 (Dokument Nr. 333), S. 322

der von Dechant Johannes Hinsenkamp zelebriert wird. Auch Oberst a.D. Friese ist anwesend. Möglicherweise begegnet Adenauer an diesem Tag dem Oberst a. D. Friese zum ersten Mal seit der gemeinsamen Schulzeit in Köln. Am Abend desselben Tages ist Adenauer mit seiner Gattin zu Gast beim Schweizer Generalkonsul Dr. von Weiss.[321]

Grabstelle von Johanna, Fritz und Klaus Schliebusch auf dem Kölner Südfriedhof

[321] Er habe am Morgen an den Exequien „für einen gemeinsamen Freund" in Bonn teilgenommen, schreibt von Weiss am 13.10.1945 in Dokument 27. Siehe: Franz-Rudolph von Weiss, a.a.O., S. 230

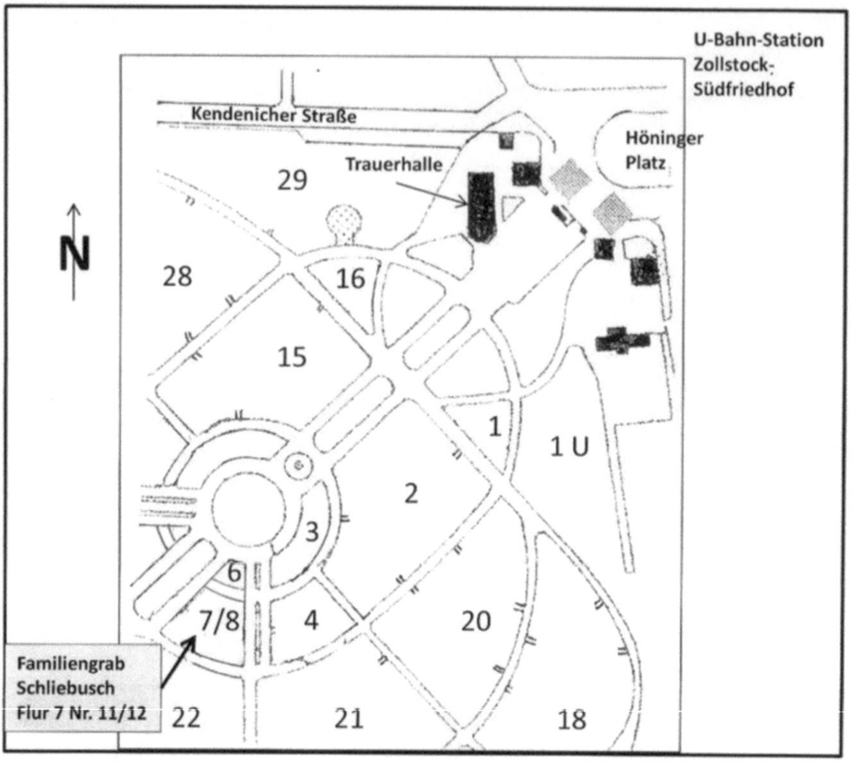

Südfriedhof Köln

(Ausschnitt)

Vater und Sohn Schliebusch finden später auf dem Kölner Südfriedhof[322] ihre letzte Ruhe, nur wenige Kilometer südlich des St. Elisabeth-Krankenhauses in Hohenlind. Auch das Ehepaar Giesen wird - Josef Giesen 1962 und seine Frau Maria 1976 - auf diesem Friedhof beigesetzt. Die schlichte Todesanzeige für den Vater ist neutral gehalten; sie enthält keinen Hinweis auf seine Zeit als Soldat und seinen militärischen Dienstgrad, aber auch keine Anklage gegen jene, die letztlich für ihren Tod verantwortlich sind. Als Motivation nennt sie seine „stete Hilfsbereitschaft für jeden Hilfsbedürftigen". Die Hoffnung aber, „sein großes Können und sein liebenswürdiger lauterer Charakter" würden ihm ein bleibendes Angedenken sichern, erfüllt sich nicht. Bis heute hat die Nachwelt Schliebuschs Einsatz

[322] Die denkmalgeschützte Grabstelle (Flur 7, Nr. 11-12) geht 2006 in die Verfügung der Stadt Köln über.

vergessen, weil ihm der Erfolg versagt blieb; auch Adenauer hat dazu beigetragen, hätte er doch Schliebuschs Opfer weit mehr herausstellen können als in einem kurzen Satz in seinen schriftlichen Erinnerungen. Hier nun stellen sich zwei Fragen:

1. Was brachte die riskante Hilfsaktion letztlich für die Beteiligten?
2. Wie wäre das Leben Adenauers und auch das der Familie Schliebusch ohne die Rettungsaktion und Flucht verlaufen?

Sicher, die Geschichte kennt keinen Konjunktiv, und so kann niemand die zweite, hypothetische Frage, jene nach der Zukunft Adenauers und Schliebuschs bei einem glücklichen Ausgang der Befreiung bzw. ohne diese Aktion, zweifelsfrei beantworten. Betrachten wir daher nur deren Ergebnis, an der Schliebusch maßgeblich beteiligt war: Ohne Schliebuschs Hilfe wäre Adenauer von der Gestapo sehr wahrscheinlich wieder in das Behelfs-KZ zurückgeholt worden, denn nur so ist die Suche nach dem untergetauchten Häftling Adenauer zu erklären. Von dort hätte er - wie z. B. Eugen Zander und die ebenfalls deportierten Theodor Babilon und Heinrich Richter - jederzeit in das Hauptlager Buchenwald bei Weimar oder in ein anderes, reguläres KZ im Inneren des Reichsgebiet, weitab von einem schnellen alliierten Zugriff verlegt werden können. Darüber, ob er diesen Aufenthalt überlebt hätte, kann ebenfalls nur spekuliert werden. Doch das Risiko, in den letzten Kriegsmonaten ums Leben zu kommen, ist für Adenauer auch aus Altersgründen sehr hoch. Zum einen schwebt über allen Gefangenen das Damoklesschwert einer willkürlichen Hinrichtung durch Gestapo oder SS. Daneben gibt es die ständige Gefahr eines plötzlichen körperlichen Zusammenbruchs durch Misshandlung, Kälte, Unterernährung und mangelnde Hygiene. So hätte sich Adenauer ebenso mit Flecktyphus anstecken können wie die Schliebuschs und andere Gefangene. Wenn selbst junge Männer wie Klaus Schliebusch den Strapazen erliegen, muss das Risiko für den weit lebensälteren Adenauer umso höher eingestuft werden. Und so grenzt es an ein Wunder, dass Adenauer in seinem fortgeschrittenen Alter überhaupt diese monatelangen Strapazen weitgehend unbeschadet überlebt, bedenkt man, dass ihm schon in seiner Jugend eine labile

Gesundheit bescheinigt worden war.[323] Die Tatsache, dass er in Brauweiler eine Einzelzelle hat und bereits Ende November 1944 entlassen wird, bewahrt ihn wahrscheinlich vor der Ansteckung mit Flecktyphus, denn die beiden Schliebuschs müssen sich überfüllte Zellen teilen und stecken sich dort erst Ende Februar/ Anfang März 1945 an. Eine persönliche und überdies erfolgreiche Intervention des Sohnes zur Freilassung des Vaters hätte es wahrscheinlich nicht gegeben, wenn Adenauer aus Hohenlind wieder auf das Messegelände zurückgebracht worden wäre. Erst die zweite Verhaftung Adenauers Ende September 1944 - d. h. jene nach der Flucht aus dem Krankenhaus - gibt der Familie den Anstoß, an höchster Gestapo-Stelle in Berlin für den Vater zu intervenieren. Eine ähnliche Aktion hatte es während der Inhaftierung Adenauers auf dem Messegelände nicht gegeben, hatten sich seine Angehörigen doch offenbar mit den periodisch durchgeführten Schikanen der Gestapo und des Regimes gegen ihr Familienoberhaupt abgefunden und diese als unausweichlich akzeptiert. Und so wird Sohn Max erst nach der zweiten Inhaftierung durch den Hilferuf seiner jüngeren Schwester Libet in Form eines Telegramms am 4. Oktober 1944 alarmiert und aktiv, als mittlerweile beide Elternteile, Vater und Mutter, in den Fängen der Gestapo und die drei minderjährigen Kinder sich allein überlassen sind und vom Nachbar-Ehepaar Schellenberger versorgt werden. Seine Hilfsaktion wird aber wegen kriegsbedingter Verzögerung erst einen Monat später wirksam. Zu diesem Zeitpunkt ist Gussie Adenauer bereits wieder aus der Gestapo-Haft entlassen. Selbst wenn Max Adenauer also bereits nach der ersten Verhaftung im August versucht hätte zu intervenieren - was aber nicht geschah -, wäre seine Hilfe für den Vater dann vermutlich zu spät gekommen. Dass die Intervention überhaupt Erfolg zeigt, muss der Tatsache zugeschrieben werden, dass Max Offizier ist, und auch seine anderen beiden Brüder - Konrad und Paul[324] - an der

---

323 Adenauer wird 1898 als „tauglich für den Landsturm des ersten Aufgebots" gemustert, aber 1915 wegen seiner labilen Gesundheit - er hat Probleme mit den „oberen Luftwegen" - vom Militärdienst befreit und untauglich geschrieben. 1957 antwortet er einem Briefschreiber, der ihn fragt, weshalb er keinen Wehrdienst geleistet hätte, er wäre damals an einer Lungentuberkulose erkrankt“. Siehe: Adenauer, Konrad, Briefe 1955-1957 (Brief Nr. 301 vom 8. Juni 1957 an Herwig Mager).

324 Der Jurist Dr. Konrad Adenauer (1906-1993), der älteste Sohn, wird im März 1943 mit 37 Jahren zur Wehrmacht eingezogen. Nach der Grundausbildung in

Front stehen. Ausdrücklich weist Max Adenauer die Gestapo daraufhin, dass er und seine zwei Brüder als Soldaten keine Bestleistungen erbringen können, wenn gleichzeitig ihre Eltern durch die Regierung inhaftiert werden, für die sie kämpfen sollen. Mit anderen Worten: Max Adenauer schlägt die Gestapo mit ihren eigenen Waffen, in dem er ihr Wehrkraftzersetzung in Form von willkürlicher Verhaftung der Angehörigen von Soldaten vorwirft. Diese Argumentation sticht. In anderen Fällen bleiben solche Vorstöße wirkungslos, wie z. B. jener des Kölner Erzbischofs Frings beim Reichssicherheitshauptamt für den zeitgleich mit Adenauer im August 1944 auf dem Messegelände inhaftierten Heinrich Richter,[325] den Präses des Kolpingwerkes.

„Nach der Rückkehr aus Brauweiler bleibt Adenauer zwar bis zum Kriegsende von Verfolgungen und Schikanen der Nationalsozialisten verschont. Doch macht ihm die Gestapo Anfang Februar 1945 unmißverständlich klar, daß er sich im Falle einer amerikanischen Invasion bis zur Rheinlinie unverzüglich in die Mitte Deutschlands zu begeben und zur Verfügung zu halten habe".[326]

Generalkonsul Weiss schreibt am 4. Oktober 1944: „Das Schicksal des Herrn Dr. Adenauer macht allen seinen Freunden die größten Sorgen, denn es wird ohne Zweifel die Absicht der Gestapo sein, ihn als Geisel in Haft zu halten. Sollten die Alliierten plötzlich bis nach Köln kommen, ohne daß der Gestapo Zeit übrigbleibt, Herrn Dr. Adenauer nach dem Inneren Deutschlands zu verbringen,

---

einem Panzergrenadierregiment dient er als Kraftfahrer in der Kraftfahr-Ersatzabteilung 23 in Berlin-Eberswalde, danach in Riga, im Herbst 1943 an der Ostfront und ab Herbst 1944 als Gefreiter und Dolmetscher im Frontaufklärungstrupp 391 im norwegischen Brontan und Oslo, wo er bei Kriegsende in Gefangenschaft gerät.

Paul Adenauer, der später zum Monsignore aufsteigt, leistet nach dem Abitur im Winter 1941/42 seinen Arbeitsdienst auf Sylt, wo er schwer erkrankt. Da er Priester werden will, wird er 1943 als Sanitätssoldat eingezogen. Zunächst ist er mehrere Monate mit dem Status „gvH" (garnisonsverwendungsfähig Heimat) auf dem Kölner Flugplatz Butzweilerhof stationiert, danach bei einer schweren Flak-Batterie in der Nähe von Bonn.

325 Richter nutzt - ebenso wie sein Freund Babilon - die Chance zur Flucht nach einem Bombenangriff am 14.10.1944 nicht, sondern kehrt wieder in das Lager zurück. Im Januar 1945 wird er in das KZ Buchenwald (oder Ohrdruf) transportiert, wo er im April aus ungeklärter Ursache stirbt.

326 Weiss, Franz-Rudolph von, a.a.O. (Dokument Nr. 4), S. 22

befürchtet man sehr, daß er als Exponent aus >der Systemzeit< umgebracht wird“.[327]

In einem Brief vom 10. April 1945,[328] d. h. aus dem zeitlich direkten Erleben, beurteilt Adenauer selbst seine Überlebenschancen in der Haft pessimistisch: „Wenn der Vormarsch der amerikanischen Armee nicht so überraschend hier in unserer Nähe erfolgt wäre, würde ich wohl von der Gestapo verschleppt und umgebracht worden sein.“

Später versucht er, wie bereits erwähnt, diese Gefahr, in der er damals schwebte, klein zu reden. Andererseits kostete die Aktion unter dem Strich - wenngleich nur indirekt - drei Menschenleben: das von Vater und Sohn Schliebusch, sowie mit einer zeitlichen Verzögerung von über drei Jahren auch das von Gussie Adenauer. Fest steht: Ohne die Befreiungsaktion wären weder die Schliebuschs verhaftet und degradiert worden, noch hätten sie sich mit Flecktyphus infiziert, an dem sie starben. Aber auch Frau Adenauer wäre nicht inhaftiert worden und hätte nicht in einem ausweglosen Dilemma, d. h. um ihre Kinder zu retten, ihren Mann verraten. Sie hätte daher auch keinen Suizidversuch unternommen. Der Preis für Adenauers Leben und Freiheit kostete somit drei Menschen das Leben. Die Nachgeborenen mögen daraus den Schluss ziehen und kritisieren, daß zum einen Adenauer trotz der Hilfe Schliebuschs wieder verhaftet und danach vor allem wegen der Fürsprache seiner an der Front stehenden drei Söhne Konrad, Max und Paul wieder aus der Gestapo-Haft entlassen wurde und daraus den voreiligen Schluss ziehen, die ganze Aktion hätte sich nicht gelohnt, ja wäre sogar kontraproduktiv gewesen. Gleichwohl schmälert dies die Hilfe Schliebuschs keineswegs, im Gegenteil: die „Entführung“ brachte einerseits einen Zeitgewinn von etwa drei Wochen. Als sicher kann auch gelten, dass der allgemeine Gesundheitszustand Adenauers und damit dessen Widerstandskraft durch den Aufenthalt im Krankenhaus und danach in der Nistermühle gestärkt wurde, was möglicherweise dazu beigetragen hat, dass er sich während der Haft nicht mit einer Infektionskrankheit ansteckte. Mit seinem selbstlosen Einsatz hat Schliebusch unbewusst auch die

[327] Weiss, Franz-Rudolph von, a.a.O. (Dokument Nr. 9), S. 59 und Fußnote 3. Vgl. auch: Konrad Adenauer, Briefe 1945-1947 S. 29

[328] Adenauer, Konrad, Briefe 1945 - 1947 (Dokument Nr. 2), S. 35

Weichen für die Nachkriegsgeschichte Deutschlands und Europas gestellt, was sicherlich nicht hoch genug eingestuft werden kann.

Erst elf Jahre nach Kriegsende macht Johann („Hans") Schliebusch (1922-1995), ein Großneffe von Fritz Schliebusch - sein Großvater Johann ist ein Onkel von Fritz -, der im Protokollreferat des Bundeskanzleramtes arbeitet, den Kanzler auf die prekäre wirtschaftliche Lage von Johanna Schliebusch aufmerksam: sie lebt bis zu ihrem Tode am 1. April 1960 in der Goethestraße 42 in Bonn in bescheidenen wirtschaftlichen Verhältnissen.

Hans Schliebusch als Soldat im Dezember 1940

Wahrscheinlich wegen der Ausstoßung ihres Mannes aus der Wehrmacht wird nach dem Krieg ihr Antrag auf Rente als Kriegerwitwe abgelehnt - ein oberflächliches Fehlurteil. Auch die Ehefrauen von im Zuge des 20. Julis hingerichteten Offizieren erhielten lange Jahre keine Witwenrente. So wurde z. B. der Witwe des hingerichteten Generalmajors Hellmuth Stieff (1901-1944), Cäcilie Stieff, der Rentenanspruch erst 1960 genehmigt. Neben dem Verlust ihres Mannes und ihres Sohnes muss Johanna Schliebusch daher über viele Jahre unter den negativen wirtschaftlichen Auswirkungen der Befreiung Adenauers leiden.

Hans Schliebusch wird 1940 mit achtzehn Jahren als Schütze zur Infanterie-Panzerjäger-Ersatzkompanie 6 nach Osnabrück eingezogen und danach in die 14. Kompanie des Infanterieregiments 58 (1942 in Grenadierregiment 58 umbenannt) unter Oberst Joachim von Tresckow (1894-1958) versetzt. Mit diesem Verband kämpft er im Zweiten Weltkrieg unter Oberst Heinz Furbach (1895-1968; später Generalmajor) zunächst in Frankreich und ab 1941 ausschließlich im Mittelabschnitt der Ostfront. Am 1. Januar 1942 wird er zum Gefreiten und zehn Monate später zum Obergefreiten befördert. Nach einer schweren Verwundung 1944 - vermutlich bei der Großoffensive der Roten Armee im Juni 1944 im Raum Minsk/ Dnjepr - liegt Hans Schliebusch lange in dem als Lazarett eingerichteten Schloss im thüringischen Schmalkalden. Dort lernt er seine zukünftige Frau Ilse Holland-Cunz (1921-1991) kennen, die ihn als Krankenschwester gepflegt hatte und heiratet sie. Anfang September 1949 kehrt er mit seiner Frau und den beiden Kindern Hans Peter (* 1945) und Maritta (* 1946) nach Bad Godesberg zurück [329] und tritt am 6. Dezember 1949 in das Bundeskanzleramt ein, wo er zunächst in der Registratur arbeitet. Nach Abschluss einer weiterführenden Ausbildung wird er in das Beamtenverhältnis übernommen. Wiederholt fungiert er als Geheimkurier für Kanzler Adenauer zwischen Bonn und Cadenabbia am Comer See,[330] dem Urlaubsort des Kanzlers. Später arbeitet er als Regierungsdirektor im Protokollreferat und organisiert die Reisen der Bundeskanzler. Während der Kanzlerschaft von Helmut Kohl wird er 1987 pensioniert.

Nach dem Hinweis von Hans Schliebusch hilft Adenauer Johanna Schliebusch mit einem Betrag von 600,- DM.[331] Da sie selbst um keine bestimmte Summe gebeten hatte, bleibt unbekannt, wie diese zustande gekommen ist. Sicher ist das Geld, acht Jahre nach der Währungsreform, um einiges mehr wert, als die schiere Zahl es heute vermuten lässt. So liegt nach dem Erlass des Bundesfinanzministeriums vom 25.02.1956 das Grundgehalt eines Regierungsrates (Besoldungsgruppe A 2c1 bzw. A 2c2; heute A 13) je nach Dienstaltersstufe

329 Später bekommt das Ehepaar noch zwei weitere Kinder: Helga (1952-2009) und Gerd (* 1956)

330 Adenauer verbringt zwischen 1957 und 1966 regelmäßig seinen Urlaub in der 1899 erbauten „Villa la Collina“; heute dient sie als Tagungsstätte der Konrad-Adenauer-Stiftung.

331 Schreiben Adenauers an Frau Johanna Schliebusch vom 27. Februar und 8. März 1956, sowie Brief von Frau Hannemi Schliebusch an den Autor vom 31.03.2010.

zwischen 400,- und 700,-DM und das eines Oberstudiendirektors (Besoldungsgruppe A 1a; heute A 16) zwischen 700,- und 1050,- DM. Doch ist der Betrag - gemessen an dem Verlust, den Ehefrau Schliebusch und der zweite Sohn erlitten haben und auch bei den finanziellen Möglichkeiten des Kanzlers - erstaunlich gering. Man könnte ihn als knauserig bezeichnen. Dabei weiß Adenauer doch aus eigener leidvoller Erfahrung in den dreißiger Jahren, als das NS-Regime seine Dienstbezüge als ehemaliger Oberbürgermeister von Köln über längere Zeit eingefroren hatte, wie schwer es ist, mit äußerst begrenzten finanziellen Mitteln zu überleben, und wie froh und dankbar er war, sich in einer solchen Lage auf Freunde wie den Industriellen Dannie Heineman oder die Familie Giesen und deren großzügige Hilfe verlassen und abstützen zu können. Die damaligen Amtsbezüge des Bundeskanzlers waren im § 11 des Gesetzes über die Rechtsverhältnisse der Mitglieder der Bundesregierung (Bundesministergesetz) vom 17. Juni 1953 geregelt worden. Da die Umstellung von Reichsmark (RM) auf die Deutsche Mark (DM) im Verhältnis von 1:1 erfolgte, entsprach die Besoldung mit geringen Änderungen der von 1927, bei der die Besoldungstabelle für die Gruppe B 2 ein Grundgehalt von 3.000 RM ausweist. Demnach erhält der Bundeskanzler ein monatliches Amtsgehalt in Höhe von Einzweidrittel (= fünf Drittel) des Grundgehalts der Besoldungsgruppe B 2. [332] (B 2 = 3.000,- DM; davon 1 2/3 = 5.000,- DM). Hinzukommen als allgemein gewährte Zulagen: eine Wohnungsentschädigung von jährlich 3.600 DM (= 300,- DM pro Monat), eine Dienstaufwandsentschädigung von jährlich 24.000 DM (= 2.000,- DM pro Monat), sowie bei Unmöglichkeit der Verlegung des eigenen Hausstandes an den Sitz der Bundesregierung für die Dauer seiner Fortführung am bisherigen Wohnort eine Entschädigung von jährlich 3.600 DM (= 300,- DM pro Monat. Hieraus

[332] Durch das Bundesbesoldungsgesetz vom 27. Juli 1957, BGBl. I S. 993 wird eine neue Grundgehaltstabelle eingeführt. Danach entspricht z. B. der bisherigen Besoldungsgruppe B2 von nun an die Besoldungsgruppe B 11. Für den Zeitraum vom 1. April 1957 bis 31. Mai 1960 weist die Gehaltstabelle ein Grundgehalt von 3.645 DM für die Besoldungsgruppe B 11 aus. Danach erhält der Bundeskanzler ab August 1957 ein Grundgehalt von 6.075,- DM. Zum Vergleich: Ein 57 Jahre alter Lehrer mit zwei Kindern erhält als Staatsbeamter ein Gehalt von 1.045 Mark, das sich aus 800 Mark Grundgehalt, 80 Mark Kinderzuschlag und 165 Mark Wohnungsgeld (in Ortsklasse S) zusammensetzt. Im Jahre 1956 kostet ein kleiner PKW des Typs Isetta von BMW 2.300,-DM.

ergibt sich ein Monatsgehalt von insgesamt 7.600,- DM (ohne Kindergeld). Der an Frau Schliebusch überwiesene Betrag von 600,- DM entspricht somit etwa 8 % der Brutto-Monatsbezüge (ohne Kindergeld) des Kanzlers.

Vier Jahre zuvor, im Juli 1952, hatte Adenauer an seinen Schwager Dr. Willy Suth (1881-1956), Oberstadtdirektor in Köln geschrieben, Eugen Zander „hat seinerzeit als Kapo im Konzentrationslager Messe sehr viel Gutes getan. Ich glaube, daß er mir das Leben gerettet hat". Und der Bundeskanzler sorgte dann dafür, dass Zander von der Stadtverwaltung Köln als Garteninspektor angestellt wird. Der reine Sachwert dieser Anstellung dürfte jenen Betrag von 600,- DM, den Adenauer Frau Schliebusch überwiesen hatte, um einiges übersteigen. Sicherlich hätte ein über längere Zeit monatlich gezahlter Geldbetrag eine spürbarere finanzielle Entlastung für Frau Schliebusch gebracht.

Das Schreiben des Kanzlers an Frau Schliebusch, in dem er die Zahlung ankündigt, klingt unpersönlich, distanziert und geschäftsmäßig. Es ist anders formuliert als jene Briefe an Freunde und gute Bekannte, in denen er seinen Dank auszudrücken pflegt. Glaubte Adenauer, sich damit freikaufen zu können? Die Wortwahl, er möchte „gern Ihrer Bitte" entsprechen, klingt als wäre diese eine Bittstellerin; dabei ist es genau umgekehrt. Die - wenngleich nur moralische - Schuld liegt bei Adenauer. Leicht gefallen ist Johanna Schliebusch der Schritt, sich an Adenauer zu wenden, sicher nicht. Allerdings hilft der Kanzler später, als Wolfgang Schliebusch, der zweite Sohn, um Unterstützung bei der Suche nach einem Studienplatz bittet und empfängt ihn mehrfach in seinem Haus in Rhöndorf. Nachdem Adenauer in dieser Angelegenheit mit dem Rektor der Bonner Universität korrespondiert hat, erhält Wolfgang Schliebusch im Juni 1948 einen Studienplatz für Pharmazie, den er bis 1950 wahrnimmt. Dann aber muss er das Studium aus wirtschaftlichen Gründen abbrechen.

Um nicht missverstanden zu werden: Adenauer trifft weder eine persönliche Schuld am schweren Schicksal von Fritz und Klaus Schliebusch in den letzten Kriegsmonaten, noch an deren beider Tod. Adenauer hat kein Gesetz oder eine Norm übertreten. Er war in Lebensgefahr, suchte Hilfe und einen Ausweg aus seiner schwierigen, lebensbedrohlichen Lage. Dass ihm eine dritte Person - Fritz Schliebusch - aus freien Stücken bei seiner Flucht aus dem Krankenhaus und damit aus der Gestapo-Haft half, ist Adenauer daher nicht vorzuwerfen. Überdies hat er weder mit einem solch tragischen Ausgang gerechnet, noch dies billigend in Kauf genommen oder ein solches Opfer von Schliebusch gar erwartet. Hätte Adenauer diese Entwicklung geahnt, hätte er wahrscheinlich von der Aktion abgeraten und davon Abstand genommen. Schuld ergibt sich aus Verantwortlichkeit, und diese ist bei Adenauer bezogen auf die Flucht aus dem Krankenhaus nicht gegeben. Auch Adenauers Ehefrau Gussie hat keine Schuld auf sich geladen. Zwar hat sie den Namen Schliebusch gegenüber der Gestapo preisgegeben, doch erst, als diese sie massiv unter Druck setzten und ihr auf perfide Weise mit Repressalien gegenüber ihren Kindern drohte und sie erpresste: das Versteck ihres Mannes und den Namen des Helfers gegen die Unversehrtheit ihrer drei noch minderjährigen Kinder.[333] Sie hatte keine Wahl. Niemand kann ihr ernsthaft einen Vorwurf machen.

Gussie Adenauer

Es besteht somit auch keine wie immer geartete rechtlich begründete Schadensersatzpflicht Adenauers gegenüber Frau Schliebusch. In genau diesem Sinne aber reagiert der Bundeskanzler, wenn

[333] Lotte (* 1925), Libet (1928) und Georg (* 1931)

er schreibt, er komme der Bitte von Johanna Schliebusch nach. Durch diese Formulierung des Juristen Adenauer verneint er einen Zusammenhang zwischen der Hilfeleistung von Schliebusch, dessen Opfer und seiner Zahlung und schließt zugleich eine etwaige Anerkennung eines Schadensersatzanspruches per se aus. Dabei wurde eine solche im Übrigen noch nicht einmal ansatzweise von Frau Schliebusch in Erwägung gezogen. Zwar hat sie einen Schaden, eine unfreiwillige Einbuße an Lebens- und Rechtsgütern, erlitten, doch ist dieser nicht ursächlich aus der Verletzung eines subjektiven Rechts oder eines Rechtsgutes durch Adenauer entstanden. Da es keine Kausalität zwischen dem Wunsch Adenauers nach Befreiung aus der Haft und dem später eingetretenen Schaden gibt, kann ihm auch keine Pflicht zu Schadensersatz angelastet werden.

Adenauer trägt keine Schuld am Tode Schliebuschs. Zu fragen ist somit nur, ob er wenigstens eine moralische Pflicht gegenüber Schliebusch hat. Diese Frage muss bejaht werden, denn hätte sich Adenauer einer Befreiung aus dem Krankenhaus versagt, wäre Schliebusch nicht in das Fadenkreuz der Gestapo geraten und hätte auf seinem ruhigen Posten im Bonner Wehrbezirkskommando den Krieg mit hoher Wahrscheinlichkeit gesund überlebt. Die nächsten beiden Fragen sind nun, worin diese moralische Pflicht besteht, und ob Adenauer ihr nachkommt. Unbestreitbar ist, dass der Tod Schliebuschs und seines Sohnes und das Leid der Familie über diesen Verlust weder mit Geld noch sonst irgendwie zu tilgen sind. Allerdings könnte man erwarten, dass wenigstens das Andenken an Schliebusch und seine Tat wachgehalten wird, ist dieser doch als Christ, Offizier, Patriot und Bürger ein herausragendes Vorbild. Hier ist allerdings festzustellen, dass Adenauers Erinnerungsmechanismus hinsichtlich Schliebusch sparsam ausfällt. Dessen Rettungsversuch und das Opfer, das er und sein Sohn brachten, werden in den Erinnerungen des Kanzlers nur in einem belanglosen, kurzen Satz gestreift. In seinen späteren Schilderungen der Ereignisse im Herbst 1944 wird die Rolle Schliebuschs - sofern sie überhaupt erwähnt wird - geschmälert und bisweilen ganz unterdrückt. So erwähnt er in einem Interview, in der er seine zweimalige mehrwöchige Haft im August und September/Oktober

1944 beschreibt,[334] den Namen Schliebusch mit keinem Wort. Mit dem Satz „Ich beschloss zu fliehen und mich in einer einsam gelegenen Mühle im Westerwald zu verbergen“, erweckt Adenauer den Eindruck, als habe er allein die Flucht geplant und durchgeführt. Umso erstaunlicher ist es, dass andere, deren Hilfe vor dem Hintergrund des gezahlten „Preises“ für ihre Unterstützung eher als selbstverständlich und gering zu bewerten ist, von Adenauer herausgehoben werden. So nennt er äußerst lobend die Kaufmannsbrüder Sinn[335] - „gute Bekannte“. Nach seiner Entlassung am 26. November 1944 hätten sie ihn „in großartiger Weise und mit großer Herzlichkeit“ in Lövenich - ca. 3 km von der Haftanstalt Brauweiler entfernt - empfangen und „mit größter Hilfsbereitschaft“ geholfen, mit einem Behelfs-Lieferwagen zu seiner Familie nach Rhöndorf zurückzukommen.[336] Diese Hilfe der Gebrüder Sinn steht in keinem Vergleich zu dem, was Schliebusch für Adenauer getan hat. Und doch gibt es seltsamerweise keine einzige Aussage Adenauers mit diesem lobenden und dankenden Tenor über Schliebusch und dessen Unterstützung.

Über die Gründe können jedoch nur Vermutungen angestellt werden. Verübelt es Adenauer seinem Retter später, dass dessen Lagebeurteilung, auf die er vertraute, sich als falsch herausgestellt, und die Alliierten erst wesentlich später am Rhein stehen? Macht er sich selbst Vorwürfe, dieser riskanten Flucht zugestimmt zu haben? Durch die Befreiungsaktion verlieren - wenngleich nur indirekt - drei Menschen ihr Leben: die beiden Schliebuschs und Gussie Adenauer. Gibt er sich insgeheim die Schuld, dass er durch seine Flucht seine Ehefrau Gussie und seine Kinder in Gefahr gebracht hatte, Gussie Adenauer letztlich an den Langzeitfolgen der Gestapo-Haft starb und überträgt diese Gewissenslast nun auch auf Schliebusch? Sicher: Wäre Adenauer nicht geflohen, wäre seine Frau nicht gestorben. Gerade in der Zeit seines Aufstiegs an die Staatsspitze verlor der ausgeprägte Familienmensch Adenauer mit seiner Ehefrau Gussie den Vertrauten, der ihm

---

[334] Konrad Adenauer Stiftung Online Aus meinem Leben - Rundfunkinterviews 22-Verhaftung 1944

[335] Die Gebrüder Josef (1875-1959), Andreas (1877-1954) und Leo Sinn (1880-1950), Inhaber der Rheinischen Wäschefabrik in Köln-Weiden. In einem Grußwort an die Gemeinde Lövenich am 5. September 1955 erwähnt Adenauer deren Hilfe noch einmal ausdrücklich.

[336] Siehe auch: Adenauer, Konrad, Erinnerungen 1945-1953, S. 16

am nächsten stand, den er in dieser beruflichen Phase, vor allem aber in den letzten beiden Lebensjahrzehnten besonders gebraucht hätte. Feststeht auch: Schliebusch wurde deshalb verhaftet, weil Gussie Adenauer bei den Verhören durch die Gestapo seinen Namen preisgegeben hatte. Schämt sich Adenauer ob des Opfers, das jener für ihn gebracht hat? Ist es ihm peinlich, unwiderruflich und unausgleichbar in der Schuld Schliebuschs zu stehen? Möchte er die Erinnerung an diese wenigen Wochen in der Nistermühle verdrängen? Kann er es vielleicht sogar nicht ertragen, einem anderen, im Kern fremden Menschen gegenüber verpflichtet zu sein? Hat er Schliebusch vielleicht nur als Werkzeug be- und dessen ausgeprägte Hilfsbereitschaft ausgenutzt und damit einen Charakterzug offenbart, der ihm im Umgang mit anderen Mitarbeitern auch in späteren Jahren nachgesagt wurde? So schreibt z. B. General Dr. Hans Speidel: „Wie Adenauer es ... verstand, sich der Fähigkeiten seiner Mitarbeiter zu bedienen, so konnte er sie auch, wenn sie ihm entbehrlich geworden waren, kühl fallen lassen."[337]

All diese Fragen bleiben unbeantwortet. Hier sollte erwähnt werden, dass auch die Beziehung zu anderen guten Bekannten und Helfern jener Zeit - wie Prof. Uhlenbruck und Dr. Schellenberger - nach dem Krieg schwächer wird. Mit dem politischen Aufstieg Adenauers, dessen hoher Position im Staat und der überaus großen zeitlichen Beanspruchung ändern sich naturgemäß frühere soziale Bindungen und werden von beiden Seiten anders wahrgenommen.

Verdankt er Schliebusch sein Leben? Ja und nein. Adenauers Rettung basierte letztlich auf dem Zusammenspiel mehrerer Faktoren und Helfer: dem Rat des Mithäftlings und Lageroberen Zander an Adenauer, sich vom Messegelände verlegen zu lassen, seiner Bereitschaft als Lagerleiter auf dem Messegelände, der Überstellung nach Hohenlind stattzugeben und seinem Schweigen gegenüber der Gestapo nach der Befreiungsaktion, der Bereitschaft der beiden Ärzte Dr. Matthias Schellenberger und Dr. Richartz, ihm jenes Attest auszustellen, das ihm den Weg ins Krankenhaus Hohenlind öffnete, dem Schweigen von Prof. Dr. Uhlenbruck und Dr. Müller, die die Flucht Adenauers gegenüber der Gestapo verheimlichten, der Hilfe von Fritz und Klaus Schliebusch, sowie jener von Heinz Giesen bei der Flucht

337 Speidel, Hans, Aus unserer Zeit, S. 253

in den Westerwald, der Bereitschaft von Dr. Vollmar, ihm für eine Nacht Unterschlupf in Bonn zu gewähren und jener des Ehepaares Roedig, den Entflohenen in ihrem Hotel aufzunehmen und nicht an die Gestapo zu verraten, sowie schließlich der Intervention seines Sohnes Max in der Gestapo-Zentrale in Berlin. Bei manchen Gestapo-Angehörigen überwog - in zunehmender Erkenntnis, dass der Krieg endgültig verloren ist - wohl auch das Interesse, die verfügbare, immer knapper werdende Zeit vorrangig und zweckgerichteter der Sicherheit der eigenen Person zu widmen als der Verfolgung Andersdenkender.

Die Frage, ob Fritz Schliebusch zum Widerstand gegen Hitler zu zählen ist, muss eindeutig mit Ja beantwortet werden. Seine Form des Widerstandes ist zwar nicht auf die Anwendung von Gewalt bei dessen Beseitigung angelegt, weil ihm dazu wesentliche Voraussetzungen wie z. B. die Zugehörigkeit zum direkten Umfeld Hitlers und auch die erforderlichen Mittel fehlen. Doch Widerstand kann auf vielfältige Weise zum Ausdruck kommen, und der von Schliebusch beschränkt sich keineswegs nur auf geistige Distanz, auf den individuellen Widerstand im sog. „stillen Kämmerlein", die relativ ungefährliche und damit sichere Form der „geistigen Emigration", sondern schöpft den Rahmen seiner Möglichkeiten und damit auch den der Risiken voll aus. Dazu gehört seine aktive Hilfe für Verfolgte unter Einsatz des eigenen Lebens. Zusätzlich hält Schliebusch Kontakte zu Gruppen in Berlin und im Köln-Bonner-Raum, die dem Regime gegenüber distanziert eingestellt sind und stärkt dadurch - wie Adenauer zutreffend feststellt - deren Widerstandswillen. Aus dieser Sicht ist sein Widerstand im Sinne des Politikwissenschaftlers Prof. Richard Löwenthal (1908-1991) als „bewusste politische Opposition" zu verstehen. In diesem Sinne zählt natürlich auch Adenauer zu dieser Gruppe, wenngleich er eine aktive Mitarbeit im Widerstand gegen Hitler ablehnt, weil er „weder Goedeler oder andere Widerstandgruppen noch hohe Militärs für fähig" hält, „die Diktatur zu beseitigen".[338] Nach dem Krieg wird Adenauer diese Haltung von einigen sogar den pharisäerhaften Vorwurf des Opportunismus einbringen.

---

338 Weiss, Franz-Rudolph von, a.a.O., S. 21

Bundesrepublik Deutschland
Der Bundeskanzler

Bonn, den 8. März 1956

Frau
Hanna S c h l i e b u s c h

B o n n
Goethestrasse 42

Sehr geehrte Frau Schliebusch !

Wie ich Ihnen am 27. Februar 1956 geschrieben habe, möchte ich Ihrer Bitte gerne entsprechen. Ich habe meine Bank beauftragt, Ihnen 600.-- DM zu überweisen und hoffe, dass es Ihnen damit möglich sein wird, den geschilderten Verpflichtungen nachzukommen.

Mit freundlichen Grüssen

(Adenauer)

Erstaunlicherweise blieben ihm dafür Respekt, Dank und Anerkennung bis heute versagt. Dieses Vergessen beruht zum einen wahrscheinlich darauf, dass Schliebusch in den oberflächlichen, bisweilen sogar zynisch anmutenden Denkschemata der Nachwelt nur ein „Märtyrer zweiter Klasse“ war. Wäre er hingerichtet oder von SS oder Gestapo erschossen worden, wäre ihm ein Gedenken sicher gewesen. So aber starb er „nur“ an den Folgen der Haft, was den kausalen Zusammenhang zwischen Tat und Opfer verwischte. Der Dichter Karl Förster (1784-1841) schrieb:

„Was vergangen, kehrt nicht wieder,
Aber ging es leuchtend nieder,
Leuchtet' s lange noch zurück.“

Diesen Satz kann man im Umkehrschluss auf Schliebuschs Leben anwenden: seine Tat und sein Sterben gingen eben leider nicht „leuchtend nieder“, sondern blieben weitgehend anonym und leuchten deshalb nicht bis in unsere Zeit. Ein Teil der Schuld dieses Vergessens geht aber auch zu Lasten Adenauers, der Schliebuschs Hilfe in seinen Erinnerungen hätte stärker herausstellen können, sollen und auch müssen. Zwar erwähnt Frau Maria Bonacker, die vormalige Haustochter in der Nistermühle, anlässlich der Einweihung einer Gedächtnisstätte im Westerwald zum 100. Geburtstag Adenauers 1976 den Namen des Majors Schliebusch, doch auf der Gedenktafel der CDU, die an die Flucht Adenauers erinnert, fehlt sein Name. Auch ansonsten sucht man nach posthumen kommunalen und regionalen Ehrungen für Fritz Schliebusch und seinen Sohn Klaus vergebens - keine Straße, kein Platz im Köln-Bonner-Raum trägt ihren Namen, keine Schule oder Kaserne ist nach ihnen benannt, kein „Stolperstein“, keine Plakette und keine Gedenktafel erinnern an ihn und seine selbstlose Tat.

Die Chronik der Stadt Köln schildert zwar die Verhaftung ihres vormaligen Oberbürgermeisters, doch der Name seines Helfers bleibt unerwähnt, wird nur mit „ein Freund“ umschrieben.

»Aktion Gewitter«: Adenauer inhaftiert

22. August 1944. Unter dem Decknamen »Gewitter« läßt die nationalsozialistische Regierung im gesamten Reichsgebiet rund 5000 ehemalige Abgeordnete und Funktionäre der 1933 aufgelösten Parteien verhaften. Es handelt sich dabei um eine Polizeiaktion, die im Zusammenhang mit dem Attentat auf Adolf Hitler am 20. Juli 1944 steht.

Auch Kölner Politiker befinden sich unter den Inhaftierten. Die Polizei nimmt u. a. den ehemaligen Reichstagsabgeordneten des Zentrums, Otto Gerig, fest. Er hatte sich schon im Vorfeld der Machtergreifung Hitlers stets gegen jegliches Paktieren mit den Nationalsozialisten ausgesprochen. Gerig wird Mitte September in das KZ Buchenwald verschleppt, wo er wenig später den katastrophalen Lagerbedingungen zum Opfer fällt.

Ferner werden die Zentrumspolitiker Thomas Esser, ehemals Vizepräsident des Reichstages, und Josef Baumhoff, der frühere Vizepräsident des preußischen Landtags, verhaftet. Sie werden zunächst in das Deutzer Messelager (→ September 1942/S. 405) gebracht. Unter den dort Einquartierten ist auch Konrad Adenauer, den die Polizei in Rhöndorf verhaftete. Als er durch einen Mithäftling erfährt, daß er nach Buchenwald weitertransportiert werden soll, täuscht er eine lebensgefährliche Erkrankung vor und erwirkt so seine Verlegung ins Krankenhaus Hohenlind. Ein Freund verschafft ihm gefälschte Papiere, denen zufolge Adenauer zum Verhör nach Berlin gebracht werden soll. Mit Hilfe des Freundes gelingt dem früheren Kölner Oberbürgermeister die Flucht in ein Versteck im Westerwald. Dort wird er allerdings erneut von der Polizei aufgespürt und in das Gestapo-Gefängnis in Brauweiler nach Köln gebracht.

Auf der Flucht vor den Nazis: Konrad Adenauer im Kloster Maria Laach

In Brauweiler bleibt Adenauer zwei Monate und ist währenddessen ständigen Verhören durch die Polizei ausgesetzt. In diesem Zeitraum werden von den in Brauweiler einsitzenden 60 bis 70 Häftlingen 28 hingerichtet. Die Gefangenen leiden unter grausamen Folterungen durch das für seine Gewalttätigkeit berüchtigte »Kommando Kütter« (so berichtet Adenauer in seinen Erinnerungen).

Adenauer verdankt seine Freilassung am 26. November 1944 seinem Sohn Max. Der Leutnant im Kriegsdienst spricht bei der Berliner Gestapo-Zentrale vor und erwirkt dort das Ende der Gefangenschaft für seinen Vater.

Auszug aus „Chronik Köln" (Seite 411)

Und auch in keinem der vielen Filme, die vom Widerstand gegen Hitler erzählen oder ihn dokumentieren, wird der Name erwähnt.[339] Nur in dem Fernsehspiel[340] von Peter von Zahn (1913-

[339] Die Festschrift zum 100-jährigen Jubiläum der Handwerkskammer zu Köln aus dem Jahre 2000 widmet ihrem früheren Syndikus Schliebusch nur wenige Zeilen;

2001), das er „Studie in Szenen“ nennt, und das fünf Episoden aus dem Leben Adenauers erzählt, wird der Name Schliebusch genannt. Adenauer wird von dem Schauspieler Hannes Messemer (1924-1991) dargestellt und Major Schliebusch von Rudolf-Jürgen Bartsch (1921-2000) verkörpert. In zwei kurzen Einblendungen treten Schliebusch und Adenauer gemeinsam auf: die erste zeigt in 90 Sekunden ihre Ankunft in der Nistermühle, Schliebusch in Luftwaffenuniform als Chauffeur und Kofferträger Adenauers, allerdings fälschlicherweise mit den roten Kragenspiegeln der Flak-Artillerie und nicht mit den gelben Spiegeln der Luftwaffe. Der Filmdialog zwischen den beiden Männern beleuchtet nur einen schmalen Teilaspekt von Schliebuschs Motivation:

Schliebusch: „Sie heißen Doktor Weber und erholen sich hier in der Stille des Westerwaldes.“

Adenauer: „Wissen die Wirtsleute Bescheid?“

Schliebusch: „Hier werden keine Fragen gestellt!“

Adenauer: „Irgendwann wird Ihnen die Gestapo auf den Leib rücken und fragen, was der Major Schliebusch mit dem Häftling Adenauer gemacht hat.“

Schliebusch: „Der Häftling Adenauer wurde von mir zur Vernehmung im Oberkommando der Wehrmacht nach Berlin gebracht. Im Übrigen werden die Amerikaner bald hier sein.“

Adenauer: „Sie setzen Ihr Leben für mich aufs Spiel.“

Schliebusch: „Herr Oberbürgermeister, ich weiß doch wenigstens, für wen ich es aufs Spiel setze. Wenn ich in einem Erdloch bei Aachen unter Beschuss läge, wüsste ich es nicht. Sie haben mir in der Vergangenheit manchen guten Rat gegeben. Außerdem bereitet es mir

---

ein Bild von ihm sucht man vergeblich. In „Vom Kalten Krieg zur deutschen Einheit - Analysen und Zeitzeugenberichte zur deutschen Militärgeschichte“ des Militärgeschichtlichen Forschungsamtes verwechselt Rolf Friedemann Pauls in seinem Beitrag „Adenauer und die Soldaten“ auf Seite 38 den Vornamen und schreibt ein „Major Hans Schliebusch hat … ihm (= Adenauer) bei der Flucht geholfen“. Und auch Hans-Peter Schwarz irrt, wie in Fußnote 1 bereits beschrieben, hinsichtlich des Vornamens (siehe: Adenauer - Der Aufstieg, S.417).

340 Das TV-Spiel „Die fünf Prüfungen des Oberbürgermeisters“ (Regie: Claus Peter Witt) wird im ZDF am 4. Januar 1976 - dem Vorabend von Adenauers 100. Geburtstag - um 20.15 Uhr ausgestrahlt.

ein unendliches Vergnügen, den Nazis einen Strich durch die Rechnung gemacht zu haben."

In der zweiten - 3 ½ Minuten dauernden - Szene wird Adenauer im Zuchthaus Brauweiler vom Justizbeamten Dahmen in die Zelle von Schliebusch geführt, wo sich beide Häftlinge unterhalten.

Aufseher Dahmen: „Sie haben dreißig Minuten Zeit, um miteinander zu sprechen. Ich paß´ auf, dass keine Kontrolle kommt."

Adenauer: „Mein Sohn war hier."

Schliebusch: „Der Leutnant?"

Adenauer: „Er ist eine Woche lang in Berlin von einem zum anderen gelaufen. Er hat im Reichssicherheitshauptamt schließlich den SS-Offizier gefunden, der meinen Fall bearbeitet. Meine Akten sind bei einem Luftangriff in den Keller gebracht und dort vergessen worden."

Schliebusch: „Es ist unglaublich, wie diese Leute mit vielen Schicksalen umspringen."

Adenauer: „Mich wundert das gar nicht mehr. Hier warten noch sicher ein Dutzend Menschen vergebens auf Entscheid und müssen es miterleben, wie ich gestern Nacht, wenn der Zellennachbar stundenlang geprügelt wird und etwas aussagt für Aktenhefter, den ein Sachbearbeiter vergisst."

Schliebusch: „Wie lange glaubt der Sachbearbeiter, dass die Sachbearbeitung noch dauern wird?"

Adenauer: „Es soll gegen mich nichts Greifbares vorliegen außer meiner Flucht in den Westerwald, und die erregt natürlich Verdacht. In erster Linie gegen Sie!"

Schliebusch: „Man wird mir wohl glauben, dass ich einen schwerkranken Mann wie Sie nicht ins Durchgangslager zurückkehren lassen kann, damit er nach Buchenwald transportiert wird."

Adenauer: „Denken Sie daran, dass Sie einen Doktor Weber in den Westerwald gebracht haben."

Schliebusch: „Es gab ja keinen richterlichen Haftbefehl gegen Sie."

Adenauer: „Der Umstand spielt für die SS keine Rolle. Es ist kein Punkt, der bei Ihrer Verteidigung zählt."

Schliebusch: „Man muss sich doch auf die Rechtslage berufen dürfen."

Adenauer: „Herr Schliebusch, Sie müssen Ihre Begriffe von Recht und Billigkeit vergessen, wenn Sie vor diesen Leuten stehen. Bei ihnen gilt nur noch die Macht, und was ihr dient."

Schliebusch: „Da können wir allerdings nicht viel auf die Beine bringen."

Adenauer: „Vielleicht noch etwas: Mein Sohn hat seine Taktik geändert. Von ihm und seinen beiden Brüdern in Uniform könne man keinen Einsatz fordern, solange der Vater im Gefängnis sitzt."

Schliebusch: „Unschuldig im Gefängnis sitzt."

Adenauer: „Darauf kommt es nicht an. In diesem System gilt jeder für schuldig, aber: drei Soldaten weniger. Es lohnt, darüber nachzudenken. Das kann einem eines Tages von den Vorgesetzten vorgehalten werden."

Schliebusch: „Sie verachten diese Schurken noch mehr als ich sie hasse."

Adenauer: „Man muss sie verachten, wenn man sie überstehen will."

Schliebusch: „Das klingt, als hätten Sie Hoffnung."

Adenauer: „Man lernt, nicht aufzugeben."

Schliebusch: „Ich hoffe mehr auf die Amerikaner Dabei droht uns Kommissar Bethke mit Erschießung an der Gefängnismauer, wenn die Amerikaner den Erft-Fluss überschreiten."

Adenauer: „Der selbe Kommissar Bethke hat mit gesagt, ich solle mir nur nicht das Leben nehmen. Es brächte ihm Unannehmlichkeiten, Unannehmlichkeiten. Solange dieser Bürokrat mehr Angst hat vor einem toten Oberbürgermeister mehr Angst hat als vor einem lebenden, braucht man nicht aufzugeben."

Nächste Szene am Gefängnistor; im Hintergrund ist Gefechtslärm zu hören. Adenauer passiert nach seiner Entlassung das Gefängnistor.

Aufseher Dahmen: „Wollen Sie nicht lieber bis Morgen warten, Herr Oberbürgermeister, bis die Kammer öffnet, dann können Sie Ihre Sachen und den Mantel mitnehmen "

Adenauer: „Ich möchte nicht warten. Entlassungen können auch widerrufen werden. Ich danke Ihnen, Herr Dahmen, dass Sie sich so anständig und menschlich verhalten haben. Ja, und passen Sie auf Major Schliebusch auf. Vielleicht kommt einmal die Zeit, wo er es Ihnen vergelten kann.

Aufseher Dahmen: „Ach, für uns alte Leute kann so viel Gutes nicht mehr kommen. Auf Wiedersehen, Herr Oberbürgermeister!"

Hannes Messemer als Adenauer (links) und Rudolf-Jürgen Bartsch als Major Schliebusch

Zu einer vertieften Beschäftigung mit dem Namen Schliebusch und jenen Ereignissen im Herbst 1944 hat dieser Fernsehfilm allerdings nicht geführt. Es war einer jener zahlreichen, eher langweiligen Dokumentationen - eine Mischung aus Kommentaren und Einspielungen, über die der Kritiker Rolf Becker mit Recht feststellte, „Man könnte es auch, … , höheren Schulfunk nennen." Kein Wunder, dass von diesem Film keine Impulse ausgingen. Schliebusch wird als einer der zahlreichen Begleiter und Gehilfen Adenauers dargestellt; seine eigentliche Leistung, die Befreiung Adenauers hingegen wird nur einmal kurz angesprochen, bleibt aber szenisch im Dunkeln.

Bisweilen wird Schliebusch indirekt sogar als Parteigenosse bezeichnet wie in der erwähnten Chronik zum 100-jährigen Bestehen der Handwerkskammer zu Köln. Aus diesem Grunde fällt offenbar auch dessen Werdegang in der Festschrift so spärlich aus, will man sich doch nicht mit einem vermeintlichen Anhänger des NS-Regimes an der Spitze der eigenen Reihen den Ruf verderben. In völliger Verdrehung der Tatsachen wird Schliebusch sogar als Sprachrohr der Kölnischen Zeitung im Oberkommando der Wehrmacht bezeichnet. So schreibt der Autor und Kölner Karls-Preis-Träger Dr. Werner Rügemer (* 1941) unter der Überschrift „DuMont Schauberg kauft sich in die israelische Verlagsgruppe Schocken ein“:

> „... Hitler wurde geradezu herbeigeschrieben. Als das ersehnte Ziel endlich erreicht war, arbeitete der Verlag eng mit dem Nazistaat zusammen, enger als andere Verlage. So bestand eine direkte Verbindung zum Oberkommando der Wehrmacht (OKW). Ein Dr. aus dem Winckel wurde vom Redaktionstisch der Kölnischen in die Propagandaabteilung des OKW berufen. Ebenso wechselte Redakteur Schliebusch als Hauptmann ins OKW.[341]

Der letzte Satz unterschlägt, dass Schliebusch, als er ins OKW wechselt, seit über sieben Jahren kein Redakteur der Kölnischen Zeitung mehr ist, und vor allem, dass er das Gegenteil eines Vertreters des Hitler-Regimes darstellt.

Schliebusch gab - im zutiefst christlichen Sinne - sein Leben für Adenauer und half vielen anderen Menschen, die in Not waren, gelitten haben und verfolgt wurden. Dabei hätte er als einer unter zahlreichen Bekannten Adenauers die letzten Kriegswochen in seiner Stabsverwendung in der Etappe in Bonn ohne Risiko und Gefahr spielend überleben können und zweifelsohne auch überlebt. Gleiches gilt für seinen Sohn Klaus. Niemand hätte ihm einen ernsthaften Vorwurf machen können, hätte er sich einer Beteiligung an der Flucht Adenauers versagt. Und so stirbt Schliebusch tatsächlich auf dreifache Weise: das erste Mal, als die Nazis versuchten, ihm seine Ehre als Offizier zu nehmen; das zweite Mal, als er diese Welt physisch verließ und das dritte Mal, als auch die Erinnerung an ihn verloren ging. Rehabilitiert wurde er bislang nicht. Das denkmalgeschützte, von Efeu

---

[341] Internet-Blog „0815-Info Geschichtsklitterung für neue Kriege“ (wallstreet:online) vom 20.11.2006

überwucherte Grab von Johanna, Fritz und Klaus Schliebusch auf dem Kölner Südfriedhof kann kaum als Ausgleich für das Vergessen gelten, zumal dieses Prädikat nur im Zusammenhang mit der gesamtkünstlerischen Gestaltung des Friedhofes vergeben wurde und nicht dem Andenken der Verstorbenen gilt. Mit nur siebenundsechzig Jahren stirbt 1960, fünfzehn Jahre nach ihrem Mann, auch Johanna Schliebusch - letztlich am Leid, das ihre Familie erlitten hatte.

Schliebuschs Militärzeit der Jahre 1912/13, 1914 bis 1918 und 1940 bis 1944 dauert insgesamt nur neun Jahre; die Hälfte von ihnen verbrachte er als Infanterieoffizier an der Front, im Vergleich zu seinem Lebensalter sind dies letztlich gerade einmal 17 %. Allerdings haben sie sich weit prägender auf sein Schicksal ausgewirkt, als dies ihr reiner zahlenmäßiger Anteil widerspiegelt. Dennoch trifft die Bezeichnung „Major Schliebusch“ nur bedingt zu, denn er war kein Berufssoldat, sondern sah sich zuerst als Journalist und später als höherer Angestellter primär im zivilen Berufsleben verankert.

Vergleicht man, wie manch Andere nach dem Zweiten Weltkrieg zum „Widerstandskämpfer“ hochstilisiert und als solche ge- und oft sogar verehrt wurden, kommen Zweifel an Urteilsfähigkeit und Gerechtigkeitssinn der Nachwelt. Sicherlich verdankt Adenauer sein Überleben in dieser Zeit der Verfolgung der Hilfe und dem Schutz mehrerer Menschen. Doch von allen, die ihm in vielfältiger Weise bereitwillig geholfen haben, sind Major Fritz Schliebusch und sein Sohn Klaus diejenigen, die für diese Hilfe den höchsten Preis gezahlt haben. Es wäre an der Zeit, dieses Vergessen und Versehen zu korrigieren, die Erinnerung an sie aufleben zu lassen und die verwehten Spuren wieder freizulegen, denn sie haben dieses Gedenken verdient.

Literatur:

Adenauer, Konrad, Erinnerungen, 4 Bde., Deutsche Verlagsanstalt Stuttgart 1965-1968

Adenauer, Konrad, Briefe 1945-1947, Rhöndorfer Ausgabe (Hrsg. Morsey, Rudolf) Siedler Verlag Berlin, 1983

Andrus, Clift, The First - A brief history of the 1st Infantry Division World War II Cantigny First Division Foundation, 1996

Bornheim, gen. Schilling, Werner, Der rheinische Phönix. Konrad Adenauer 1945 Erinnerungen eines Weggefährten in: Die politische Meinung Jg. 27 (1982) Heft 200 und Heft 201

Broucek, Peter, Ein General im Zwielicht. Die Erinnerungen Edmund Glaises von Horstenau Böhlau Verlag Wien, Köln, 2005

Bothien, Horst-Pierre, Das braune Bonn Personen und Ereignisse (1925-1939) StadtMuseum Bonn Klartext-Verlag, 2005

Brües,Otto, ...und immer sang die Lerche Lebenserinnerungen, Mercator Verlag Gert Wohlfahrt Duisburg, 1967

Brümmer-Pauly, Kristina, Desertion im Recht des Nationalsozialismus, BWV Berliner Wissenschaftsverlag, 2006

Capitaine, Dietmar von, Conservatorium der Musik zu Cöln, Books on Demand Norderstedt 2009

Conradi, Geschichte des 4. Lothringischen Infanterie-Regiments Nr. 136 Graphische Kunstanstalt Karl Lange Verlag Duisburg 1933

Czichon, Eberhard, Deutsche Bank Macht - Politik PapyRossa Verlag Köln, 2001

Dabringhaus, Erhard, Klaus Barbie: The Shocking Story of How the U.S. Used This Nazi War Criminal As an Intelligence Agent, Acropolis Books Washington, D.C.,1984

Daners, Hermann/ Wißkirchen, Josef, Was in Brauweiler geschah. Die NS-Zeit und ihre Folgen in der Rheinischen Provinzial-Arbeitsanstalt. Dokumentation Rheinprovinz, Bd. 16 Verein für Geschichte e.V. Pulheim, 2006

Dietmar, Carl, Chronik Köln, Chronik Verlag 3. Auflage 1997 Gütersloh/ München

Dreysse Wilhelm, Langemarck 1914: der heldische Opfergang der deutschen Jugend, Köhler Verlag Minden i. W., 1934

Fischer, Lothar, Max Ernst in Selbstzeugnissen und Bilddokumenten rowohlts monographien Reinbek, 1969

Franken, Paul, 20 Jahre später - Eine Erinnerung an den Achtzigjährigen zum 5. Januar 1956 in: Akademische Monatsblätter Zeitschrift des Kartellverbandes der katholischen deutschen Studentenvereine (KV) 68. Jahrgang Januar 1956 Nr. 4

Frings, Joseph Kardinal, Für die Menschen bestellt Bachem J. P. Verlag Köln 1974

Gall, Lothar, Der Bankier HAbs - eine Biographie, C. H. Beck Verlag München 2005

Hildebrand, Karl Friedrich Die Generale der deutschen Luftwaffe 1935-1945, Band 2 Biblio Verlag Osnabrück 1991

Joermann, Geschichte des 4. Lothringischen Infanterie-Regiments Nr. 136, Duisburg, Graph. Kunstanstalt Carl Lange Verlag, 1933

Kind, Dr. Werner, 100 Jahre Handwerkskammer zu Köln, Hrsg. Handwerkskammer zu Köln, 2000

Kesselring, Albert, Soldat bis zum letzten Tag, Athenäum Verlag Bonn 1953

Kirchenführer Herz Jesu Pfarrkirche Bad Godesberg-Lannesdorf, 2005

Klei, Daniela, Konrad Adenauer und seine Familie, Friedberg bei Augsburg, 1957

Kleinpass, Hans, Die Straßennamen der Gemarkung Lannesdorf. In: Godesberger Heimatblätter Heft 14 (1976), Verein für Heimatpflege und Heimatgeschichte Bad Godesberg

Köhler, Henning, Adenauer - eine politische Biographie, Propyläen Taschenbuch Frankfurt, 1994

Montag, Reinhard, Lexikon der deutschen Generale Online

Morsey, Rudolf (Hrsg.), Adenauer im Dritten Reich, Rhöndorfer Ausgabe (bearb. von Hans Peter Mensing), Wolf Jobst Siedler Verlag Berlin, 1991

Müller-Hengstenberg, Herbert, Die Kölner St. Thönnes-Herren in Lannesdorf und Mehlem In: Godesberger Heimatblätter Heft 32 (1994), Verein für Heimatpflege und Heimatgeschichte Bad Godesberg

Nitsche, Hans (Hrsg.), Prälat Dr. Franz Müller - aus Anlaß seines 10. Todestages Honnefer Akzente, Katholisch-Soziales Institut der Erzdiözese Köln, Bad Honnef, 1999

Offizier-Vereinigung des Infanterie-Regimentes Nr. 160 Geschichte des 9. Rhein. Infanterie-Regiments Nr. 160 im Weltkriege 1914-1918 42. Band Verlag Bernh. Sporn Zeulenroda, 1931

Over, Marianne, Josef Giesen - Weggefährte und Freund von Konrad Adenauer In: Niederkasseler Hefte Nr. 8 Hrsg. Stadt Niederkassel Ausgabe 2000

Pafferath, Fritz, Die Geschichte des 6. Rheinischen Infanterie-Regiments Nr. 68 im Weltkriege 1914-1918, Berlin 1930, Verlag von Franz Weber, Berlin, 1930

Peter, Roland, General der Infanterie Georg Thomas. In: Ueberschär, Gerd R. (Hrsg.) Hitlers militärische Elite. Von den Anfängen des Regimes bis Kriegsbeginn. Band 1 Primus Verlag Darmstadt, 1998

Pies, Dr. Eike, Löhne und Preise von 1300 bis 2000, Verlag E. & U. Brockhaus Wuppertal, 6. Aufl., 2008

Schellenberg, Dr. Mathias Familiengeschichte der Familie Schellenberg (unveröffentlicht)

Schliebusch; Fritz, Die deutsche Eisenbahn im Spiegel ihrer Zeit, J. G. Schmitz´sche Buchhandlung Köln, 1928

Schliebusch, Fritz, Eingehender Bericht über meine Tätigkeit im Dritten Reich anläßlich der Überprüfung meiner Person durch A C of S (Captain Dabringhaus) zur Zeit Urfeld, Marienhof 12.03.1945 (unveröffentlicht)

Schmitz, Johann, Antonius Kardinal Fischer Erzbischof von Köln. Sein Leben und Wirken, Verlag J. P. Bachem Köln, 1915

Schwarz, Hans-Peter, Adenauer. Der Aufstieg: 1876 - 1952, Stuttgart Deutsche Verlagsanstalt Stuttgart, 1986

Seidler, Franz W., Die Militärgerichtsbarkeit der deutschen Wehrmacht 1939 – 1945,

Verlag S. Bublies Schnellbach, 1999

Smith, Albert H. Jr. Major General (Retired) Senior Editor, First Infantry Division, World War II: The Big Red One, Second Volume Turner Publishing Company, Paducah, 2000

Speer, Albert, Erinnerungen Propyläen Verlag Berlin, 1969

Speidel, Hans, Aus unserer Zeit - Erinnerungen Propyläen Verlag Frankfurt, 1977

Stern, P., Die ersten fünf Jahre des Holsteinischen Infanterie-Regiments Nr. 85, Ernst Siegfried Mittler und Sohn Berlin 1878

Strack, Herbert Mathias, Ehmans Flurkartenatlas „Besitzungen der Commenthurey zu Muffendorff" von 1759 In: Godesberger Heimatblätter Heft 25 (1987), Verein für Heimatpflege und Heimatgeschichte Bad Godesberg

Sydow, Herbert von, Das Infanterie-Regiment Hamburg 2. Hanseatisches> Nr. 76 im Weltkriege 1914/18 Erinnerungsblätter deutscher Regimenter G. Stalling Verlag Oldenburg/Berlin, 1922

Weiss, Franz-Rudolf von, Kriegsende und Neuanfang am Rhein (Hrsg. Hanns Jürgen Küsters und Hans Peter Mensing), R. Oldenbourg Verlag München 1986

Westwell, Ian, 1st Infantry Division "Big Red One", Military Book Club, 2002

Weymar, Paul, Konrad Adenauer - Die autorisierte Biographie. Kindler Verlag München, 1955

Winter, Ingelore M., Der unbekannte Adenauer, Diederichs Verlag Düsseldorf/ Köln, 1976

Zuckmayer, Carl, Des Teufels General, S. Fischer Verlag Frankfurt/M., 1958

Bildnachweis: gem. Einzelnachweis

Privatarchiv Wolfgang Schliebusch, Privatarchiv Shirley Dabringhaus, Privatarchiv Marianne Over, Privatarchiv Prof. Dr. Gerhard Uhlenbruck, Privatarchiv Harald Friese, Bildarchiv des Vereins für Geschichte e.V. Pulheim, Privatarchiv Elisabeth Mause-Guntermann, Privatarchiv Maritta Horstmann, Privatarchiv Jürgen Schellenberger, Privatarchiv Bernd Walbaum

Bild GenLt Mooyer mit freundlicher Genehmigung des Biblio-Verlages vom 24.11.2010

Bundesarchiv/Militärarchiv Freigabe ???? Schweizer Bundesarchiv Bern (Département fédéral de l'intérieur/DFI)

Bildnachweis

Bildnachweis

Bild-Nr.	**Darstellung**	**Copyright/**
01	Major Schliebusch	Wolfgang Schliebusch
02	Ermekeil-Kaserne Bonn	Wikimedia; Lunabonn
03	Klaus Schliebusch	Wolfgang Schliebusch
04	Heinz Giesen	Marianne Over
05	Josef Giesen	Marianne Over
06	Generalkonsul Dr. von Weiss	Schweizer Bundesarchiv Bern
07	Dr. Schellenberger	Jürgen Schellenberger
08	Prof. Dr. Uhlenbruck	Prof. Gerhard Uhlenbruck
09	SD-Chef Müller	Stadtmuseum Bonn
10	EL-DE-Haus Köln	NS-Dokumentationszentrum Köln
11	Krankenhaus Hohenlind	Bilderbuch-Koeln.de
12	Klinikchef Dr. Müller	Hans Nitsche
13	Erzbischof Dr. Frings	
14	Vater und Sohn Schliebusch	Wolfgang Schliebusch
15	Adenauer 1946	Stiftung Konrad-Adenauer-Haus; E.
Groote		
16	Dr. Josef Vollmar	Renate Vollmar
17	Adenauer-Brief 1964	Renate Vollmar
18	Adenauer-Brief 1964 (transliteriert)	---
19	Josef Vollmar im 1. Weltkrieg	Renate Vollmar
20	Kriegsgefangenenbescheinigung	Renate Vollmar
21	Eifelausflug Adenauer/ Vollmar	Renate Vollmar
22	Bonn Hofgarten Nr. 3	Renate Vollmar
23	Alte Rheinbrücke	support@academic.ru

24	Josef Roedig	Elisabeth Mause-Guntermann
25	Maria Kappen	Elisabeth Mause-Guntermann
26	Nistermühle	unbekannt
27	Brief Gussie Adenauer	Elisabeth Mause-Guntermann
28	Brief Gussie Adenauer (transliteriert)	---
29	Zeittafel 1944	Verfasser
30	Adenauer und von Weiss	Schweizer Bundesarchiv Bern
31	Lannesdorf (Kartenskizze)	Verfasser
32	Lannesdorf 1892	Verfasser
33	Gasthof zum Stern	VHH Bad Godesberg
34	Gasthof zum Stern (Postkarte)	VHH Bad Godesberg
35	Jacob Schliebusch	VHH Bad Godesberg
36	Lannesdorf (Blick auf den Lyngsberg)	VHH Bad Godesberg
37	Taufstein	Kirchengemeinde Lannesdorf
38	Firmung durch Kardinal Fischer	unbekannt
39	Stammbaum Schliebusch	Verfasser
40	Volksschule Lannesdorf	VHH Bad Godesberg
41	Kirche Lannesdorf (Außenansicht)	Kirchengemeinde Lannesdorf
42	Kirche Lannesdorf (Innenansicht)	Kirchengemeinde Lannesdorf
43	Oberst von Pochhammer	Regimentschronik IR 68
44	General von Hügel	Regimentschronik IR 121
45	Truppenzugehörigkeit Schliebusch	Verfasser
46	General Balck	Regimentschronik IR 61
47	Gefechtsverlauf 51. Reserve-Division	Verfasser
48	Abendroth	unbekannt
49	Conservatorium Köln	Book on demand Norderstedt
50	Buchumschlag Eisenbahn	Fritz Schliebusch
51	Brües	unbekannt
52	Familie Schliebusch	Anette Woschée
53	Handwerkskammer zu Köln	anfrage@abracus.de
54	Gauleiter Grohé	NS-Dokumentationszentrum Köln
55	Fritz Schliebusch zivil	Wolfgang Schliebusch
56	Kölner Kreis	Verfasser
57	Schliebusch mit Innungsmeistern	Wolfgang Schliebusch
58	Haus in Berlin-Dahlem Fabeckstraße	Anette Woschée
59	General Mooyer	Biblio-Verlag
60	Einberufungsschreiben 1940	BA/ MA Freiburg
61	Reichsluftfahrtministerium	support@academic.ru
62	Johanna Schliebusch mit Sohn Klaus	Anette Woschée
63	General Thomas	Stiftung 20. Juli 1944 Berlin
64	OKW	Verfasser
65	Rosmarie Schulz-Wulkow	Schulz-Wulkow
66	General von Diersburg	Balsi@web.de
67	Oberst Friese	Bernd Friese
68	Adenauer-Brief	Bernd Friese
69	Adenauer-Brief (transliteriert)	---
70	Beförderungsvorschlag	BA/ MA Freiburg
71	Dr. Ernst Walbaum	Bernd Walbaum
72	Johanna Schliebusch	Ehepaar Schliebusch
73	Ehepaar Schliebusch	Anette Woschée

74	Olga Rigele	picasa
75	Walbaum mit Nichte	Bernd Walbaum
76	Walbaum mit Familie	Bernd Walbaum
77	Wehrpaß Hermanns	Henriette Niecknig, Christel Schmitz
78	Bescheinigung Walbaum	Henriette Niecknig, Christel Schmitz
79	Bescheinigung Adenauer	Henriette Niecknig, Christel Schmitz
80	Louise Straus-Ernst	August Sander, Köln
81	Gestapo-Bethke	Stadtmuseum Bonn
82	Max Adenauer	Stiftung Konrad-Adenauer-Haus
83	Rekonstruktion 1944	Verfasser
84	Klaus Schliebusch mit Großmutter	Anette Woschée
85	General Mattenklott	Wikimedia Commons: Lunabonn, CC-by-sa 3.0 Unported
86	Haftanstalt Brauweiler	Verein für Geschichte e.V. Pulheim
87	Kölner Rheinbrücke 1945	unbekannt
88	Alliierter Vorstoß 1945	Verfasser
89	Johanna Schliebusch	Wolfgang Schliebusch
90	Marienhof in Wesseling	Marianne Over
91	Captain Dabringhaus	Shirley Dabringhaus
92	Zeitablauf 1945	Verfasser
93	Todesanzeige	Wolfgang Schliebusch
94	Grabstelle Schliebusch	Hans Dieter Keßler
95	Skizze Südfriedhof Köln	
96	Hans Schliebusch	Maritta Horstmann
97	Gussie Adenauer	Stiftung Konrad Adenauer-Haus, Sangemann
98	Adenauer-Brief	Wolfgang Schliebusch
99	Chronik Köln	Carl Dietmar, Chronik Verlag
100	TV-Film 1976	ZDF/ Peter von Zahn

Trotz aller Bemühungen war es nicht möglich, die Urheberrechte einiger alter Abbildungen zu ermitteln, auch, weil z. T. diesbezügliche schriftliche Anfragen nicht beantwortet wurden.

Kurzbiographie Fritz Schliebusch

19.03.1892	geboren in Lannesdorf bei Bad Godesberg
1898	Einschulung
1908-09	Schulabschluss Obersekunda-Reife
1912-13	Einjähriger Wehrdienst im 6. Rheinischen Inf.-Regiment Nr. 68
1913-14	Lehrerseminar
1914-1919	Frontoffizier im Ersten Weltkrieg
1919-1921	Musikstudium (Klavier) in Köln
1922-1933	Freier Journalist in Köln
1933-1937	Syndikus der Handwerkskammer zu Köln
1937-1940	Abteilungsleiter in der Reichswirtschaftskammer Berlin
1940-1942	Gruppe Technische Ausbildung im Reichsluftfahrtministerium
1942-1944	Wehrwirtschaftsamt im Oberkommando der Wehrmacht
1944	Wehrbezirkskommando Bonn
25.09. 1944- 05.03. 1945	Gestapo-Haft
08.03.1945	US-Kriegsgefangenschaft
22.03.1945	verstorben in Bergheim an der Erft

Personenregister

Abendroth, Prof., Hermann, Pianist 137
Abs, Hermann Josef, Bankier 168f.
Acken, Johannes van, Prälat 55
Adenauer, Georg 42, 86, 202
Adenauer, Gussie 27, 31f., 34, 41f., 44, 54, 70ff., 84f., 88f., 95ff., 186, 201f., 204, 208, 220, 244, 248, 250, 255, 257f.
Adenauer, Dr. Konrad, Oberbürgermeister 7, 10ff., 19f., 22ff., 24, 26ff., 29ff., 32ff., 35ff., 39ff., 42ff., 45f., 49, 52, 54ff, 58, 60, 62f., 67ff., 70, 72ff., 75ff., 78f., 82, 84f., 87, 89ff., 92ff., 97f., 100ff., 103ff., 106ff., 109f., 144, 149ff., 154, 158, 167ff., 175, 178, 180, 183ff., 186f., 195f., 198, 200f., 203ff., 206ff., 209ff., 212, 214, 217, 219f., 234ff., 239, 241ff., 244f., 247ff., 250ff., 253ff., 256ff., 259ff., 262ff., 265ff., 268
Adenauer, Konrad 41, 242, 248, 250
Adenauer, Libet 10, 31ff., 42, 86, 90, 202, 248
Adenauer, Lotte 31f., 42, 79, 86, 90, 202
Adenauer, Max 206, 214, 242, 248ff., 259, 264
Adenauer, Dr. Paul 35ff., 103f., 242, 248, 250
Ammermüller, Dr. Martin 11
Andrus, Clift, US-Generalmajor 231
Aquin, Thomas von, Kirchenlehrer 221
Arens, Sabine 11
Babilon, Theodor 25, 152, 247
Balck, William (Wilhelm), Generalleutnant 134
Bartsch, Rudolf-Jürgen, Schauspieler 263
Beck, Ludwig, Generaloberst 173
Becker, Oberst, Abteilungsleiter 167
Becker, Rudolf 266
Becker, Dipl.-Ing, Wilhelm, Generalleutnant 177
Bertram, Adolf Kardinal, Erzbischof von Breslau 155
Bethke, Kurt, Gestapo-Kommissar 200ff., 203, 220, 265
Billstein, Dr. Heinrich 23
Bismarck, Otto, Fürst von, Reichskanzler 109, 118, 125
Blüthgen, Dr. Fritz, Generaldirektor Glanzstoff AG 70, 105

Bonacker, Maria, geb. Kappen 12, 98f., 261
Bonacker, Hermann 97
Bornheim, Prof. Dr. Werner, Kunsthistoriker 241
Bosse, Albert, SA-Führer 219
Bothmer, Richard von, Generalmajor 236f.
Braun, Jacob, Pfarrer 141
Brües, Otto, Schriftsteller 144f.
Brüning, Dr. Anton Paul, Bankier 25
Busley, Dr. Josef, Kunsthistoriker 168
Canaris, Wilhelm, Admiral 153
Clausewitz, Carl von, preuß. Generalmajor 101
Collins, Lawton J., US-Generalleutnant 229
Corst Schliebusch Griedtgen, Hebamme 112
Dabringhaus, Eduard, US-Lieutenant Colonel 231f., 235f. 238
Dabringhaus, Gustav 232
Dabringhaus, Shirley 11
Dahmen, Hauptwachtmeister 76, 205, 208 ff., 211, 239f., 264ff.
Dedy, Dr., Stabsarzt 179
Diersburg, Kurt Freiherr Roeder von, Generalleutnant 178 f.
Dreher, Klaus, Journalist 76
Ebel, Wilhelm 157
Ebert, Friedrich, Reichspräsident 25
Eimert, Herbert, Pianist 138
Elfes, Wilhelm 46, 152
Ellen, Josef, Hauptlehrer 121
Erdmann, Eduard, Pianist 140
Erdmann, Kurt, Generalmajor 177
Ernst, Max, Maler 199f.
Erwin, Myriam 11
Esser, Heinrich, Joseph, Vikar 113
Fabeck, Max von, General 180
Faulhaber, Michael Kardinal 57
Fehr, Dr, Jurist 20
Ferdinande M, Schwester Oberin 68f.
Fischer, Antonius Kardinal, Erzbischof von Köln 58, 120f.
Fischer, Hermann, Generalleutnant 179
Ford, Henry, US-Industrieller 144
Förster, Karl, Dichter 261
Franke, Christian, Rechtsanwalt 243
Franken, Dr. Paul, Historiker 74, 83f.
Freisler, Roland, NS-Richter 153
Friese, Bruno Alfons, Oberst 21, 35f., 66, 73, 90, 178ff., 181ff., 184, 186, 195, 204, 237, 245
Friese, Bruno Harro 182
Friese, Cora 186
Friese, Harald 11
Friese, Richard 179

Friese, Walter, Oberst	184
Frings, Dr. Joseph Kardinal, Erzbischof von Köln	42, 46, 58f., 61f., 234, 249
Fromm, Friedrich, Generaloberst	176
Furbach, Heinz, Oberst	252
Galen, August Kardinal Graf, Bischof von Münster	156
Gebhardt, Hermann, Pfarrer	160
Gebhardt, Johanna (Hanna)	140
Gebhardt, Katharina	146, 212
Gebhardt, Marta	189
Georg, Katja	11,
Giesen, Heinz	18f., 22, 67, 70, 84f., 205, 208, 229, 238, 258
Giesen, Josef Wimar	19f., 22, 30, 34, 46, 64, 105, 109, 168, 178, 195, 198, 226, 231, 240, 246, 253
Giesen,Maria, geb. Wessing	22, 34, 105, 195, 198, 226, 228ff., 231, 246, 253
Giesen, Wilhelm	20
Gilsa, von, Oberst	130
Glaise von Horstenau, Edmund, österreich. Politiker	173
Glokke, Gerhard, Generalmajor	182
Goebbels, Dr. Joseph	157
Göring, Hermann, Reichsmarschall	157, 172
Grohé, Josef, NS-Gauleiter	23, 148, 150, 158, 207
Griedtgen Schliebusch, Hebamme	112
Groß, Nikolaus	110, 152f.

Grünwald, Alfred, Künstler	199
Günther, Bernhard, Kammerpräsident	149
Hagen, Dr. Louis, Geheimrat	105
Hartmann, Felix von Kardinal, Erzbischof von Köln	58, 133
Hasbrouck, Robert W., US-Generalmajor	237
Hausdorff, Charlotte, geb. Goldschmidt	51
Hausdorff, Prof. Dr. Felix	51
Heineman, Dannie, US-Industrieller	104, 253
Henroset, Xaver, Gastwirt	127
Hermanns, Jakob, Fabrikant	70f., 91, 194f., 197
Hermes, Dr. Andreas	152
Herwegen, Idlefons Abt	23, 104, 244
Heß, Rudolf, NS-Politiker	157
Himmler, Heinrich, Reichsführer SS	179, 214, 217f.
Hinsenkamp, Johannes, Dechant	182, 186, 245
Hitler, Adolf, Reichskanzler	16, 21ff., 24, 29, 31, 34, 42, 48, 52, 100, 102, 107, 145, 152, 154f., 157, 166, 172, 178f., 182, 187, 198, 237, 259
Hoffmann, Dr. Max, NS-Politiker	49, 200
Holland-Cunz, Ilse	252
Horstenau, Edmund Glaise von	173

Horstmann, Maritta geb. Schliebusch	11
Hosenfeld, Wim, Hauptmann	107
Hoth, Hermann, Generaloberst	180
Hügel, Otto Frhr. von, General d. Inf.	130
Jülich, Jean	47
Kappen, Maria, verh. Bonacker	91, 93ff., 97
Keitel, Wilhelm, Generalfeldmarschall	67, 180
Kennedy, Sir John N., brit. Generalmajor	101
Kesselring, Albert, Generalfeldmarschall	48, 180
Keßler, Hans Dieter	12
Kick, Peter, Mühlenpächter	112
Kieslinger, Dr.	159
Kirchholtes, Heinrich, Bankier	175
Kleist, Ewald von, Generalfeldmarschall	180
Klemperer, Otto, Dirigent	140
Klinkhammer, Dr. Carl, Pfarrer	152, 154
Kluge, Hans von, Generalfeldmarschall	180f.
Knuth, Dr. Hermann, Direktor Didier-Werk	70, 178
Körner, Heinrich	152
Kohl, Helmut, Bundeskanzler	252
Korsing, Dr. Kurt, Fabrikant	220
Kreiner, Dr., Albert, Kammerpräsident	149
Krämer, Polizeimeister	30
Krementz, Dr. Philipp Kardinal, Erzbischof von Köln	116
Kremer, Heinrich, Gewerkschaftsführer	83
Küchler, Georg von, Generalfeldmarschall	180
Kühl, Bernhard, General der Flieger	162
Kunkel, Walter, Musikprofessor	60
Landersdorfer, Dr. Simon, Benediktiner-Pater und Bischof	79
Landulf, fränkischer Bauer	111
Lappe, Johann Hermann, Pfarrer	121
Lautz, Ernst, Oberreichsanwalt	19
Lehmann, Dr. Rudolf, Generaloberstabsrichter	217
Lentzen, Matthias, Monsignore	140
Leopold, Dr.	159
Lessing, Gotthold Ephraim, Dichter	186
Letterhaus, Bernhard	84, 152f.
Ley, Dr. Josef, NS-Politiker	157f.
Litzmann, Karl, General	180
Marx, Wilhelm, Reichskanzler	25, 109
Mattenklott, Franz, General d. Infanterie	214, 216
Mause-Guntermann, Elisabeth	11
Meier, Lagerkom-	30

mandant
Mensing, Vorgärtner 183
Menuhin, Yehudi, Violinvirtuose 144
Messemer, Hannes, Schauspieler 263, 266
Millowitsch, Peter Wilhelm, Schauspieler 144
Minnich, Paul 198
Model, Walter, Generalfeldmarschall 65, 184
Moltke, Graf von Generalfeldmarschall 173
Moll, Peter, Humorist 127
Moore, Bryan E., US-Generalmajor 237f.
Mooyer, Otto, Generalleutnant 16, 162ff., 167, 169
Müller, Dr. Franz, Klinikchef Hohenlind 53ff., 56, 60ff., 63, 67ff., 72f., 233, 258
Müller, Dr. Heinrich Theodor, SD-Chef 23, 49f., 51f., 85
Müller, Dr. Otto, Prälat 46, 151ff., 156
Mund, Hauptmann 180
Napoleon Bonaparte, französ. Kaiser 113
Ney, Elly, Pianistin 139
Niecknig, Henriette 11
Niemöller, Martin, Pastor 160
Oppenheim, Friedrich Carl Frhr. von, Bankier 46
Oppenheim, Waldemar Frhrh. Von, Bankier 46
Ostermann, Willi, Komponist 143
Ott, Wilhelm 120
Josef, Tongrubenbesitzer
Over, Marianne, geb. Giesen 11,
Pacelli, Eugenio Kardinal, Papst Pius XII. 63, 155
Palmatia, Ordensschwester 67, 69, 73, 201
Papen, Franz von, Reichskanzler 155
Pappenheim, Edith. geb. Goldschmidt 51
Papst Pius XI. 57, 154, 160
Papst Pius XII., siehe: Pacelli 63,155
Patrunky, Oberst 179
Patterson, John K. US-Lieutenant Colonel 236
Paulus, Apostel 17, 155
Pferdemenges, Dr. Robert, Bankier 104, 207
Pillney, Karl Hermann, Pianist 138
Pius XI., Papst 57, 154, 160
Pius XII, Papst 63,155
Ploch, Dipl.-Ing. August-Albert, Generalmajor 167
Pochhammer, Erich von, Oberst 125, 127f.
Proll, Walter, Kriminalrat 49
Raiffeisen, Friedrich Wilhelm 20
Reeder, Eggert, Regierungspräsident 157f.
Regino, Abt 111
Reuter, Oberstaatsanwalt 20
Richartz, Dr. Lagerarzt 37, 258
Richter, Heinrich, Präses des Kolpingswerkes 25, 247, 249
Richter, Hermann, Bankier 173
Richter, Rosmarie 173

Rieck, Gertrud 117
Rigele, Olga, Schwester von Reichsmarschall Göring 191
Riesen, Dr. Günter, Oberbürgermeister 151
Riphahn, Wilhelm, Architekt 143
Roeder von Diersburg, Kurt Frhr. von, Generalleutnant 178f.
Roedig, Elisabeth, geb. Koch 91, 95, 97, 204, 259
Roedig, Josef, Hotelier 91f., 97, 203, 259
Rommel, Erwin, Generalfeldmarschall 48
Roon, Albrecht Graf von, Kriegsminister 125
Rose, Maurice, US-Generalmajor 226
Rosenberg, Alfred, NS-Ideologe 154
Rügemer, Dr. Werner, Autor 267
Schacht, Dr. Hjalmar, Reichsminister 150, 156, 158
Schaller, Richard, Oberbürgermeister 151
Schellenberger, Jürgen 11
Schellenberger, Maria geb. Bröckerhoff 34f., 41, 86, 248
Schellenberger, Dr. Mathias, Arzt 27, 34f., 37, 39ff., 42, 44, 46, 73, 86, 248, 258
Schellenberger, Dr. Norbert 11
Schimpf, Richard, Generalleutnant 236
Schlebusch, Niclas 112
Schliebusch, Ada 124, 198
Schliebusch, Anton 113
Schliebusch, Barthel, Kaufmann 116
Schliebusch, Clara 112
Schliebusch Corst Griedtgen, Hebamme 112
Schliebusch, Elisabeth, Mühlenpächterin 112
Schliebusch, Elsgen 112
Schliebusch, Gerhard, Musikus 113
Schliebusch, Gertrud, geb. Thelen 113, 118
Schliebusch, Hannemi 11
Schliebusch, Hans, (Johann), Beamter 251 f.
Schliebusch, Hans Peter 252
Schliebusch, Henriette, geb. Feldmann 113, 124, 131, 157
Schliebusch, Henrikus 113
Schliebusch, Jacob, Gastwirt 115, 177
Schliebusch, Johann, Gastwirt 114, 120, 251
Schliebusch, Johanna, geb. Gebhardt 17, 29, 89, 140, 170, 189f., 198, 223, 227f., 230f., 241f., 245, 251f., 254ff., 268
Schliebusch, Johann Peter, Großvater 113, 118
Schliebusch, Klaus 7, 17ff., 62, 67, 84f., 89ff., 93, 118, 140, 146, 157, 170, 177, 198, 205, 208ff., 211f., 214, 218ff., 222, 224, 228, 230f., 234, 238f., 241ff., 244ff., 250, 254, 256, 258, 261, 267f.

Schliebusch, Maritta	252
Schliebusch, Urban	116
Schliebusch, Wilhelm	113f., 118f., 124, 131, 137, 141
Schliebusch, Wolfgang	11, 118, 146, 177, 198, 241f., 253f.
Schliepebusch, Anton	112
Schlitzer, Maria	192
Schmedding, Reichsbahnoberrat	141
Schmidt, Helmut, Bundeskanzler	164, 174
Schmidt, Dr. Karl Georg, NS-Funktionär	148, 158
Schmittmann, Prof. Benedikt	104
Schmittmann, Helene, geb. Wahlen	104
Schmitz, Christel	11
Schönenberger, Marcel	11
Schröder, Prof. Dr. Oskar, Generaloberstabsarzt	48
Schulte, Dr. Caspar, Prälat	110
Schulte, Karl Joseph Kardinal, Erzbischof von Köln	55, 58, 145, 156
Schulz-Dabringhaus, Berta	232
Schulz-Wulkow, Dr. Albrecht	173f.
Schulz-Wulkow, Erika	173
Schulz-Wulkow, Dr. Richard	174
Schulz-Wulkow, Rosmarie	173ff., 243
Schulz-Wulkow, Woldemar	11
Schumacher, Ännchen, Lindenwirtin	117
Schumann, Clara, Pianistin	139
Schwarz, Adenauer Biograph	34, 98, 106
Severing, Carl, Reichsminister	25
Silverberg, Paul, Generaldirektor Fortuna	70, 105
Simpson, William S., US-General	65
Sinn, Albert, Kaufmann	257
Sinn, Andreas, Kaufmann	257
Sinn, Josef, Kaufmann	257
Sinn, Leo, Kaufmann	257
Speer, Albert, Reichsminister	171f.
Speidel, Dr. Hans, General	258
Spülbeck, Kaspar Jos. H., Pfarr-Rektor	121
Stein, von, Bankier	55
Stender, Gestapo-Beamter	72
Stieff, Cäcilie, geb. Gaertner	251
Stieff, Hellmuth, Generalmajor	251
Stöcker, Rudolf Hans, Pfarrer	89
Stockums, Dr. Wilhelm, Weihbischof	145
Straus-Ernst, Louise	198ff.
Suth, Dr. Willy, Oberstadtdirektor	254
Szpilman, Wladyslaw, poln. Pianist	107
Terboven, Josef, Gauleiter	207
Thoeren, Karl, Berufsschuldirektor	178

Thomas, Georg, General d. Infanterie 169ff., 172f., 175ff., 205
Tobias, James A. 11
Todt, Dr. Fritz, NS-Minister 171
Tresckow, Joachim von, Oberst 252
Udet, Ernst, Generaloberst 167
Uhlenbruck, Prof Dr. Gerhard 11, 44, 47f
Uhlenbruck, Prof. Dr. Paul; Chefarzt Klinik Hohenlind 21, 42ff., 46ff., 54f., 69, 73, 105, 233, 258
Uhlenbruck, Ruth geb. Padberg 47, 105
Victor, Familie 97
Voigt, Friedrich Wilhelm, Schuster 49
Vollmar, Fine 83ff., 86, 89, 198, 244
Vollmar, Johannes Paul, Benediktiner-Pater 82
Vollmar, Dr. Josef, Zahnarzt 64, 71, 73ff., 76ff., 80ff., 83ff., 87, 89, 168, 178, 198, 244, 259
Vollmar, Renate 11
Walbaum, Bernd 11, 191, 193
Walbaum, Dr. Ernst 107, 187, 189, 191ff., 196ff.
Walbaum, Hanspaul 191
Walbaum, Hildegard, verh. Woschée 175, 190, 193
Walbaum, Marta, geb. Gebhardt 107, 193, 198, 242
Walbröhl, Marianne 120
Weber, Dr., alias Dr. Konrad Adenauer 93, 264
Werhahn-Adenauer, Libet 10f.
Weiss, Dr. Franz Rudolph von, Schweizer Generalkonsul 32f., 42, 70f., 73, 84f., 87, 97ff., 101, 104, 236, 245, 249
Weitz, Gestapo-Beamter 72
Weitzel, Fritz, SS-Obergruppenführer 39
Welty, Eberhard, Pater 152
Weymar, Paul Adenauer-Biograph 25, 29f. , 31, 63, 70, 74f., 87, 91, 98, 108, 205, 208, 210, 213, 219, 239
Wienbeck, Dr. Erich, Ministerialdirektor 150
Wilhelm II., deutscher Kaiser 16, 118
Winckel, Dr. aus dem 267
Woern, Kapitän zur See 167
Wolter, Rechtsanwalt 159
Woltermann, Maritta 11
Woschée, Annette 11
Woschée, Hildegard, geb. Walbaum 175, 190, 193
Woschée, Raimund 193
Zahn. Peter von, TV-Journalist 108, 262
Zander, Eugen 26f., 30ff., 33f., 37f., 46, 75, 200, 247, 254, 258
Zuckmayer, Carl, Schriftsteller 112

Carola Hartmann Miles-Verlag

Politik, Gesellschaft, Militär

- **Dietrich Ungerer,** *Der militärische Einsatz. Bedrohung – Führung – Ausbildung,* Potsdam 2003.
- **Jens Bargmann,** *Ethik in der Offizierausbildung,* Münster 2004.
- **Silvio Gödickmeier, Martin Schlossmacher,** *Soldatenfamilien im Einsatz,* Berlin 2006.
- **Hans-Günter Fröhling,** *Innere Führung und Multinationalität,* Berlin 2006.
- **Christian Walther,** *Im Auftrag für Freiheit und Frieden. Versuch einer Ethik für Soldaten der Bundeswehr,* Berlin 2006.
- **Rüdiger Schönrade,** *General Joachim von Stülpnagel und die Politik,* Berlin 2007.
- **Uwe Hartmann,** *Innere Führung. Erfolge und Defizite der Führungsphilosophie für die Bundeswehr,* Berlin 2007.
- **Dietrich Ungerer,** *Militärische Lagen. Analysen – Bedrohungen – Herausforderungen,* Berlin 2007.
- **Klaus M. Brust,** *Söldner – Ausverkauf der Exekutive,* Berlin 2007.
- **Uwe Hartmann, Claus von Rosen, Christian Walther (Hrsg.),** *Jahrbuch Innere Führung 2009. Die Rückkehr des Soldatischen,* Eschede 2009.
- **Uwe Hartmann (ed.),** *Connecting NATO. NCSA under the leadership of Lieutenant General Ulrich H. Wolf,* Berlin 2009.
- **Helmut R. Hammerich, Uwe Hartmann, Claus von Rosen (Hrsg.),** *Jahrbuch Innere Führung 2010. Die Grenzen des Militärischen,* Berlin 2010.
- **Ingo Werners,** *Fahren, Funken, Feuern. Hinweise für die Einsatzvorbereitung,* Berlin 2010.
- **Peter Heinze,** *Bundeswehr „erobert" Deutschlands Osten,* Berlin 2010.

- **Reinhard Schneider,** *Neuste Nachrichten aus unseren Kolonien. Pressemeldungen von den Aufständen in Deutsch-Ostafrika und Deutsch-Südwestafrika 1905-1906,* Berlin 2010.
- **Dieter E. Kilian,** *Politik und Militär in Deutschland. Die Bundespräsidenten und Bundeskanzler und ihre Beziehung zu Soldatentum und Bundeswehr,* Berlin 2011.
- **Reiner Pommerin (ed.),** *Clausewitz goes global. Carl von Clausewitz in the 21st Century*, Berlin 2011.
- **Hans-Christian Beck, Christian Singer (Hrsg.),** *Entscheiden – Führen – Verantworten. Soldatsein im 21. Jahrhundert,* Berlin 2011.

Monterey Studies

- **Uwe Hartmann,** *Carl von Clausewitz and the Making of Modern Strategy*, Potsdam 2002.
- **Zeljko Cepanec,** *Croatia and NATO. The Stony Road to Membership*, Potsdam 2002.
- **Ekkehard Stemmer,** *Demography and European Armed Forces,* Berlin 2006.
- **Sven Lange,** *Revolt against the West. A Comparison of the Current War on Terror with the Boxer Rebellion in 1900-01,* Berlin 2007.
- **Klaus M. Brust,** *Culture and the Transformation of the Bundeswehr,* Berlin 2007.
- **Donald Abenheim,** *Soldier and Politics Transformed*, Berlin 2007.
- **Michael Stolzke,** *The Conflict Aftermath. A Chance for Democracy: Norm Diffusion in Post-Conflict Peace Building*, Berlin 2007.
- **Frank Reimers,** *Security Culture in Times of War. How did the Balkan War affect the Security Cultures in Germany and the United States?,* Berlin 2007.
- **Michael G. Lux,** *Innere Führung – A Superior Concept of Leadership?*, Berlin 2009.

- **Marc A. Walther,** *HAMAS between Violence and Pragmatism,* Berlin 2010.
- **Frank Hagemann,** *Strategy Making in the European Union,* Berlin 2010.
- **Ralf Hammerstein,** *Deliberalization in Jordan: the Roles of Islamists and U.S.-EU Assistance in stalled Democratization,* Berlin 2011.

Einsatzerfahrungen

- **Kay Kuhlen,** *Um des lieben Friedens willen. Als Peacekeeper im Kosovo,* Eschede 2009.
- **Sascha Brinkmann, Joachim Hoppe (Hrsg.),** *Generation Einsatz, Fallschirmjäger berichten ihre Erfahrungen aus Afghanistan,* Berlin 2010.
- **Schwitalla, Artur,** *Afghanistan, jetzt weiß ich erst... Gedanken aus meiner Zeit als Kommandeur des Provincial Reconstruction Team FEYZABAD,* Berlin 2010.

www.miles-verlag.jimdo.com